Käte Hamburger

Thomas Manns biblisches Werk

Der Joseph-Roman
Die Moses-Erzählung
»Das Gesetz«

nymphenburger

© Nymphenburger Verlagshandlung GmbH, München 1981
Alle Rechte, auch das der photomechanischen Vervielfältigung
und des auszugsweisen Abdrucks, vorbehalten
Satz: LibroSatz, Kriftel
Druck: Buch- und Offsetdruckerei Wagner, Nördlingen
Bindung: Klotz, Augsburg
Printed in Germany
ISBN 3-485-01862-7

Inhalt

Vorbemerkung 7

Einleitung: Der bibelhistorische Stoff 9

Der Joseph-Roman

1. Kapitel: Stoff und Erzählweise 19

2. Kapitel: Joseph und der Mythus oder der Mythus
als Lebenswirklichkeit 32

    1. Das mythische Bewußtsein 32
    2. Der Rollenträger 49
    3. Die motivische Rolle Ägyptens 61
    4. Die Bedeutung der Amenhotep-Epoche
       für den Sinn der Geschichte Josephs 79
    5. Die »Menschlichkeit« Josephs und die Rolle des Humors 86

3. Kapitel: Der Mythus und Joseph oder der Mythus
als Symbol 105

    1. Der Abraham-Segen 105
    2. Der Mythus vom Menschen 117
    3. Gott und die Götter 127
    4. Die Idee des Menschen 146

Schlußkapitel: Humanität 165

Anmerkungen 174

Die Moses-Erzählung »Das Gesetz«

1. Kapitel: Der Text und die Forschung.
Allgemeine Probleme 187

2. Kapitel: Die Einzelprobleme der Forschung
und »Das Gesetz«   202

   1. Die Geburtssage und das Ägyptertum Mose's   202
   2. Jahwe   212
   3. Die Plagen und der Auszug   225
   4. Probleme der Wüstenwanderung   230
   5. Die Schrift und das Gesetz   234

3. Kapitel: »Das Gesetz«   238

   1. Entstehung und Auffassung   238
   2. Form und Stil   261

Vorbemerkung

Die beiden in diesem Buch unter dem Titel »Thomas Manns biblisches Werk« vereinigten Abhandlungen sind nicht neu, und über ihre publikatorische Vorgeschichte muß kurz berichtet werden.

Die Abhandlung über den Joseph-Roman erscheint hier in einer dritten Veröffentlichungsform. Sie entstammt dem Buche »Der Humor bei Thomas Mann (München 1965, ^{2}1969), das seinerseits eine 2. bearbeitete Ausgabe des Buches »Thomas Manns Roman ›Joseph und seine Brüder‹. Eine Einführung« (Stockholm 1945) war und vergriffen ist. In dem vorliegenden Buch ist bis auf die Einleitung, die gestrichen ist, und einige, dem neuen Gesichtspunkt angepaßte Änderungen der Text der 2. Ausgabe bewahrt.

Die Abhandlung über »Das Gesetz« war 1963 im Rahmen der Serie »Dichtung und Wirklichkeit« in dem von mir herausgegebenen Band »Thomas Mann, Das Gesetz« erschienen, der seit langem vergriffen ist. Sie ist bis auf einige Änderungen, die durch die Vereinigung der beiden Abhandlungen unter dem gemeinsamen Gesichtspunkt nötig wurden, gleichfalls unverändert.

Die Zitatangaben im Text beziehen sich auf die Ausgabe: Gesammelte Werke in zwölf Bänden. Frankfurt a. M. 1960.

K. H.

Der bibelhistorische Stoff

Wenn die Abhandlungen über die große Tetralogie der Joseph-Romane und die Moses-Erzählung »Das Gesetz« unter dem Titel »Thomas Manns biblisches Werk« in einem Buche vereinigt werden, so ist damit der Gesichtspunkt des Biblischen zum mindesten betont. Das kann auf den ersten Blick als eine banale, geradezu tautologische Feststellung erscheinen, da jedermann weiß, daß der Stoff der beiden Werke im Pentateuch, den Fünf Büchern Mosis, zu finden ist: der der Joseph-Romane im 1. Buch Mosis, der Genesis, der der Moses-Erzählung in den vier folgenden: Exodus, Leviticus, Numeri und Deuteronomium. Nun sind es aber gerade diese beiden erzählenden Dichtungen Thomas Manns, die in ihrer und wegen ihrer Unterschiedlichkeit das Problem des biblischen und damit bibelhistorischen Stoffes vor Augen rücken. Wobei dies Problem im Falle der Moses-Erzählung weit wichtiger, mit dem Gattungstypus dieses kleinen Werkes weit enger verknüpft ist als in dem der Joseph-Romane.

Sehen wir aber in dieser, beide Werke gemeinsam einleitenden Erörterung noch von diesem Unterschied ab und bedenken zunächst Art und Besonderheit eines biblischen Dichtungsstoffes überhaupt. Zielen wir auf die Besonderheit solchen Stoffes ab, so kann dies nur in bezug auf historische Dichtungen, historische Romane und Dramen also, geschehen. Darunter werden hier nur solche verstanden, die nicht nur in einem historischen Zeitmilieu spielen, sondern die zum Stoff Begebenheiten und Personen einer historischen Wirklichkeit haben. Die Quellen, die Dokumente, auf die diese sich stützen, mögen dabei der historischen Wirklichkeit der Begebenheiten und Personen mehr oder weniger entsprechen. Dies festzustellen ist Aufgabe der Geschichts- und Quellenforschung, nicht der Geschichtsdichtung. Dennoch gehört es zum Begriff der historischen Dichtung, daß ihr Stoff eine mehr oder weniger beglaubigte historische Wirklichkeit ist, wie sehr die Dichtung diese auch umformen und ihren Zwecken unterwerfen mag. Ebenso gehört es aber auch zu ihrem Wesen, daß diese historische Wirklichkeit selbst irrelevant wird und nur die Gestalt, die ihr die Dichtung gegeben hat, im Raume der Dichtung und ihrer Interpretation Gültigkeit besitzt. Das was zwischen der Wirklichkeit und der Dichtung vermittelnd steht – die Dokumente, die Quellen – tritt nicht in den Bereich der Dichtung und damit nicht in das Bewußtsein des Lesers oder Zuschauers ein. Ja, in vielen Fällen macht erst die Quellenforschung ihn überhaupt damit bekannt, in manchen anderen wird er gar erst durch sie darüber belehrt, daß eine ihm unbekannte Wirklichkeit der betreffenden Dichtung zum Stoffe diente.

Anders verhält es sich mit Stoff, Quelle, Dokumentation – und damit dem geschichtlichen Wirklichkeitsproblem – eines biblischen Romans oder Dramas. Hier tritt der Sonderfall ein, daß die Quelle mit der historischen Wirklichkeit zusammenfällt, und das bedeutet, daß die Quelle keine Quelle im gewöhnlichen Sinne ist, es sich aber auch mit der historischen Wirklichkeit problematisch verhält. Es gibt hier, mit anderen Worten, nicht das dreistufige Verhältnis von Dichtung, Quelle, Wirklichkeit, sondern nur das zwei-stufige von Dichtung und Bibeltext (der zugleich Quelle und Wirklichkeit ist). Von den Bemühungen der bibelhistorischen Forschung, aus diesem Text Schlüsse auf eine ihm zugrunde liegende Geschichtlichkeit zu ziehen, wird vor allem im Falle des Moses noch zu sprechen sein. Im jetzigen Zusammenhang handelt es sich um den Unterschied, der zwischen dieser Quelle und den Quellen jener Dichtungen besteht, die wir im gebräuchlichen Sinne als historische bezeichnen. Wie gesagt, pflegen Quellen der letztgenannten Art in der Dichtung selbst nicht erkennbar und nur dem Forscher, nicht dem Leser bekannt zu sein. Die Bibel, Altes und Neues Testament, aber ist als ein Grundstein in das Bewußtsein der abendländischen Menschheit eingelassen, sei es als Gegenstand des Glaubens oder auch nur des Wissens. Sie ist schon als solche, und noch abgesehen von der Frage einer möglichen Geschichtlichkeit ihres Berichtes, nicht Quelle, sondern Überlieferung — eine Überlieferung zudem, die auf Grund ihrer Besonderheit niemals unter die Frage ihrer historischen Wahrheit gestellt werden kann. Selbst wenn die historischen Hintergründe — etwa durch neue archäologische Funde — mehr und mehr erhellt werden sollten, bleibt die Bibel selbst unantastbare, heilige Überlieferung, Grundlage der jüdischen und christlichen Religion. Umgekehrt bedeutet dies, daß diese Wirklichkeit — die der biblischen Geschichten — nur in und durch das Wort der Überlieferung »existiert« und diese darum nicht Quelle für die Erforschung einer historischen Wirklichkeit ist, oder doch nur, wie gleich erörtert werden wird, mit Vorbehalt als solche behandelt werden kann. Dies aber besagt, daß die Überlieferung, der Bibeltext, ebensowenig als »Quelle« einer historischen Dichtung zu bezeichnen ist. Nicht in demselben Sinne, in dem etwa Plutarch die Quelle für Shakespeares »Julius Caesar« war, ist der Pentateuch Quelle für Thomas Manns oder andere dichterische Gestaltungen dieser biblischen Stoffe. Sie stehen zum Urtext in einem Verhältnis, das noch am ehesten mit dem eines antiken Dramas zu dessen Versionen aus späterer Zeit vergleichbar zu sein scheint, etwa der Relation der Euripideischen Iphigenie zu derjenigen Goethes oder Gerhart Hauptmanns. Aber bereits das Wort Version, das für den Vergleich eines neuzeitlichen Dramas mit seinem antiken Muster am Platze ist, kann auf das Verhältnis einer biblischen Dichtung zum Bibeltext nicht angewandt werden. Denn hier steht nicht Dichtung neben Dichtung, von denen die eine eine Version der anderen sein kann. Eine biblische Dichtung aber ist ebensowenig eine Version der biblischen Überlieferung wie eine historische Dichtung eine Version der historischen Wirklichkeit, z. B. Schillers »Maria Stuart« eine Version der historischen Maria Stuart ist. Auch von diesem Aspekt her zeigt es sich, daß die biblische Überlieferung im Verhältnis zur biblischen Dichtung für eine Wirklichkeit steht, sich aber von der historischen Wirklichkeit dadurch unterscheidet, daß sie keine andere Dokumentation als sich selbst hat, d. h. der Wirklichkeitsnachweis durch Quellen entfällt. Dies hat nun freilich die biblische Überlieferung mit jeder mythischen, jeder Sagenüberlieferung gemein, und ein Bibelroman oder -drama würde sich in dieser Hinsicht nicht von einem mythen- oder sagenstofflichen unterscheiden, dessen Stoff nicht literarisch vorgeformt ist, z. B. von einer Orpheus-Dichtung; auch an das Verhältnis der griechischen Tragödien zu ihrem Sagenstoff kann dabei gedacht werden. Und doch spürt man sogleich, daß auch unter dem Aspekt dieses Vergleichs Bibel und Bibeldichtung eine Sonderstellung einnehmen. Die biblische Überlieferung ist sanktionierte Überlieferung, d. h. sie ist nicht bloß Überlieferung, sondern ein Text, so daß nicht nur sie selbst, sondern auch ihr Wortlaut im Bewußtsein der abendländischen Menschheit lebt und ihr mehr oder weniger sakrosankt ist. Dieser besondere Charakter biblischer Stoffe, der sie von historischen und selbst mythenhistorischen unterscheidet, darf nicht übersehen werden, wenn es sich um das Verhältnis handelt, in dem eine biblische Dichtung zur »Wirklichkeit«, d. h. zuvörderst zum Bibeltext steht.

Aber gerade unserem Thema, Thomas Manns Joseph- und Moseswerk, kommen wir unter diesem Gesichtspunkt noch näher, wenn wir in Betracht ziehen, daß in sie mehr noch aufgenommen ist als die aus dem Pentateuch sich ergebenden Fakten. Und eben damit gewinnt der Wirklichkeitsbezug dieser beiden Werke einen anderen, »realeren« Aspekt.

Es handelt sich um die bibelhistorische und -kritische Forschung. Aber ebenso nun wie der Bibeltext sich von jener Wirklichkeit unterscheidet, die hinter den historischen Dichtungen steht, unterscheidet sich auch die bibelhistorische und -kritische Forschung von eigentlicher historischer Quellenforschung. Will sie die mögliche geschichtliche Wirklichkeit zum mindesten der im A. T. geschilderten Begebenheiten und Personen erforschen, so hat sie dafür nur den Bibeltext selbst zur Verfügung. Jeder Blick in eine Geschichte des alttestamentlichen Judentums oder einzelne seiner Gestalten belehrt denn auch darüber, wie diese Forschung verfährt und daß sie nicht anders verfährt kann. Als Beispiel dafür sei hier nur ein so modern – nämlich religionssoziologisch – ausgerichtetes Werk wie Max Weber, »Das antike Judentum« (Ges. Aufsätze zur Religionssoziologie, 1923) angeführt und daraus zitiert: »David stützte sich (1. Sam. 22, 1 ff) zunächst auf rein persönliche Gefolgschaft . . .«. Der Beleg aus dem 1. Buch Samuel bedeutet also, daß zwar die biblische Überlieferung als Quelle für Umstände und Begebenheiten benutzt wird, diese aber durch nichts anderes als die biblische Überlieferung beglaubigt werden können, so daß die ermittelte Geschichtlichkeit mit der »Quelle« zusammenfällt, d. h. Exegese damit in großem Umfang Hypothese ist. Nun hängt es natürlich vom Inhalt und vom Charakter des Erzählten ab, ob und wieweit die Hypothese geschichtlicher Gewißheit angenähert werden kann. Wo die erzählten Begebenheiten als solche bereits vom Licht der Geschichte des Alten Orients beleuchtet sind, wo – wie in den Büchern der Richter, Könige, Propheten – z. B. die Namen ägyptischer, assyrischer, babylonischer Könige im Bibelbericht auftreten und damit Datierungen und andere Bestimmungen möglich werden, konnte der Bibeltext als Geschichtsquelle verwertet, die Geschichte des antiken Judentums geschrieben werden. Selbst in Hinsicht auf die geschichtlichen Bücher der Bibel aber bleibt für die bibelhistorische Forschung der Umstand bestehen, daß die biblische Überlieferung keine Quelle einer geschichtlichen Wirklichkeit, sondern ein auszulegender Text ist. Dieser Umstand zeigt sich in voller Deutlichkeit bei jenen Teilen der Bibel, deren Erzählinhalt vom Licht der bekannten Geschichte noch nicht oder doch nur sehr schwach erhellt ist, eben beim

Pentateuch, und am stärksten naturgemäß bei der Genesis, der Geschichte der Patriarchen.

Auf die Besonderheit des Bibeltextes als historischen Stoff und auf das Verhältnis der Bibelforschung zu ihm wurde aufmerksam gemacht, weil hier erkennbar wird, wie grundsätzlich sich eine biblische Dichtung von jeder anderen historischen Dichtung unter dem Gesichtspunkt ihres Verhältnisses zur Wirklichkeit unterscheiden muß. Für den historischen Roman- oder Dramendichter ist die Wirklichkeit seines Stoffs aus den Quellen ermittelt, die er benutzt – gleichgültig, ob und wieweit sie der wissenschaftlichen Kritik standhalten –, und er hätte ohne diese Quellen seinen Stoff nicht zur Verfügung. Dem bibelhistorischen Dichter ist dagegen die Realität seines Stoffes schon durch den Bibeltext gegeben; und es liegt an ihm, ob er sich außerdem der Bibelwissenschaft bedienen will, die den Grundtext zwar exegetisch erweitert und erklärt, aber nicht Quelle für die Orientierung über dessen Existenz ist.

Wenn diese Besonderheit eines biblischen Roman- und auch Dramenstoffes allgemein und damit für beide biblischen Erzählwerke Thomas Manns gültig ist, so doch nun für sie nicht in gleicher Weise. Der Leser des Joseph-Romans kann die Geschichte von Joseph und seinen Brüdern sozusagen unbefangen genießen, und wenn er dabei durchaus auch die Gelehrsamkeit bewundern mag, die ganz offenbar hinter der Ausgestaltung der Patriarchenwelt wie auch des alten Ägypten steht, so behindert doch weder die Überlieferung des Bibeltextes noch gar die historische Forschung in irgendeiner Weise die Lektüre des Joseph-Romans *als* Roman. Daß es sich mit der Moses-Erzählung anders verhält, Bibeltext und bibelhistorische Forschungsprobleme auf eine andere Weise mit dem Text der Erzählung verbunden, ja für sie geradezu thematisch sind, kann hier nur vorweisend angedeutet werden, da es sich erst aus der Interpretation, genauer der Methode, die für diese Interpretation angewendet werden muß, ergibt.

In der Tat spiegelt sich die den beiden Werken gegenüber unterschiedliche Einstellung des Lesers in den unterschiedlichen Methoden ihrer Interpretation. Den Joseph-Roman können wir analysieren wie jeden Roman, indem wir uns bemühen, seine Sinnverhalte, Personengestaltung usw. herauszuarbeiten, und gleichsam auf sekundärer Ebene, in den meisten Fällen anmerkungsweise, werden die mehr oder weniger notwendigen Hinweise auf die bibelkritische Forschung, die Quellen und Bezüge geliefert – ein traditionelles Verfahren also, das dem Charakter dieses biblischen Romans als Roman angemessen ist. Wenn dagegen die Interpretation der Moses-Erzählung die Erörterung der historischen und religionswissenschaftlichen Forschung selbst zum zentralen Thema der Interpretation macht, so hoffen wir, daß dieses in Hinsicht auf ein Gebilde der Dichtung, eine »Erzählung« (wie Thomas Mann das Werk bezeichnet hat) keineswegs traditionelle Verfahren sich als die für dieses Werk angemessene Interpretation erweist.

(Verwiesen sei deshalb schon an dieser Stelle auf die durch die Verschiedenheit des Interpretationsverfahrens begründete ungleiche Anordnung der zitierten Forschungsliteratur. Diese wurde beim Joseph-Roman vorwiegend in einem Anmerkungsapparat untergebracht, bei der Moses-Erzählung im Text selbst.)

DER JOSEPH-ROMAN

1. KAPITEL

Stoff und Erzählweise

Wenn in der einleitenden Erörterung über den biblischen Stoff erzählender (und dramatischer) Dichtung die unter dem Gesamttitel »Joseph und seine Brüder« zusammengefaßten vier Romane »Die Geschichten Jaakobs«, »Der junge Joseph«, »Joseph in Ägypten«, »Der Ernährer« unter dem Gesichtspunkt des traditionellen historischen Romans gesehen wurde, so könnte damit gesagt sein, daß im Raume der modernen Romanliteratur ein solcher Roman sich mehr oder weniger anachronistisch ausnimmt, als ein Produkt noch aus dem Geiste des neunzehnten, des historischen Jahrhunderts, das den historischen Roman im Zusammenhang mit der historischen Forschung erst begründet hat. Daß, wie unmittelbar gespürt wird, nichts weniger als ein solches Anachronistisches dem Joseph-Werk anhaftet, beruht nun gewissermaßen paradoxerweise gerade darauf, daß es aufs engste mit der historischen, ja religionswissenschaftlichen Forschung verknüpft ist und sich eben durch diese Tatsache von einem traditionellen historischen Roman unterscheidet. Setzen wir voraus, was in der Einleitung über die Besonderheit eines bibelhistorischen Stoffes gesagt ist, so kann die Besonderheit des Joseph-Romans nur durch einen vergleichenden Blick auf solche Romane hervortreten, die sich für ihre Sujets auf denselben Stand der religionswissenschaftlichen und archäologischen Forschung stützen konnten, wie etwa Franz Werfels Jeremias-

Roman »Höret die Stimme« (1937), Schalom Aschs »Nazarener« (1939) und »Moses« (1951). Aber ein vergleichender Blick in diese Werke und das Thomas Manns zeigt sogleich, in welcher Weise sich ein traditioneller Geschichtsroman von dem des Joseph-Dichters unterscheidet. Abgesehen von einer kurzen Vor- oder Rahmenerzählung, in der sowohl in Werfels Jeremias-Roman wie in Aschs Jesus-Roman ein etwas phantastischer Salto mortale der Verwandlung moderner Gegenwart in die zu erzählende biblische Welt vorgenommen wird, wird diese selbst dann in derselben Weise »vergegenwärtigt«, d. h. im Jetzt und Hier ihrer fiktiven Gegenwart geschildert oder erstellt, wie es bei jedem anderen sowohl historischen wie auch nichthistorischen Roman der Fall ist. Wenn aber Thomas Mann in der Zeit der Entstehung der Joseph-Romane, 1939, einmal sagte, der Roman repräsentiere im Unterschied zum alten Epos die Stufe der »Kritik« nach derjenigen der »Poesie« (Kunst d. Romans. X, 360), so hatte er den Roman als »kritische« Dichtungsform weit über diese allgemeine Wesensbestimmung hinaus in den damals vollendeten ersten drei Joseph-Romanen – Die Geschichten Jaakobs, Der junge Joseph, Joseph in Ägypten – gesteigert, sein »kritisches«, im Stellungnehmen des Erzählers an sich gelegenes Vermögen an einem Gegenstande ausgenützt und ausgeprobt, der ihm dazu Gelegenheit bot wie kein anderer. »Der Erzähler«, so heißt es denn auch nicht zufällig gerade im Joseph-Roman, »ist zwar in der Geschichte, aber ist nicht die Geschichte, er ist ihr Raum, aber sie ist nicht der seine, sondern er ist auch außer ihr, und durch eine Wendung seines Wesens setzt er sich in die Lage, sie zu erörtern«. (IV, 821)

Im Unterschied zu dem traditionellen geschichtlichen und bibelgeschichtlichen Roman macht er sozusagen »wissenschaftlichen Ernst« mit der Beschaffenheit seiner Quelle als eines auszulegenden, zu kommentierenden Textes, und eines Textes dazu, der zum vertrautesten Besitz der Menschheit gehört. Kritische Erzählkunst im eigentlichen Sinne des Wortes ist hier am Werke, die im selben Atemzug das uralt Bekannte als bekannt voraussetzt und diskutiert wie es aber auch zu fiktiver Gegenwart, zur »Lebensgestalt« erweckt, da der Dichter, im schönen Bilde solcher Vergegenwärtigung, mit dem Leser hinabfährt in den »Brunnen der Vergangenheit«. Und es möge zunächst wenigstens andeutungsweise ein Begriff davon gegeben werden, was auf der »Brunnenwiese des Märchens« den Leser erwartet, wie nämlich die urvertrauten Geschichten »sich in Wirklichkeit zugetragen haben«: denn dies hatte, berichtet Thomas Mann, zu seiner Heiterkeit die Münchener Abschreiberin des Manuskripts, eine einfache Frau, gefunden und keineswegs Unrecht damit gehabt. (XI, 655)

Ja, sie begegnen uns in nie geahnter »Wirklichkeit«, die vertrautesten Gestalten der Menschengeschichte. Hier lebt Jaakob wieder – oder »lebt« er nicht vielleicht zum ersten Male? –, der Patriarch, schwer vom Reichtum seiner Herden und schwer von Gottesgedanken, ein »Herdenkönig« und »Gottesfürst«, der Urdenker der Menschheit, »wie er im Buche steht«, großartig und rührend, bedeutend und ausdrucksvoll, so pathetisch ausdrucksvoll, daß es dem Dichter hier und da ein leises Lächeln abnötigt, wie man es wohl den kleinen Schwächen und Absonderlichkeiten geliebter Personen widmen mag. »Jaakobs Geschichten« erstehen uns wieder. Was in den überlieferten Texten der

Genesis, des Buches der Jubiläen, der Midrasch- und Sagenliteratur sozusagen akzentlos nebeneinandersteht: das Erhabene und das Komische, das Groteske und das Innige, Betrug und Glaube, List und Frömmigkeit – das ist nun in der Wirkung seiner Gegensätze herausprofiliert und zum gewaltigen Lebensgemälde vereinigt. In die ehrwürdige, aber »gleichgültige« Überlieferung trägt der Dichter die Gefühlsakzente wirklichen Menschenlebens, lacht auch herzlich, wo es etwas zu lachen gibt, freut sich, wenn feine List über das Tölpische den Sieg davon trägt, Jaakob, der Schafzüchter, über Laban, den »Erdenkloß«, und fühlt aufs zarteste mit den Fühlenden. Die Erzählung funkelt vor Vergnügen, als es gilt, vom »großen Jokus« zu berichten, von Esaus, des Tölpels, brüllender Verzweiflung, als er um den Segen betrogen wird. Und keine Ehrfurcht vor des Patriarchen ehrwürdiger Person hindert den Erzähler, auch von weniger würdigen Ereignissen seines Lebens zu berichten, jener grotesken Situation etwa, als Jaakob, der Feine und Geistige, winselnd vor dem starken Knaben Eliphas, Esaus Sohn, im Staube liegt und um sein Leben bettelt – unmittelbar darauf aber die »Haupterhebung«, das Traumgesicht der Erscheinung des Herrn und der Segensverkündung, wie es in Genesis 28, 13 zu lesen ist. – Aber wie vergißt man die mythische Ferne der Menschen, wenn nun um Rahel, die Liebliche, Jaakobs Geschichten kreisen und sie sich zuerst begegnen bei den Hirten am Brunnen, der Vetter aus der Fremde und das Labanskind mit Augen, »in deren Blick die Natur allen Liebreiz gelegt hatte, den sie einem Menschenkind nur verleihen mochte – eine tiefe, fließende, redende, schmelzende, freundliche Nacht, voller Ernst und Spott« (IV, 228) – Augen, die Jaakob wieder liebte in Joseph und die dereinst beim Wiedersehen im Lande Gosen alles Getrennt- und Entfremdetsein auslöschen sollten zwischen dem Vater und dem ägyptischen Sohn. Wenn es nun gilt, die Geschichte von Joseph und seinen Brüdern zu erzählen, »wie sie sich wirklich zugetragen«, wird es menschlich ganz begreiflich, was schon im knappen Bibeltext nicht unverständlich ist: wie Geschwisterhaß sich bilden kann, wenn einer von ihnen, bevorzugt nicht nur durch Schönheit und Klugheit, sondern auch durch die ausschließlich ihn vorziehende Liebe des Vaters, seine bevorzugte Stellung auch noch ausnützt und hochmütige Träume erzählt, ein verwöhnter Junge, der unausstehlich hätte sein müssen, wenn er nicht eben mehr gewesen wäre, umweht von jenem Fluidum eines Menschenkindes, mit dem das Schicksal es in großem Stile vorhat. Aber auch jeden der zehn Brüder, so sehr sie als eine charakterliche Einheit gegen den einen stehen, macht uns der Dichter in seiner Besonderheit lebendig: den starken und leidenschaftlichen Ruben, in dessen Körperturm doch eine sensible Seele lebt, die nicht ohne Ahnung von Josephs Außerordentlichkeit ist; Juda, triebgeplagt und leidend, den geraden Gad, den geläufigen Naphtali, Simeon und Levi, die Inkarnation roher Kraft in ihrem Gegensatz zum Geistesgesegneten – sie alle, deren Namen die Menschheit »am Schnürchen hat«, erfüllen diese Namen nun mit ihrer so und nicht anders beschaffenen Individualität. Aber es sind nicht nur die sozusagen »geschichtlichen« Gestalten des Abrahamsstammes zur Lebensgestalt erweckt, sondern auch jene anderen der ägyptischen Zeit des Joseph, die im Bibeltext wie märchenhaft unbestimmte Staffagepersonen in seiner Geschichte erscheinen: Potiphar und »Potiphars

Weib«, Pharao, Mundschenk und Bäcker, und nicht zum wenigsten der »Amtmann über das Gefängnis«. Es bedarf nicht der Versicherung, mit welcher Souveränität der Dichterhistoriker dieses Werks das reiche historische und archäologische Material der Ägyptologie benutzt hat, um die durch jene Personen karg markierte und historisch unbestimmte ägyptische Welt erstehen zu lassen. Zu den größten darstellerischen Reizen gehört hier der Stilunterschied zwischen der pastoralen Naturwelt der Patriarchen und der Kulturwelt Ägyptens. Von den Weiden, den Brunnen, den Betaltären und Opfersteinen der Kinder Israel kommen wir mit Joseph in die bevölkerten Städte des fruchtbaren Niltales, On und Bastet, Menfe und Wese, mit ihrem Marktgewimmel, Armenquartieren und prächtigen Villen der Reichen, mit Pyramiden, Tempeln, Königspalästen und den Gräberkammern im Wüstengebirge. Eben noch die archaisch monumentalen Gestalten der Patriarchenwelt vor Augen, finden wir uns versetzt in eine Sphäre hochkultivierter Großstadtmenschen, eleganter Höflinge, geschminkter Damen, in kostbar ausgestattete Wohnräume und kunstvoll angelegte Gärten sowie mitten in komplizierte ökonomische Verhältnisse, deren Joseph im kleineren wie großen Maßstabe Herr wird, wie man weiß. Aus der Sphäre des Einen und unsichtbaren Gottes Abrahams, Isaaks und Jaakobs kommen wir in die Bilder- und Tierwelt der ägyptischen Götter und Gottkönige und aus dem einsamen Sinnen Abrahams und Jaakobs über das Wesen Gottes in verwickelte theologische Streitigkeiten; und während in Josephs Heimat Zeiträume von hundert und tausend Jahren keinen Wandel des Lebens und Glaubens bedeuteten, griff in Ägypten der Unterschied von Alt und

Neu, Konservativ und Modern tief in das Leben und Denken der Menschen ein. Wir werden in späteren Zusammenhängen zu zeigen haben, was in Thomas Manns »Version« der Geschichte diese Welt für Josephs äußere und innere Entwicklung bedeutet, wieviel komplizierter, interessanter, schwieriger seine Erlebnisse sich in ihr gestalten, als die seines Vaters gewesen waren. Und dies gilt nicht zuletzt von der berühmten »Liebesgeschichte« mit Potiphars Weib, die als das »moderne« problematische und raffinierte Gegenstück zu der seelisch einfachen und im höchsten Sinne »natürlichen« Geschichte von Jaakobs und Rahels Liebe und Ehe erscheint, eine »vertrackte und lebensgefährliche Arabeske« der »holden und klassischen Lebens-Grundfigur« (IV, 828), die Jaakobs Gefühl erfüllte. Wie sich aber aus verwickelten Problemen des Körpers und Geistes, aus erotischen und religiösen Gefährdungen und Schwierigkeiten die, wie Goethe fand, höchst anmutige und natürliche Geschichte Josephs entfaltet – das füllt mit immer heitererem Leben die beiden ägyptischen Teile des Romans, »Joseph in Ägypten« und »Der Ernährer«. Goethes Bemerkung im 4. Buche von »Dichtung und Wahrheit«, daß sie zu kurz erscheint und man sich berufen fühlt, sie ins Einzelne auszumalen, hatte, berichtet Thomas Mann, denn auch das Motto für sein Unternehmen abgegeben; und er meint ein wenig listig, daß sie »die einfachste und einleuchtendste Erklärung« für dieses sei. (XI, 654) Denn er wußte wohl, daß es sich mit dem »ins Einzelne ausmalen« bei ihm anders verhielt, als es Goethe wohl gemeint hatte, und daß die »fabulierende Ausführung« über sie selbst hinaus noch andere Aufgaben stellte.

Es war nicht mit »naiver« Ausmalung und Vergegenwärtigung der Geschichte getan. Wenn der traditionelle historische und auch bibelhistorische Roman sich mit solcher Vergegenwärtigung begnügt, und das Gerüst der Forschung, aus der die Begebenheiten wohl rekonstruiert worden sind, aus dem fertigen Gebäude des Romans wieder entfernt ist, so macht es nun den besonderen, ihn vom traditionellen historischen Roman unterscheidenden Reiz des Joseph-Romans aus, daß dieses Gerüst als eines seiner erzählerischen Mittel eingebaut geblieben ist. Thomas Mann hat mehrfach betont, daß das Moment der Wissenschaftlichkeit zum Werke gehöre und ein wichtiges Mittel der Realisierung sei. Ebenso aber hat er gesagt, daß es mit dieser Wissenschaftlichkeit nicht ganz ernst gemeint sei. »Humoristisch«, äußerte er, »ist alles essayistisch Erörternde in dem Buch, das Kommentatorische, Kritische, Wissenschaftliche, das so gut wie das Erzählende und szenisch Darstellende ein Mittel zur Erzwingung von Wirklichkeit ist«. (XI, 655) Doch mit diesem die Intention des Dichters bezeugenden Zitat können wir uns noch nicht ganz zufriedengeben. Hier gilt es zu differenzieren – eben in dem Maße, in dem die erzählerischen Mittel dieses Werkes selbst differenziert sind – und es von den verschiedensten Gesichtspunkten her zu einer Einheit integrieren.

Nicht alle Erörterungen, die in den Roman eingegangen sind und dazu dienen, die Welt und die Epoche zu beschreiben und zu verstehen, in der die Joseph-Legende sich abspielt, werden als humoristisch erfahren, d. h. in diesem Falle nichts anderes, als daß es nicht völlig ernst damit gemeint sei. Wenn z. B. das mythische Bewußtsein beschrieben wird, das Thomas Mann als den Grund des Lebensgefühls der Patriarchen erörtert, so kann nicht die

Rede davon sein, daß der Leser dies nicht für ernst und als echte Interpretation der mythischen Welt und ihrer Menschen auffassen sollte (gleichgültig, ob und wieweit sie wissenschaftlich haltbar ist). Sie ist im Roman die Voraussetzung für Josephs kleines »religiöses Hochstaplertum« und die Entwicklung seiner Persönlichkeit, aus der sich die Idee, der Sinngehalt des ganzen Werkes ergibt. Denn wenn auch, wie im folgenden dargelegt werden wird, das Verhältnis Josephs zu dieser Idee im Lichte eines Humors sich erhellt, der hintergründig, wie er ist, den Joseph-Roman zu einem humoristischen Roman macht, so sind doch die mythengeschichtlichen und psychologischen Voraussetzungen dafür und die erörterten wissenschaftlichen Grundlagen oder Hypothesen, auf die sie sich stützen, nicht als solche humoristisch. Der Humor, auf den Thomas Mann es mit seiner Bemerkung absah, liegt an einer anderen Stelle und hängt zusammen mit der schon erwähnten besonderen Beschaffenheit des biblisch-mythischen Stoffes. Eben dies, daß dieser schon an sich nicht das Gewicht historischer Wirklichkeit hat, sondern »Mythus«, d. h. im Wortsinne Erzählung ist und damit nur kraft seines Erzähltseins »ist«, dennoch aber – und eben weil die Grenzen zwischen Mythus und Geschichte fließend sind – als Gegenstand der Bibelkritik behandelt wird, als ob es sich um wirkliches Geschehen handelt, hat den Humor dieses seiner eigenen Kunst und ihrer Problematik so hoch bewußten Erzählers erweckt. Und indem er ein wenig mehr oder weniger versteckten Scherz mit der sich an diesem Gegenstande übenden Gelehrsamkeit treibt, die er sich zunächst in bewunderungswürdigem Grade selbst zu eigen gemacht hat, benutzt er sie zugleich zur »Realisierung«, d. h. eben dazu, um dem von ihm Erzählten oder Wiedererzählten den Anschein zu geben, daß es sich »wirklich« und zwar so und nicht anders »zugetragen«. Indem er dem Roman den Anschein gibt, ein weiterer Kommentar der Überlieferung zu sein, gibt er dieser den Charakter der »Wirklichkeit«, genauer: der Überlieferung von Wirklichkeit, und stellt auf diese Weise ein heiteres Vexierspiel mit Romanfiktion und Wirklichkeit an. Ein paar Beispiele mögen diese Erzählweise vorstellig machen.

Wie verhielt es sich z. B. mit Rahels langer Unfruchtbarkeit? »Der Buchstabe der Überlieferung ist der einzige Anhalt, der sich uns bietet«, exegiert der Dichter, »wenn es gilt, diese wehmütige Lebenserscheinung zu erklären. Er lautet in Kürze dahin: weil Lea unwert gewesen sei vor Jaakob, habe Gott sie fruchtbar gemacht und Rahel unfruchtbar. Ebendarum. Das ist ein Erklärungsversuch wie ein anderer; er trägt Vermutungscharakter, nicht denjenigen der Ermächtigung, denn eine unmittelbare und maßgebliche Äußerung El Schaddais über den Sinn seiner Verfügung, sei es gegen Jaakob oder einen anderen Beteiligten, liegt nicht vor und ist zweifellos nicht ergangen. Dennoch käme es uns nur zu, jene Deutung zu verwerfen und eine andere dafür einzusetzen, wenn wir eine bessere wüßten, was nicht der Fall ist; vielmehr halten wir die gegebene für richtig«. (IV, 318) Worauf es der Dichter unternimmt, »exegetisch« in diese Bibelstelle einzudringen und ihren eigentlichen Sinn zu entbinden, der, wie er meint, darin bestehe, daß Gottes Maßregel eine Züchtigung für Jaakob selbst bedeutet habe, eine Züchtigung nämlich jener wählerischen und zügellosen Vorliebe, um deretwillen auch Joseph ihm entrissen worden sei. – Da setzt sich der kommentierende Erzähler mit der Überlieferung anläßlich Josephs großen Gesprächs mit Pharao auseinander: »dieses berühmte und dabei fast unbekannte Gespräch«, in Hinsicht auf welches »der Lakonismus des bisher davon Überlieferten bis zu ehrwürdiger Unwahrscheinlichkeit« gehe; immer sei es ihm »der Abkürzung, Aussparung und Eintrocknung zuviel« erschienen, daß nur auf Josephs Traumdeutung und seinen Rat hin, sich nach einem verständigen und weisen Mann umzusehen, »Pharao ohne weiteres geantwortet habe: ›Keiner ist so verständig und weise wie du; dich will ich über ganz Ägyptenland setzen!‹« Und man lese nach, wie dieses Gespräch nun »für immer in aller Genauigkeit festgehalten ist«, so »wie es sich damals zu On in Unter-Ägypten wirklich begeben«. (V, 1482) Beschreibt der Dichter die Schönheit des jungen Joseph, so tut er das gleichfalls nicht oder nicht bloß in »direkter« Vergegenwärtigung, sondern mißt die »wirkliche«, nämlich im Roman jetzt und hier am Brunnen zum Monde betende Jünglingsgestalt an dem Schönheitsruhm, den »Gerücht und Gedicht« um sein Haupt gewoben, und stellt kritisch abwägend erst die »wahren« Sachverhältnisse richtig. Oder es werden sorgfältig die Jahresangaben der Überlieferung geprüft und die Zeit genau berechnet, die etwa Jaakob bei Laban und Joseph bei Potiphar und im Gefängnis zugebracht hat. Moderne Forschungen über die geologischen und meteorologischen Verhältnisse des Nillandes werden zu Rate gezogen, um an ihrer Hand »die höchst kindlichen Vorstellungen« zu berichtigen, die die Kinder Ägyptens über die Beschaffenheit ihres Stromes hegten. Es wird mit gleichsam belehrend erhobenem Finger die Überlieferung, vor allem in der bildenden Kunst, zurechtgewiesen, »gewisse Phantasmagorien des Pinsels«, die Josephs Söhne zur Zeit als Jaakob starb, »die jungen Herren Menasse und Ephraim, bei der Szene ihrer Segnung durch den schon scheidenden Großvater, dem Beschauer als lockige Knaben von sieben oder acht Jahren vor Augen führen« – wie auf Rembrandts Gemälde »Jakobs Segen« – »Es ist ja klar, daß sie damals infantenhafte Kavaliere von Anfang zwanzig . . . waren.« (V, 1771)

Dies sind wenige Beispiele aus der Fülle ähnlicher. Sie zeigen einerseits, wie überall der Dichter die umfassenden Studien verrät, die er, wie jeder historische Romancier, zur Realisierung der Begebenheiten benötigte, andererseits aber auch das heimliche »Blinzeln« – um ein in solchen Zusammenhängen von Thomas Mann selbst gern angewandtes Wort zu verwenden –, mit dem er den Ernst solcher Realisierung und eben damit auch die Überlieferung belächelt. Indem er die von ihm zur »Lebensgestalt« verwirklichten Gestalten und Begebenheiten an der über sie bekannten und ihrerseits erörterten Überlieferung vergleichend mißt, nimmt er sie in ihrem Wirklichkeitsanspruch nicht ganz ernst, aber wiederum auch die Überlieferung nicht in ihrem Anspruch, die autochthone Quelle des Wissens über die Personen und Begebenheiten zu sein, und spielt dann ihre »Wirklichkeit« gegen die Überlieferung aus. So, um noch ein weiteres, besonders hübsches Beispiel anzuführen, die Erörterung des »wirklichen« Verhaltens Potiphars und seiner Gattin nach Josephs Erhöhung, das völlig abgewichen sei von den Berichten, die in den bekannten Bearbeitungen von Josephs Geschichte darüber gegeben seien, die größten Unwahrscheinlichkeiten nämlich, »Moschus und persisches Rosenwasser«. (V, 1495)

Die knappe Charakterisierung dieser Erzählweise mag erkennbar gemacht haben, warum und in welcher Weise die besondere Beschaffenheit des biblischen Stoffes den Witz, den scherzenden Humor des Erzählers hervorgelockt, das Spiel mit der sozusagen »dubiosen« Wirklichkeit der mythisch legendären, jedermann vertrauten und überdies als sakrosankter Text überlieferten Geschichte in Gang gesetzt hat. Aber ein solches Spiel wäre nicht möglich, »Humor« im unverbindlichen Sinne des heiteren Scherzes und Nichternstnehmens unangemessen, wenn die Erzählweise nicht dem Erzählten kongruent, Form und Sinn einander angepaßt wären. Das heißt: nicht die Erzählweise als solche macht das Joseph-Werk zu einem echten humoristischen Roman, sondern erst der Gesichtspunkt selbst, unter dem die Geschichte Josephs, Jaakobs und Rahels »hübschen und schönen« Sohns erzählt, der mythenmotivische Zusammenhang, in den sie gestellt wird.

Hier sei, gleichsam als ein unsere Darstellung leitendes Wort, Thomas Manns Bezeichnung des »Joseph-Romans« als »humoristischer Menschheitsroman« notiert, wie er schon im Anfang der Arbeit an ihm, 1928, es als die Aufgabe des Werkes ankündigte, zu beweisen, daß »man auf humoristische Weise mythisch sein könne« (XI, 625). Was es mit dem Sinne dieses Humoristischen auf sich hat, in welcher keineswegs an der Oberfläche erkennbaren Weise Humor hier am Werke ist, wird die Strukturanalyse des großen Bibelromans erweisen.

2. KAPITEL

Joseph und der Mythus oder der Mythus als Lebenswirklichkeit

1. Das mythische Bewußtsein

Was es bedeutet, daß »der Erzähler nicht nur« in der Geschichte, sondern auch »außer ihr« ist »und durch eine Wendung seines Wesens sich in die Lage setzt, sie zu erörtern«, was also »der Roman auf der Stufe der Kritik« besagt und bewirkt, zeigt sich in seiner ganzen Fruchtbarkeit und Kraft der Realisierung erst, wenn wir nun in die Analyse des Stoffes selbst eintreten und die verschiedenen Methoden und Aspekte dieser »Kritik«, der Interpretation betrachten, die der Dichter mit ihm vorgenommen hat.

Nicht unmittelbar, nicht als ob sie eine gegenwärtige wäre und wir ihres Vergangenseins vergäßen, läßt Thomas Mann den Leser die Welt erleben, der er dreitausend Jahre tief auf der »Brunnenwiese« der Vergangenheit begegnen wird. Denn er selbst nimmt nicht ganz seinen Standpunkt in dieser Welt, sondern tritt zugleich auch wieder von ihr zurück; und in demselben Atemzug sozusagen, indem er in ihr, sie mit ungeheurer dichterischer Intuition und Phantasie verwirklichend, lebt, betrachtet er sie auch als Objekt einer historisch-psychologischen Erkenntnis. Er nimmt die biblische Welt nicht als eine gegebene hin, sondern untersucht gleichzeitig die Quellen, durch die sie uns überliefert ist, und in erster Linie den *Text der Genesis*. Und aus gewissen Unstimmigkeiten, auffallenden Wiederholungen z. B., auf die er in diesem Texte stößt, erschließt sich ihm eine besondere geistige Struktur dieser Welt und Menschen, eine Struktur, die von derjenigen der späteren, im eigentlichen Sinne geschichtlichen Welt weitgehend abweicht und uns über den Anfang der geistigen Geschichte des Menschen bestimmte, bedeutsame Aufschlüsse gibt.

Es handelt sich um Wiederholungen solcher Art wie die »Schwester«-Geschichten von Ägypten und Gerar (Genesis 12, 10 f.; 20, 2 f.; 26, 6 f.). Zweimal wird hier von Abraham erzählt, daß er als wandernder Gast in der Fremde sein Weib Sara seine Schwester genannt habe, aus Furcht, der König des Landes würde ihn erwürgen lassen, um sich dann seiner Ehefrau bemächtigen zu können, ja aus dem noch weniger edlen, aber zuletzt aus der Sicherheit seines Gottesglaubens hervorgehenden Motiv, daß dieser Betrug ihm auf irgendeine Weise materielle Vorteile einbringen werde, durch die er denn auch in der Tat den Grund zu seinem Reichtum legte. Diese Geschichte wird dann mit geringer Abweichung zum dritten Male von Isaak und Rebekka erzählt. Solche Wiederholungen, interpretiert der Dichter[1], lassen eine besondere Struktur des Bewußtseins sichtbar werden. Wenn noch die Tatsache, daß die Geschichte zweimal von Abraham erzählt wird, auf die primitive Verdeutlichungstendenz urepischer Erzählungsweise zurückzuführen sein könnte, so eröffnet doch die Wiederholung der Geschichte in Isaaks Leben noch andere Ausblicke für die Erkenntnis. Zwei Möglichkeiten sind hier der Deutung gegeben. Es kann ein Fall bewußter Imitation vorliegen, »eine Lebensauffassung nämlich, die die Aufgabe des individuellen Daseins darin erblickt, gegebene

33

Formen, ein mythisches Schema, das von den Vätern gegründet wurde, mit Gegenwart auszufüllen . . .« (IV, 127)
– oder aber ein Fall unbewußter Identifizierung, derart, daß
Isaak die Geschichte Abrahams keineswegs selbst erlebt,
sondern sie gewissermaßen nur »als zu seiner Lebensgeschichte gehörig« (ebd.) betrachtet hat.

Imitation und Identifizierung sind Momente *mythischer*
Denkform und Erlebnisweise[2] und indem der (von der
Forschung geleitete) Blick des Dichters sie aus auffallenden
Stellen der überlieferten Texte entbindet, bringt er zunächst einmal die Standpunktverschiebung zuwege, die das
begrifflich-theoretische und damit unterscheidende Denken vornehmen muß, um in die Bewußtseinsstruktur der
mythischen Menschheit eindringen zu können. Aber diese
Momente an sich genügen Thomas Mann für die Realisierung dieser Bewußtseinsstruktur noch nicht. Sie erklären
sich ihm erst, wenn er den Zustand der Welt ins Auge faßt,
in dem der vorgeschichtliche Mensch lebte. Dies war eine
Welt, die noch nicht einer so raschen Veränderung unter-
worfen war wie die der historischen Zeit und zumal unserer
modernen Zivilisationsepoche. Wo der menschliche Geist
noch in den Anfängen der geistigen und praktischen Welt-
veränderung steckt, da sind die Dinge ihrem natürlichen
Zustand noch in weit stärkerem Maße überlassen als später
und heute. Denn es sind ja die Veränderungen, die die
Kultur am Aussehen der Welt hervorbringt, weit sichtbarer
und rascher wechselnd als diejenigen, die die Natur an sich
selbst und aus eigener Gesetzmäßigkeit erleidet. Wenn und
wo aber das mannigfaltige und unterschiedliche Welt-
erleben ersetzt wird durch ein einförmiges und wandello-
ses, das sozusagen an Lebensinhalt leicht ist, wird ein Be-

wußtseinsphänomen sichtbar, das Thomas Mann schon im »Zauberberg« entdeckt hat und das ihm dort als wichtiger Ausgangspunkt für die Erkenntnis und Darstellung der seelischen und geistigen Geschichte seines Helden Hans Castorp gedient hat. Am Zustand der Welt wird das Wesen und »Geheimnis« ihres erkenntnistheoretischen Korrelates, der Zeit, sichtbar. Im »Zauberberg« wird die Zeit »vergessen«. Die Einförmigkeit des Lebens in diesem Davoser Sanatorium, das dem Bereiche normaler menschlicher Daseinsbedingungen entrückt ist und wo alle Tage den gleichen Inhalt haben, bringt das Phänomen hervor, daß die Zeit den Menschen nicht etwa langsam, sondern so schnell vergeht, daß sie gewissermaßen abhanden kommt und man gefährlich geneigt ist, »gestern« zu sagen, wenn in Wahrheit schon ein Monat oder gar ein Jahr vergangen ist. Unterscheidet sich »heute« nicht mehr von »gestern«, »morgen« von »heute«, so verwischen sich die Grenzen, verfließen die messenden Zeiteinheiten, schrumpfen die objektiven Maße zusammen, die Kalender und Uhr anzeigen. Ist ein Tag wie alle, so sind alle Tage wie einer, eine immerwährende Gegenwart, ein stehendes »Jetzt«, in dem man heute nicht »wieder« etwas tut, was man gestern getan hat, sondern immer und ewig dasselbe tut oder doch zu tun scheint. Das Problem und Geheimnis der Zeit, das im »Zauberberg« an einem Zeitraum von sieben Jahren sichtbar wird, dient Thomas Mann nun zur Erkenntnis des Wesens jener Weltepoche, von der das erste Buch Mosis erzählt, einer Epoche nahezu unveränderter Lebensformen, in der »die Zeit minder tätig, die ändernde Wirksamkeit ihrer steten Arbeit an Dingen und Welt geringer und milder« war, als sie »in unserer abendlichen Geschichte ist«.

(IV, 16) Und wie sich in den sieben eintönigen Jahren des Zauberbergs die Tage und Jahre nicht mehr voneinander abhoben, kann es in einer sich über Hunderte und Tausende von Jahren ausdehnenden Epoche geschehen, daß für den rückschauenden Blick der Menschen, die an irgendeiner Stelle dieses Zeitmeeres leben, die Generationen ineinanderfließen und man in »träumerischer Ungenauigkeit« einen für seinen Großvater halten kann, der in Wirklichkeit zwanzig Generationen oder 600 Jahre früher gelebt hat. Denn in der Tat, es deutet manches darauf hin, daß wir es mit dem Texte der Genesis, der den Joseph den direkten Urenkel jenes Abraham sein läßt, der einst aus Ur in Chaldäa auswanderte und sowohl den Gottesbegriff als den Reichtum seines Stammes begründete, mit einem ungeheuer verkürzenden und zusammenziehenden Bericht zu tun haben – Verkürzungen und Zusammenziehungen, wie sie für die Denkform einer Epoche so stillen und ununterbrochenen Zeiterlebens bezeichnend waren.

Diese Hypothese Thomas Manns ist interessant und für die Struktur und den Ideengehalt des Joseph-Werkes bedeutsam genug, um nach ihren sachlichen Anhaltspunkten zu fragen. Sie stützt sich einerseits auf die oft gemachte und geschichtlich begründete Annahme, daß der Urvater des Stammes Israel ein Zeitgenosse des großen babylonischen Gesetzgebers Chammurabi (Amraphel von Sinear, Gen. 14, 1) gewesen sei und also um 2000 v. Chr. gelebt habe. Für Josephs Lebenszeit andererseits, die von der Forschung, wenn sie überhaupt angenommen wird, in die Zeit der letzten Hyksos, also ins 16. Jahrhundert verlegt wird, nimmt er eine andere, selten vertretene Hypothese[3] an, nämlich, daß Josephs Auftreten in Ägypten in die Regierungszeiten Amenhoteps III. und IV. der 18. Dynastie, Ende des 14. Jahrhunderts gefallen sei. Mag diese Hypothese weniger oder auch mehr Wahrscheinlichkeit für sich haben als andere Hypothesen über die geschichtliche Fixierung der Patriarchen — sie dient dem Autor als ein Mittel, in die Welt- und Lebenshintergründe vorzustoßen, die hinter dem knappen Urtexte verborgen sind und hier und da durch die verräterischen Stellen der Wiederholungen, Namensübertragungen und Anspielungen hindurchschimmern. Und hier verbleibt die gelehrte Forschung und Diskussion in der Tat nicht außerhalb der Dichtung, sondern bildet innerhalb ihrer ein wichtiges Mittel der Realisierung, das an innerlich veranschaulichender und erhellender Kraft nicht der verwirklichend-konkretisierenden Gestaltung durch die reine dichterische Phantasie nachsteht. Denn gerade indem die Denk- und Erlebensform jener frühen Menschheit uns als eine ferne und frühe bewußt gemacht, das dichterisch Vergegenwärtigte immer wieder ins Historische aufgelöst und wiederum das Historische in die dichterische Gestalt eingebaut wird, entsteht eine unbestimmt geheimnisvolle, zwischen Sein und Bedeuten die Schwebe haltende Stimmung und Sphäre. Sie macht es möglich, daß wir die Geschichten der Genesis zugleich als verwirklichte Vergangenheit erleben, wie sie auch in ihrem tieferen *mythischen* Sinn begreifen.

Um eine Zusammenziehung und Verkürzung der Ur-Überlieferung also handelt es sich, wenn Joseph im Bewußtsein der Menschheit als der Urenkel »Ur-Abrahams« dasteht. Diese Verkürzung ist die äußere Erscheinung des Geheimnisses der Zeit, das hier waltet: der Zeit, die sich

ohne Markierung unendlich ins Vergangene hinein aus-
dehnt und macht, daß im Bewußtsein der Menschen das
Vergangene zur Gegenwart, das Gegenwärtige identisch
mit Vergangenem werden kann. Und waren noch dazu, wie
es der Fall zu sein schien, die Namen »geschlechtserblich«
(IV, 129), so wird es begreiflich, daß sich die Grenzen
zwischen den Generationen träumerisch verwischen. So
erklärt sich, deutet der Dichter, daß Joseph einen Mann,
der seines Vaters wirklicher Großvater gewesen sein
mochte, für jenen Abraham hielt, der einst von Ur in
Chaldäa ausgezogen, Sarais Gatte und Melchisedeks Be-
freundeter war und sowohl den Reichtum wie den Gottesbegriff des Stammes Israel begründete. So wird es glaubhaft, daß Isaak, Jaakobs blinder Vater, der ihm den gestoh-
lenen Segen erteilt hatte, sich für identisch mit jenem Isaak,
Ur-Abrahams Sohn, hielt, der um ein Haar geopfert worden wäre, hätte der Herr nicht den stellvertretenden Widder gesandt, sowie auch, daß irgendein Altknecht Jaakobs,
Eliezer mit Namen, »ich« zu sagen pflegte, wenn er Joseph
von jenem Eliezer, Ur-Abrahams Altknecht und Halbbru-
der, erzählte, der einst bei Laban für Isaak um Rebekka
gefreit hatte und dem »die Erde entgegengesprungen
war«.[4] Dreitausend Jahre in der Brunnentiefe der Vergangenheit leben wir mit Menschen, »die nicht genau wissen,
wer sie sind« (IV, 128), deren Ich nicht in die Grenzen ihres
jetzt und hier existierenden Körpers eingeschlossen ist,
sondern »gleichsam nach hinten offen stand« (IV, 122) und
sich mit anderen, lange vor ihnen gewesenen Ichen identifiziert. In der Wandellosigkeit der Zeit oder, was dasselbe
ist, der Welt, in der sie leben, »sonderte sich«, so erklärt der
Dichter, »das Leben des Einzelwesens oberflächlicher von

dem des Geschlechtes ab als heute, bedeutete Geburt und Tod ein weniger tiefreichendes Schwanken des Seins« (ebd.), und mancher Abraham, Isaak und Jaakob mochte gelebt haben, ohne daß sich »die Grenzen seiner Individualität gegen die Individualität früherer Abrahams, Isaaks und Jaakobs sehr deutlich abgesetzt« hätten. (IV, 129) Der uralte Isaak stößt in der Stunde seines Sterbens eines Widders Geblök aus: so wie er stellvertretend sich selbst für Ur-Isaak hielt, so identifiziert er sich nun sogar mit dem stellvertretenden Widder selbst. »Er hatte gelebt in seinen Geschichten und sie mit Recht in der Ich-Form erzählt; denn es waren die seinen: teils weil sein Ich zurück- und hinausverschwamm ins urbildlich Ehemalige, teils weil das Einst in seinem Fleisch wieder Gegenwart geworden war und sich der Gründung gemäß wiederholt haben mochte.« (IV, 187)

Indem Thomas Mann in dieser Weise die Bewußtseinsstruktur der vorgeschichtlichen Menschheit einer eindringenden Analyse unterzieht, macht er die *mythische Denkform* sichtbar, unter deren Aspekt er die Geschichten der Genesis rückt, und es mag hier sogleich erwähnt sein, daß er zu diesem Zwecke in einer genialen wissenschaftlichen und zugleich dichterischen Konzeption die Psychologie des mythischen Denkens mit Forschungen über die motivgeschichtlichen Zusammenhänge der altorientalischen Mythologie verbindet, wie sie von der sogenannten panbabylonischen Schule vertreten und im folgenden deutlich werden, auf die sich, wie bereits angedeutet, Thomas Mann vor allem gestützt hat.[5] Denn – dies ist die Erkenntnis, die über die traditionelle Auffassung des ersten Buches Mosis hinaus die Dichtung Thomas Manns vermittelt und lebendig macht – obwohl in dem einsamen Denken Abrahams, Isaaks und Jaakobs der große monotheistische Gottesbegriff hervorgedacht wurde, der den Stamm Israel allmählich aus den Zusammenhängen der Göttermythologie des alten Orients löste, war doch auch dieses Denken noch so urtümlich verknüpft mit den bildhaften Gestalten, die die Anfänge des religiös-geistigen Lebens der Menschheit bezeichnen, noch so wenig in die einschränkenden Bahnen einer dogmatischen Theologie gelenkt, daß das Gepräge der mythischen Denkformen auch die Gestalten der Väter bestimmt.

So widerspricht es denn auch nicht den monotheistischen Denkbemühungen Jaakobs, wenn ihm die Geschichten seines Lebens nicht nur als seine persönlich-individuellen erscheinen, sondern zugleich auch als »geprägte Form«, als Wiederholung, neue Gegenwart einer in mythischer Vergangenheit einmal gewesenen Urgeschichte und Urform. Gedenkt also Jaakob z. B. des Beginnes seiner persönlichen Geschichte, des großen Segensbetruges an Esau, dem rauhen und rothaarigen Bruder, der ein Jäger und Ackerbauer war, und seines eigenen Verhältnisses zu diesem, so öffnet sich ihm eine weite Perspektive hinter des Bruders Gestalt und seiner eigenen. Er sieht eine Reihe von Paaren ungleicher Brüder, von denen der ältere immer der Rote und Rauhe, der Ackerbauer und Jäger, *Edom,* ist, der jüngere aber der Glatte und Sanfte, der Sinnende und Geistige, der Hirte – und der Erwählte. In Jaakob und Esau waren wieder Fleisch und Gegenwart geworden Isaak und Ismael, Sem und Cham, Abel und Kain, Osiris und Set. Ja, es weisen die feindlichen Brüderpaare der jüdischen Urgeschichte zurück auf »die Tage des Set«, auf jene »bis zur

Vergeistigung und Geisterhaftigkeit tiefe, mythisch und theologisch gewordene Vergangenheit«, in der sich im Bereiche des Menschlichen der Ursprung aller Dinge schon für Joseph und seine Zeit verlor. Sie weisen auf den ägyptischen Mythus von den königlich-göttlichen Brüdern Osiris und Set zurück als ihrem mythischen Urbild.[6] Und wenn sich geheimnisvoll die Menschengeschichte mit den Göttergeschichten verknüpft, so wird hier ein Grundzug des mythischen Denkens erkennbar, für das es »keine scharfe Grenze gibt, die die Welt in ein Diesseits und ein Jenseits, eine lediglich empirische und eine transzendente Sphäre teilt«.[7] Set, so erzählt der ägyptische Mythus, war der Böse, er warf Osiris, den guten Bruder, in einer Sarglade in den Fluß und zerstückelte ihn, als die Sarglade wieder ans Ufer geschwemmt wurde, in vierzehn Teile. Set hatte einen Eselskopf, er war von kriegerischer Natur und ein Jäger – er »ist« Edom, der Rote, ist Kain und Cham, Ismael und Esau, und diese »sind« er. Denn Identität ist das Gesetz des mythischen Bewußtseins, das zwischen Vergangenheit und Gegenwart so wenig unterscheidet wie zwischen Vorstellen und Wahrnehmen, Traum und Wirklichkeit, Bedeuten und Sein. So »ist« auch Jaakob Abel, der Abel-Typ, wie wir sagen würden. Aber »du bist Habel, der Mond und der Hirt, und alle die Deinen, wir sind Hirten und Schäfersleute und nicht Leute der ackerbauenden Sonne« (IV, 102), sagt Joseph schmeichelnd zu Jaakob, und wieder weiß es Jaakob: »Und was nicht Edom ward, das war Jisrael, und ist ein besonderes Volk . . . ungleich den Bauern des Ackers und den Städtern in den Burgen, sondern Herren und Hirten und Freie, die ihre Herden treiben zwischenein und ihre Brunnen hüten und des Herrn gedenken.« (IV, 118 f.)

Wie aber verhielt es sich, so muß man angesichts dieser mythisch die Grenzen verwischenden und »in Spuren gehenden« Gedankenverbindungen fragen, mit der Besonderheit und Auserwähltheit des Stammes Israel? In Jaakobs Denken, derart geprägt durch den Hang zur Gedankenverbindung, daß »seine Seele auf Schritt und Tritt durch Anklänge und Entsprechungen betroffen gemacht, abgelenkt und ins Weitläufige entführt wurde« (IV, 93) – in Jaakobs assoziativem Denken verband sich sehr leicht die Sondergeschichte seines Stammes mit dem Mythenkomplex, der den Hintergrund, die Lebenswirklichkeit der Mittelmeerwelt ausmachte, in der er zusammen mit den – babylonischen, phönizisch-assyrischen und ägyptischen – Nachbarvölkern lebte. Es war der erbliche *Segen* seines Geschlechtes, der Segen Abrahams, der Segen der Verheißung und des Vertrages, der Jaakob – und bewußter noch Joseph – in einem undeutlich-geheimnisvollen Zusammenhang zu stehen schien mit den Geschichten von dem guten Gott, an die jene Völker glaubten – dem Gott, der zerrissen, in die Unterwelt gestoßen und aus ihr wieder befreit, erhöht und verherrlicht wird – Adon, »der Herr«, der ägyptische Osiris, der phönizische Tammuz, der griechische Adonis.[8] Der Segen, war er auch von dem Gotte Abrahams, Isaaks und Jaakobs verliehen und das Zeichen des Bundes mit Ihm, dem alleinigen Gott, war seinem Wesen nach das Signum der Erwähltheit, der geistigen sowohl wie der materiellen Erhöhung. Und jedenfalls war es Jaakob nicht deutlich, wie Gott es meinte und was es auf sich hatte mit der immer wieder sich ereignenden Lenkung des Segens auf die, welche nach dem Muster und Schema die Gesegneten *waren* – die jüngeren der geprägten Brüderpaare, die Geistigen und

Sanften, die heilbringenden, die guten Götter. »Denn das ist Abrahams Erbe, das auf die Häupter kam, auf Isaak und Jaakob, meinen Herrn ... die Verheißung und der Vertrag« singt Joseph im »Schönen Gespräch« mit Jaakob am Brunnen, » ... und es war nicht bei allen Kindern Ebers, sondern des Stammes allein, den der Herr erwählt und in dem er die Erstgeburt sich ersah, nicht nach dem Fleische und Mutterleibe, sondern dem Geiste nach. Und die Sanften und Klugen waren es, die er erwählte«. (IV, 118 f.)

So erweist sich wie von ungefähr die Geschichte von Jaakobs Segensbetrug an Esau, bei der es dem Anschein nach und gleichsam im Vordergrund recht irdisch und menschlich zugegangen war, mythisch durchleuchtet, und es war Jaakob, wenn er diese Geschichten bedachte, »als wandelte er auf durchsichtigem Grunde, der aus unendlich vielen ins Unergründliche hinabführenden Kristallschichten bestand, durchhellt von Lampen, die zwischen ihnen brannten. Er aber wandelte oben in seines Fleisches Geschichten, Jaakob, der Gegenwärtige, und sah Esau an, den durch List Verfluchten, der gleichfalls wieder mit ihm wandelte nach seinem Gepräge und Edom, der Rote, war«. (IV, 188)

War es auch im Vordergrunde des Geschehens richtig, daß Esau der Erstgeborene, der Erbe des Segens war – im Hintergrunde des Geschehens, im Unterbewußtsein der Menschen (wie die Psychoanalyse sagen würde, der nicht zufällig das mythische Bewußtsein ein wichtiges Analogieobjekt ihrer Forschung geworden) waltete dennoch der Mythus, und machte, daß wieder wurde, was war und was sein sollte, und daß der, der nach dem Schema der Gesegnete und Erwählte *war,* auch wirklich der Gesegnete *wurde.* Und der Mythus flüchtete sich sozusagen in Isaaks Blindheit, oder auch Isaak, im Unterbewußtsein wissend, wer beide, Esau und Jaakob, waren, »in welchen Spuren sie gingen« (IV, 200), flüchtete sich in sie. Denn diese Blindheit, das unbewußte Geschehen, war das eigentliche Werkzeug des mythischen Schemas, das sich erfüllen wollte, und Rebekkas List mit den Bocksfellen überhaupt erst möglich machte. »Und so klagte«, macht der Dichter begreiflich, »Isaak über seine Augen, über ihren Fluß und das Brennen der Lider, daß er trüb sähe wie der sterbende Mond, und das Licht ihn schmerze« (IV, 200), und er suchte das Dunkel, in dem gewisse Dinge geschehen konnten, die zu geschehen hatten.

Das Motiv der Blindheit, oder genauer der Dunkelheit (»Und es begab sich, daß Isaak alt worden und seine Augen dunkel wurden zu sehen«, Gen. 27, 1) ist von der motivgeschichtlichen Forschung als ein bedeutsames Motiv der orientalischen Mythologie erkannt worden[9], zu deuten als bildlicher Ausdruck schicksalshaften, vorbestimmten Geschehens, das sich gewissermaßen gegen die absichtsvollen Handlungen, den wachen, zielbewußten Willen des Menschen vollzieht und erfüllt. Denn in der Dunkelheit kann Vertauschung und Verwechslung stattfinden, durch die etwas Falsches, das der Mensch als das Richtige zu wollen glaubt, in das eigentlich Richtige korrigiert wird, das er in Wahrheit will. Thomas Mann vertieft das Motiv der Dunkelheit nach dieser Richtung des unterbewußten Willens hin. Er hat es nicht nur in der Geschichte des Segensbetruges wirksam gemacht, sondern stellt wundervoll in seinem Zeichen auch Jaakobs Hochzeit, die schmerzliche »Doppelhochzeit« mit Lea und Rahel dar und hebt sie damit aus ihrer »historischen Faktizität« in die Sphäre des mythisch

Bedeutungsvollen. Denn auch hier vollzieht sich im Schutze der Dunkelheit etwas, was Jaakobs bewußte Seele nicht nur nicht will, sondern mit bitterem Schmerz erleidet, aber sein unbewußtes leibliches Leben dennoch gewollt hat: die Zeugung »Edoms« vor derjenigen des »rechten Sohnes«, der Leasöhne vor dem Rahelsohn. Thomas Mann deutet diese untergründigen Verhältnisse durch überaus feine künstlerische Mittel und Erfindungen an. Das Brautgemach ist dunkel, ein Umstand, der in den Überlieferungen, soweit ich sehe, nicht vorkommt, und dies ist zwar eine böse List Labans, der ihm die falsche Braut unterschieben will, aber zugleich auch die Herstellung einer Situation, die Jaakobs unbewußter »Leibesseele« nicht unbekannt ist und die diese denn auch bejaht, indem sie das Zeugungswerk unbekümmert um den Willen seiner bewußten Seele verrichtet, die Rahel begehrt. Daß es sich aber so verhält, verrät ein Traum Jaakobs, durch den Thomas Mann auf das reizvollste psychoanalytische Erkenntnisse mit dem mythischen Vorstellungsleben verbindet. In der Zeit vor seiner ersehnten Hochzeit träumt Jaakob einmal von einer Begegnung mit dem hundsköpfigen Gotte Anup, dem Öffner der Wege, dem »Üblen«, den in der Nacht Osiris »aus Versehen« mit der »Unrechten«, Nephthys, der Eheschwester Sets, zeugte, statt mit Isis (Eset), der Rechten, seiner eigenen Eheschwester, die erst später den wahren Sohn Hor empfing und gebar.[10]

Die Grundzüge der mythischen Denk- und Lebensform, die hier skizziert wurden, sind aus dem ersten Band (bzw. Teil) der Joseph-Tetralogie, »Die Geschichten Jaakobs«, gewonnen. Doch muß an dieser Stelle, die Darlegung der

Erzählweise ergänzend, ein Wort über den besonderen, ihn von den drei anderen Bänden unterscheidenden Aufbau dieses Bandes gesagt werden.

Im Unterschied zu diesen, die die Geschichte Josephs in der chronologischen Folge des Bibeltextes erzählen, entfaltet sich das Leben Jaakobs erst in einer an sich nicht ungewöhnlichen erzähltechnischen »Rückblendung«: aus der Gegenwartssituation des ersten Kapitels »Am Brunnen«, dem »Schönen Gespräch« zwischen dem alten Vater und dem jungen siebzehnjährigen Joseph, worin manches von den Bewußtseinsbewandtnissen, von denen die Rede war, zur Sprache kommt. Erst im zweiten Kapitel »Jaakob und Esau« setzen die Geschichten von Jaakobs Leben ein, aus denen Joseph in seiner »gegenwärtigen« Lebensgestalt bis zum Schluß des Bandes verschwindet, der mit Benjamins Geburt und Rahels schwerem Sterben endet. Aber auch diese Lebensgeschichte Jaakobs selbst gewinnt ihren fortschreitenden Lauf sozusagen schwer und erst allmählich. Da schiebt sich Späteres vor Früheres, z. B. die böse Geschichte mit Dinah, Leas Tochter, als Jaakob mit seinen Söhnen vor Schekem weidete, vor die großen Ereignisse der Jugendzeit: den Segensbetrug an Esau, die Flucht zu Laban und sein siebenjähriges Dienen um Rahel, die betrogene Hochzeitsnacht mit Lea – man kennt die Geschichten. Damit nicht genug: es steht auch noch innerhalb der Jugendgeschichten die Szene von Isaaks (Jizchaks) Tod, da er »Urgeblök« anhebt, vor seiner »Blindheit«, in der der Segensbetrug geschah, wie auch vor dieser noch Jaakobs Demütigung vor Eliphas, gefolgt von der Haupterhebung durch Gott, die erst auf der Flucht sich ereigneten. Und erst von dem Abschnitt »Jizchaks Blindheit«, dem dritten des vierten Kapitels »Die Flucht«, an rollt sich Jaakobs Leben in gerader Folge ab, bis es sich dann von neuem mit demjenigen Josephs vereint.

Daß diese Erzählordnung nicht zufällig ist und mit dem Sinn des Erzählten eng zusammenhängt, unterliegt keinem Zweifel. Ihre Bedeutung und Funktion stellen sich, und zwar keineswegs auf den ersten Blick, heraus, wenn man das Ganze des bis zum Abschnitt »Jizchaks Blindheit« Erzählten ins Auge faßt. Der Band »Die Geschichten Jaakobs« beginnt nicht erst mit dem ersten Kapitel des Gesprächs am Brunnen, sondern mit dem »Höllenfahrt« betitelten umfangreichen »Vorspiel«; und die Grundzüge der Psychologie des mythischen Bewußtseins, die der Dichter aus den Fakten des Grundtextes und des Sagenbestandes des Alten Orients ermittelt hat, haben wir aus dem Gesamt dieses Vorspiels und der ersten Kapitel herausdestilliert. Daß aber Inhalt und Methode zusammenhängen, kann der Aufmerksamkeit nicht entgehen. Das zunächst Verwirrende des Aufbaus nicht nur der ersten Jaakob-Kapitel, sondern auch schon des Vorspiels sowie ihr Zusammenhang hat seinen Grund in den fließenden und ineinander fließenden Konturen der mythischen Epoche, die es zu beschreiben galt, des mythischen Lebensgefühls, das nun an demjenigen Jaakobs nicht nur zu direkt beschreibender und erklärender, sondern auch zu indirekter Veranschaulichung kommen soll. Nicht zufällig beginnen seine »Geschichten« mit der Anknüpfung an das »Schöne Gespräch«, in dem »der Alte beiläufig auch des Eliezer Erwähnung getan . . .« (IV, 121); und eben der Umstand, daß Jaakob mit diesem Eliezer »nicht denjenigen gemeint haben konnte, der auf dessen eigenem Hofe lebte«, sondern den

Knecht Abrahams, der einst für Jaakob bei Laban um Rebekka gefreit hatte, aber – »unter uns gesagt und zugegeben« – dennoch oder wenigstens zugleich seinen eigenen Hausvogt und ersten Knecht, »auch ihn nämlich, beide auf einmal also«: dieser Umstand des mythischen Identifikations- und Wiederholungsschemas, der weitschichtigen Bewußtseinsassoziationen bedingt in diesen ersten Partien des Werkes auch die Erzählmethode. So betrachtet stellen Vorspiel, Schönes Gespräch und die ersten Jaakob-Geschichten gleichsam den Raum des mythischen Bewußtseins selbst dar, aus dessen hin- und herwogenden Assoziationen und Identifikationen sich erst die Geschichte, um die es sich handelt, herausringt und – wie wir sehen werden, in dem Maße »eindeutiger« wird, in dem sie sich aus der mythischen Welt in eine rationalere entwickelt, aus Jaakobs Welt zu derjenigen Josephs.

Doch noch ein weiteres Moment muß beachtet werden, das, wenn auch verborgen genug, dem Ganzen der Erzählung einen weiteren, humoristischen Aspekt hinzufügt und mit dem »unter uns gesagt« zu tun hat, letztlich aber im mythischen Identifikations- und Wiederholungsschema schon angelegt ist. Denn es mag sich mythenpsychologisch so verhalten, daß es nur eine Zusammenziehung von vielen Abrahams und Jaakobs ist, wenn Joseph Ur-Abraham als seinen Urgroßvater und Jaakob als seinen Vater betrachtet, so daß er, vom modernen Gesichtspunkt betrachtet, nicht einmal der Sohn des Jaakob »wirklich« wäre, der Esau um den Segen betrogen und Rahel gefreit hätte. Das würde dann zu der noch verwirrenderen Konsequenz führen, daß uns der Bibeltext verschwämme und Thomas Mann seinen Roman nicht hätte schreiben, von Jaakob und seinem Liebling nicht hätte erzählen können. Er erzählt ihn aber – und schlägt damit der Mythenpsychologie ein Schnippchen mit »unter uns gesagt«, d. h. er zieht getrost die sechshundert Jahre und zwanzig Generationen, die vielleicht »wirklich« zwischen Joseph und Ur-Abrahams Zeit liegen, zu den normalen hundert der drei Generationen zusammen, wie es die Bibel erzählt, die nichts von Mythenpsychologie weiß – so daß der Leser dennoch nicht weiter beunruhigt darüber zu sein braucht, mit Menschen zu tun zu haben, die nicht genau wüßten, wer sie sind. Andererseits aber – und das einerseits-andererseits gehört zum Roman – hat der Dichter nun gerade auch mit Berufung auf den Mythus, ja auf die Form des mythischen Denkens selbst sein Unternehmen gerechtfertigt, ihn wieder »Gegenwart« werden zu lassen, ein neues Fest der Erzählung zu feiern: »Fest der Erzählung, du bist des Lebensgeheimnisses Feierkleid, denn du stellst Zeitlosigkeit her für des Volkes Sinne und beschwörst den Mythus, daß er sich abspiele in genauer Gegenwart!« (IV, 54) Womit auch wir zum Roman, zum Stoff der Erzählung und ihrer Sinn-Struktur zurückkehren.

2. Der Rollenträger

Will man in den tiefgelagerten und erst allmählich sich enthüllenden Sinn des Joseph-Werkes eindringen, so muß man beachten, wie der Dichter in den beiden ersten, den Patriarchen-Bänden, diesen Sinn noch in dem »Geheimnis« verborgen sein läßt, in dessen Sphäre die frühen Menschen noch irrational-ahnend leben. Der Mythus, das Geheimnis, ist hier noch durchaus Existenz, *Seinswirklichkeit*. Hier gibt es keinen Unterschied zwischen Sein und Bedeuten, sondern alles »ist«, ja, auch zwischen dem »es ist« und »es war« entfällt die Grenze, und immer wieder ist die Geschichte von Set und Osiris Gegenwart. Grenzen entfallen zwischen einer wahrgenommenen irdisch-menschlichen Welt und einer vorgestellten himmlisch-göttlichen, von denen, nach der babylonischen mythischen Kosmologie, die eine der anderen entspricht, so daß nicht auszumachen ist, ob eine Geschichte sich »oben« oder »unten« abspielt, oder doch jede »untere«, nämlich menschliche Geschichte, einmal eine »obere«, nämlich göttliche gewesen sein muß. »Die Sphäre rollt. Oben ist bald unten, und unten oben, wenn man von unten und oben bei solcher Sachlage überall sprechen mag. Nicht allein daß Himmlisches und Irdisches sich ineinander wiedererkennen, sondern es wandelt sich auch, kraft der sphärischen Drehung, das Himmlische ins Irdische, das Irdische ins Himmlische, und daraus erhellt, daraus ergibt sich die Wahrheit, daß Götter Menschen, Menschen dagegen wieder Götter werden können.« (IV, 190)[11] Das ist ein zentraler Satz des Joseph-Romans. Er ist mehrdeutig und mehrschichtig. Denn er beschreibt ebensosehr die mythische Seins- oder Lebenswirklichkeit, wie er den in dieser verborgenen Sinn duchschimmern läßt. Und nicht genug zu bewundern ist die Kunst, mit der Thomas Mann allmählich diese beiden Momente voneinander scheidet — ein Prozeß, den unsere Analyse darzustellen hat.

Zunächst, in der Sphäre des kanaanitischen Hirtenvolkes, wird das Geheimnis des Daseins, das in den Mythen Gestalt gewonnen, noch in seiner vollen Wirklichkeit erlebt, und man muß es beachten, wie auch der Dichter das Geheimnis hier in der Schwebe zwischen Sein und Bedeuten läßt. Er verdichtet es hier und da zu mythisch anspielenden Gestalten wie der »Üble« oder die prophetisch-rätselhafte Erscheinung des »Mannes auf dem Felde«, der Joseph zu den Brüdern ins Tal Dotan führt, dann auf dem abgedeckten Brunnen sitzt, als Ruben dorthin kommt, um Joseph zu befreien (Hinweis auf Jesu Auferstehung, das abgedeckte Grab, bei dem Maria Magdalena zwei Engel antrifft), und abermals der Führer der Ismaeliter nach Ägypten wird. Auch in dieser Gestalt verkörpern sich Motive des hundsköpfigen Anup-Gottes, das Führer- und Wegeöffner-Motiv, und so erscheint denn auch der Mann als das geheimnisvolle Werkzeug der Erwartung und Erfüllung, die sich in Josephs Geschichte darstellen.[12]

Denn vor allem ist es nun diese Geschichte selbst, die der Dichter zunächst noch in dem »zweideutigen« Lichte der mythischen Prägung beläßt, in der Sphäre Jaakobs, dessen ahnend beziehungsvolles Gefühl den Liebling seines Herzens, Rahels, der Rechten, rechter Sohn, gern Dumuzi, »wahrhafter Sohn« nannte, wie die Leute von Sinear den Tammuz nannten. Denn in der Tat, Josephs Geschichte läßt sich ganz oder doch wenigstens ungefähr so an, als ob sie in den Spuren des Mythus gehe. Josephs bezaubernde und erlesene Person erscheint den groben, unnuancierten Brüdern, Leas Söhnen, gegenüber als der vorgeprägte Typus des Gesegneten und Erwählten – mögen auch die wirklichen Verhältnisse nicht völlig stimmen, ein Kollektiv von feindlichen Brüdern statt des einen vorhanden, und auch Joseph nicht der absolut jüngste sein. Bei der Herstellung dieser Beziehung aber verhält sich Joseph um ein weniges absichtlicher, bewußter als der Vater. Von diesem unterscheidet er sich überhaupt durch eine stärkere, bewußtere, man kann sagen modernere Prägung des Geistes, die ihm dem von dunklen Gefühlen ständig bewegten Gottesdenker gegenüber eine gewisse rationale Überlegenheit gibt, und wo dieser nur fühlt, erinnert, ahnt, legt Joseph aus und wendet gewissermaßen utilitaristisch an. »Das aber ist der Vorteil der späten Tage, daß wir die Kreisläufe schon kennen, in denen die Welt abrollt, und die Geschichten, in denen sie sich zuträgt und die die Väter begründeten.« (IV, 106)

Hinter dieser halben Bewußtheit des ebenso schriftgelehrten wie fast talmudisch scharfsinnigen jungen Joseph aber klingt bereits der leise Humor auf, der, wie sich zeigen wird, in diesem Werke eine besondere Funktion ausübt, indem er sich immer stärker nicht nur als die tragende Stimmungsfarbe der Erzählung, sondern auch als das wesentlichste Mittel der Sinndeutung erweist. Noch ist es, wie gesagt, nur halbe Bewußtheit, mit der der »hübsche und schöne« siebzehnjährige Joseph seine auserlesene kleine Person in Beziehung setzt zu den Geschichten, über die er wohl unterrichtet ist: von Osiris, den Set zerstückelte, der aber weiterlebt als König der Unter-, der Totenwelt, von Tammuz, dem der Eber die Seite zerriß und der in die Unterwelt sank, »so daß alle Zeugung versiegte und die beweinte Welt dürre lag, bis Ischtar, die Gattin und Mutter, Höllenfahrt hielt, ihn zu suchen, die staubbedeckten Riegel des Gefängnisses brach und den geliebten Schönen aus Höhle und Grube hervorführte, als Herrn der neuen Zeit und der frischbeblümten Flur« (IV, 94) – die Göttergeschichten, in denen die ewigen »Wunder« von Wintertod und Frühlingsauferstehung der Natur, von Niedergang und Aufgang der Sonne leben. Die Bedeutung des reizenden Kapitels »Der Adonishain« besteht gerade darin, die halb historisch-theoretische, halb geheimnisvoll ahnende und als solche »praktisch« auf sich selbst bezogene Stellungnahme Josephs zu den Mythen zur Anschauung zu bringen, die den Glauben der Umwohner von Jaakobs Zeltlager vor Hebron ausmachten. Joseph sucht den Adonishain gern auf, wo in jedem Jahre das Begräbnis- und Auferstehungsfest des schönen Gottes gefeiert wird, und weiß Benjamin zu erzählen von den Suche- und Klageliedern der Frauen (die Ischtar vorstellen) um Dumuzi, den Zerrissenen, im ersten Teil des Festes:

O Duzi, mein Herrscher, wie lange liegst du da!
O Herr des Schafstalls, Ohnmächtiger, wie lange liegst du
    da!
Ich werde kein Brot essen, ich werde kein Wasser trinken,
Denn tot ist die Jugend, tot ist Tammuz!   (IV, 451)

und den Freudenliedern der Auferstehung im zweiten Teil des Festes:

Tammuz lebt, Adon ist auferstanden!
Groß ist Er, der Herr ist groß!
Sein Auge, das der Tod verschloß, Er hat es aufgetan.
Sein Mund, den der Tod verschloß, Er hat ihn aufgetan.
Seine Füße, die gefesselt waren, gehen wieder dahin,
Grünkraut und Blumen sprießen unter ihrem Tritt.
Groß ist der Herr, Adonai ist groß![13]

Aber die Vorstellung des zerrissenen und geopferten Gottes, »der in den Abgrund steigt, um daraus hervorzugehen und verherrlicht zu werden« (IV, 449), fließt ihm zusammen mit dem »Opfer« seines eigenen Geschlechts, mit

Isaak, dem wahrhaften Sohn, über den Abraham das Messer hob, vertauscht und vertreten durch den Widder; und Joseph weiß um das Geheimnis der Stellvertretung, das, ein Kriterium des mythisch-magischen Denkens, dem mythischen Bestande der orientalischen Religionen angehört und im Dogma von Christi stellvertretendem Opfertod den Sinn der Erlösung, der sich in der gegenständlichen Handlung, dem Ritus des Opfers, verbirgt, am reinsten darstellt. Wenn der Geopferte erlöst wird, wird er selbst zum Erlöser: der schöne Frühlingsgott, den Ischtar aus der Unterwelt emporführt, wird der Erlöser der Welt aus dem starren Winterschlafe, so daß bereits seine Opferung für die Erlösung der Welt geschah und sein Tod als Stellvertretung des Wintertodes der Welt erlebt wird. Das Isaak-Opfer und das Adonis-Opfer verbinden sich in Josephs »Selbstbewußtsein« derart, daß sie, um mit Freud zu reden, das »Es« seines Personbewußtseins ausmachen – sie, die ihn auf den unterbewußt erstrebten Weg zum »Grabe«, zur Grube, zur Unterwelt führen.

Noch andere Ideenverbindungen kommen hinzu, geeignet, Josephs Ahnungen, aber auch sein Selbstgefühl zu verstärken, Anklänge an einen anderen Mythus, die, wenn man motivgeschichtlich zu lesen versteht, sich in der Tat in der Geschichte Josephs vorfinden. Sie finden sich im Bibeltext in den berühmten Träumen, die Joseph überheblich den Brüdern erzählt: von den zehn Garben, die sich vor seiner Garbe neigen, von Sonne, Mond und elf Sternen, die ihm gleichfalls dienend aufwarten. Diese Träume mögen Anklänge an die messianisch-apokalyptischen Vorstellungen von dem erhöhten »Menschensohn« in den Büchern Henoch und Daniel sein. Ja, Henoch, der Sohn Jareds, aus der frühen Vergangenheit des Stammes Israel, ein Vorfahre Noahs, von dem es hieß, daß ihn Gott hinwegnahm, dieweil er ein göttliches Leben führte (Gen. 5, 24), spielt eine kaum weniger große Rolle in Jung-Josephs auf sich selbst bezüglichen Kombinationen als der Tammuz-Mythus. »Denn klug und fromm« war Henoch »und belesen in den Schreibtafeln des Geheimnisses« (IV, 115), geistig auserwählt wie Joseph sich selbst empfindet, und des Ahnherrn Entrückung und Erhöhung auf den Stuhl der Herrlichkeit zum »Metatron«, dem großen Schreiber und Fürsten der Welt, vor dem alle himmlischen Heerscharen sich beugen, gaukelt geheimnisvoll dem Joseph eine große Zukunft vor, die sich ihm verbindet mit der Auferstehungszukunft des Osiris-Tammuz-Mythus.[14] Durch die Hinzufügung eines sozusagen echten apokalyptischen Traumes Josephs, in dem dieser sich nun selbst durch die Himmel hinauf vor den Stuhl Gottes getragen und »übertrieben« erhöht findet, unterstreicht Thomas Mann sowohl die faktischen messianischen Anklänge der überlieferten Joseph-Träume wie auch die zugleich träumerische und scharfsinnige Anmaßung des jungen Joseph, die ihn dorthin bringt, wohin er, nach vorgeprägtem Muster, zu kommen hat.

Der Sturz in die »Grube« stellt naturgemäß die Klimax, die Apotheose, die ganz offenbare Verwirklichung der Ahnungen Josephs dar. Die mythische Prägung seiner Persönlichkeit enthüllt sich deutlicher und direkter, als sie es je in der Geschichte Isaaks und Jaakobs getan. Das Motiv des Brunnens, das bereits in Jaakobs Geschichte angeklungen war, enthüllt sich jetzt in seiner ganzen mythischen Bedeutsamkeit. Nicht zufällig hatte sich das erste Kapitel des Joseph-Romans »Am Brunnen« abgespielt; denn der Brunnen war in dem Denken und Fühlen dieser Menschen nicht nur eine Sache, sondern ein Motiv und bedeutete den Eingang zur Unterwelt. Jaakobs besorgte Frage: »es sitzt das Kind an der Tiefe?«, hatte nicht nur der natürlichen Befürchtung gegolten, der Jüngling könnte in die Zisterne fallen, sondern hatte auch an die göttlichen Vorstellungen gerührt, die sich mit der Idee der Brunnentiefe verbanden. Hatte es ja auch in Jaakobs eigenen Geschichten einen Brunnen gegeben, der den Eingang zu einer Unterwelt bedeutete, dem Ort des Kotes, aber auch des Reichtums, aus dem man wieder emporstieg, wie Gestirne es taten nach ihrem Untergang. Labans Reich war Jaakobs Unterwelt gewesen, und Laban, der »Erdenkloß«, hatte das Gepräge des Unterweltmannes deutlich wie Esau an sich getragen. Aber es war bei dem Brunnen gewesen, an dem die Hirten mit ihren Schafen auf Rahel warteten, wo er Labans Reich betreten hatte, und dort war ihm zugleich auch Rahel begegnet, die Ischtar, mit der er dereinst aus der staubigen Unterwelt wieder aufsteigen, die »Riegel dieses Gefängnisses« brechen sollte. Im großen und ganzen jedoch waren die Tammuz-Motive nur schwach in Jaakobs Geschichte ausgeprägt gewesen, weit überwachsen von dem großen Bemühen um die Erkenntnis von Gottes Wesen, das nichts mit den Göttergeschichten zu tun hat.

Weit stärker treten, wie gesagt, diese Motive in Josephs Geschichte hervor. Und als denn dieser nun auf dem Grunde des ausgetrockneten Brunnens liegt, in den ihn die Brüder geworfen, und Verzweiflung und Todesfurcht in der Oberschicht seines Bewußtseins herrschen, weiß er im Untergrunde seines Bewußtseins doch zugleich, daß alles so hatte geschehen müssen, wie es geschehen war. Er hatte mit Überhebung, Angeberei und Prahlsucht die Brüder zum Äußersten treiben, und diese hatten ihm den Rock zerreißen und ihn selbst in den Brunnen werfen müssen. »Er hatte jammervoll aufgeweint, als der große Ruben seine Zustimmung gegeben hatte, daß man ihn in die Grube würfe; im gleichen Augenblicke aber hatte sein Verstand gelacht wie über einen Witz, denn das gebrauchte Wort war geladen mit Anspielungen: ›Bôr‹ hatten die Brüder gesagt in ihrer Sprache und hatten sich einsilbig-vielsinnig damit ausgedrückt; denn die Silbe enthielt den Begriff des Brunnens sowohl wie den des Gefängnisses[15], und dieses wieder hing so nahe mit dem des Untern, des Totenreiches, zusammen, daß Gefängnis und Unterwelt ein und derselbe Gedanke waren . . . zumal auch der Brunnen bereits in seiner Eigentlichkeit dem Eingang zur Unterwelt gleichkam . . . Es war der Abgrund, in den der wahrhafte Sohn steigt . . . das Reich der Toten, darin der Sohn Herr wird, der Hirte, der Dulder, das Opfer, der zerrissene Gott.« (V, 583) Und indem Joseph in wohltätigem Traumzustand »Oben« und »Unten« der Sphäre nicht mehr unterscheidet, besiegt der untergründige Glaube seiner Seele an Wiedererscheinen und Auferstehung die Grube.

So werden die Motive der Grube und des Zerrissenwerdens, die die Joseph-Legende in der Tat enthält, in den ersten beiden Bänden des Werkes zwar noch in dem eigentlichen Ernst ihrer mythischen Wirklichkeit gestaltet. Aber indem nun auf das Brunnenkapitel »In der Höhle«, in dem dieser mythische Ernst am stärksten verdichtet ist, die »Erlösung« Josephs durch die reisenden Ismaeliter folgt, beginnt die Wirklichkeit des Mythus sich gewissermaßen aufzulösen und die Uneigentlichkeit, die »Zweideutigkeit«

von Josephs Gestalt und Geschichte sichtbar zu werden, die, wie unten näher erläutert wird, die Quelle des feinen Humors ist, der diese Geschichte durchleuchtet – so tief durchleuchtet, daß ihr Sinn immer heller auf ihrem Grunde erkennbar wird.

Wenn es schon mit der »Zerreißung« nicht ganz »richtig« im Sinne des Mythus vor sich gegangen war, insofern nicht Joseph selbst, sondern nur sein Gewand zerrissen wurde, so konnte im Rahmen der unbewußten Symbolik der mythischen Denkweise, die an die stellvertretende Ersetzung einer Sache durch eine andere gewöhnt ist, auch diese Gewandzerreißung als symbolische Stellvertretung für den an Joseph selbst auszuführenden Akt aufzufassen sein, nicht anders wie – im Falle Isaaks – das Tieropfer für das Menschenopfer eintritt. Und der Dichter hat denn auch den »bunten Rock«, der schon im Urtexte das Zeichen der – wenigstens geplanten – Segenserwählung Josephs ist, zu einem symbolischen Gegenstand ersten Ranges ausgestattet. Er macht es zu dem Braut- und Jungfrauengewand, dem Ketônet passim Rahels, ein Ischtar-Gewand[16], unter dem bereits die Bräute Rahel und Lea vertauscht worden waren und das nun wieder der Sohn »im Austausch trägt mit der Mutter«. Damit ist wiederum eine Anspielung auf Joseph geläufige mythische Verhältnisse hergestellt, die Vertauschung betreffend, die im Glauben des Volkes zwischen Ischtar und ihrem Sohne und Gatten Tammuz stattgefunden hat, indem man mit dem Tammuz zugleich die Ischtar (Astarte oder Nana) meinte und umgekehrt. Und da Joseph weiß, daß Jaakob in ihm Rahel, die tote Geliebte liebt, wird es ihm leicht, diese an sich natürliche Tatsache zur Erhebung seiner Person mythisch zu verbrämen. »Jaakob aber meint Rahel, wenn sie auf mich blickt, wie die Leute des Landes, die Nana meinen, wenn sie den Tammuz Herrin heißen.« (IV, 458) Das Segensgewand also, das einst Rahel im Zeichen der Ischtar getragen, wird ihm ohne Schwierigkeit zum sichtbaren Symbol dieser mythischen Verhältnisse, und die Zerreißung des wunderbaren Gewandes, in dem er herausfordernderweise zu den Brüdern gegangen war, kann in seiner Erlebnisweise sich durchaus noch innerhalb der mythischen Wirklichkeit ereignen, in der »oben« sich abspielenden Geschichte des himmlischirdischen Universums.

Sofern aber nun die Ismaeliter, anständige und wohlwollende, aber höchst irdische Kaufleute, die Stelle der göttlichen Gattin und Mutter vertreten und die »staubigen Riegel von Josephs Gefängnis brechen«, wird bereits eine auffallende Abweichung der Geschichte Josephs von dem mythischen Schema sichtbar, und es wird größerer Anstrengungen von seiten Josephs bedürfen, um die Beziehung dazu aufrecht zu halten. Dies ist denn nun auch die Stelle (am Ende des zweiten Bandes), von der ab die »Zweideutigkeit« der Joseph-Geschichte mehr und mehr ihren religiös-geheimnisvollen Charakter abstreift und recht eigentlich humoristisch wird, und in innerem Zusammenhang damit nimmt die Lebens- und Erlebenssphäre der Menschen einen andern, nämlich rationalistischeren Charakter an. Aber auch die Patriarchenwelt, die mythischbeziehungsvolle Denksphäre Jaakobs wird nun mehr und mehr Gegenstand eines humorvollen Lächelns, eines leisen Lächelns über die Inadäquatheit des gewaltig-ausdrucksvollen Schmerzes Jaakobs zu den eigentlichen Tatsachen. Thomas Mann unterstreicht diese Inadäquatheit, indem er den Schmerz Jaakobs ins Grotesk-Übertriebene steigert, oder genauer: nicht den an sich natürlichen und begreiflichen Schmerz als solchen, sondern die betonte, mythisch geprägte, »gemünzte oder halbgemünzte« Ausdrucksform, in der Jaakob ihn manifestiert. Diesen Sinn erhalten nun die Worte des Urtextes: »Ein reißend Tier hat Joseph gefressen! Zerrissen, zerrissen ist Joseph!«, sowie auch die anderen aufbewahrten: »Ich werde mit Leide hinunterfahren in die Grube zu meinem Sohn.« (Gen. 37, 35) Dem natürlichen Sinn dieses Schmerzausrufes, daß er nicht ferner zu leben wünsche, unterlegt der mythisch Hellhörige, wie Eliezer, der Altknecht und schrifterfahrene Lehrer Josephs, den andern, daß Jaakob nach dem Vorbilde der göttlichen Muttergattin daran dachte, in die Grube, in die Unterwelt zu fahren, um Joseph wieder zu holen – wobei das Groteske, fast Komische, und doch wieder in den mythischen Schemen Gegründete in der Geschlechtsvertauschung liegt, die seine Phantasien zu diesem Zwecke vornehmen müssen. »Ich werde hinunterfahren zu meinem Sohn! Sieh mich an, Eliezer, spielt die Gestalt meiner Brust nicht schon ins Weibliche hinüber? In meinen Jahren gleicht wohl die Natur sich aus. Weiber bekommen Bärte und Männer Brüste. Ich werde den Weg finden ins Land ohne Wiederkehr. Morgen mache ich mich auf. Ich will wie die Mutter sein. Ich will ihn besprengen und ihm die staubigen Riegel lösen zur Wiederkehr.« (IV, 650) Mit dieser Darstellung von Jaakobs Schmerz wird ein Doppeltes erzielt und bewirkt. Auf der einen Seite tut sich in dem Wahnsinn solcher Phantasien der besinnungslose, das menschliche Leidensmaß übersteigende Schmerz des armen Vaters kund, erscheint darin sein Leid in seiner ganzen erschütternden

Echtheit und brutalen Lebenswirklichkeit. Zugleich aber wird durch die Gemünztheit, die halbe Bewußtheit dieser Phantasien auch wieder der Eindruck einer gewissen Künstlichkeit der Schmerzkundgebung erzeugt, unter der sich eine Art Befriedigung versteckt und verrät – Befriedigung über die anscheinende Erfüllung des mythischen Schemas in Josephs Schicksal. Und Eliezer meint diese versteckte Befriedigung und ihre mythischen Hintergründe, wenn er, Jaakob an den Höchsten erinnernd, dem er dient, sagt: »Was du sagst, stößt mich schauerlich ab, und ich will's nicht gehört haben. Denn es scheint, es kommt nicht nur aus deines Jammers Tiefen, sondern noch tiefer her.« (IV, 652) Ironisch-humoristisch aber wirkt diese Doppeldeutigkeit erst auf dem Hintergrunde der »wirklichen« Umstände: der so wenig göttlich-mythischen, sondern sehr prosaischen Befreiung Josephs aus der Grube. Und ebendiese Tatsache ist es, die von nun an, in den ägyptischen Bänden, dem Charakter und Stil der Erzählung ein anderes Gepräge gibt, womit nun aber auch, wie bereits angedeutet, ihr tiefster symbolischer Gehalt und Sinn immer deutlicher hervortritt.

3. Die motivische Rolle Ägyptens

Es ist das Eigentümliche und zuinnerst Reizvolle des Joseph-Romans, daß in ihm gewissermaßen nichts »um der Sache selbst willen« erzählt wird, sondern aller eigentliche Sachgehalt, alles »Leben« als solches zugleich auch seine besondere Bedeutung, man könnte sagen seine *Rolle* im *Sinnzusammenhang* des Ganzen hat. Und dies gilt hier noch in einem prägnanteren Sinne als dem allgemeinen und pro saldo für jedes literarische Werk gültigen, daß die Teile und Geschehnisse der Handlung sinnvoll zueinander geordnet sein, der leitenden Grundidee des betreffenden Werkes unterstehen müssen. Was es im Joseph-Roman besagt, tritt noch deutlicher als in den Patriarchen-Bänden im zweiten, ägyptischen, Teil des Werkes zutage. Dies aber darum, weil sich der Roman hier in genauerem Sinne als in den ersten beiden Bänden zu einem *historischen* Roman ausgestaltet. Die Sphäre der Patriarchenwelt ist mythisch-vorgeschichtliche Zeit, von der nur Bibeltext, Legende und Sage Kunde gegeben haben. Und da die Joseph-Legende der vorgeschichtlichen Epoche des ersten Buches Mosis als solche angehört, ist in ihr auch der Pharao, unter dem Joseph erhöht wird, eine sagenhaft unbestimmte Gestalt, Ägypten selbst zwar durch einige typische Züge als Ägypten charakterisiert, aber ohne irgendwelche Hinweise auf eine bestimmte Epoche seiner Geschichte. Thomas Mann unternimmt nun den kühnen Schritt, die Joseph-Geschichte nicht allein in das helle Licht einer reich dokumentierten, auf das Jahr genau bestimmten historischen Epoche zu verlegen, sondern auch in eine so späte wie die Regierungszeiten Amenhoteps III. (1411-1375) und Amenhoteps IV. (1375-1352), eine Hypothese, die, soweit ich sehe, nur von einem Erforscher des alten Orients (H. Winckler) vertreten wird[17], während im allgemeinen das eventuelle Auftreten Josephs in Ägypten in die Zeit der Hyksos, also mindestens zweihundert Jahre früher, gesetzt wird. Die Wahl gerade dieser Epoche des Neuen Reiches aber hat eine solche Bedeutung sowohl für den Sachzusammenhang wie für den Sinngehalt der Dichtung, daß sie sich als ein wahrhaft genialer Kunstgriff erweist. Erst wenn man ganz in die Bedeutung der Rolle eingedrungen ist, die gerade diese Epoche für den Sinngehalt des Joseph-Romans gewinnt, wird es ersichtlich, in welcher Weise und in welchem Maße dieser sich — und zwar durch eine fast inkommensurable, aber entscheidende Nuance — von dem traditionellen historischen Roman unterscheidet. Erst jetzt offenbart sich ganz die Eigentümlichkeit der darstellerischen Methode Manns, nicht völlig in der anschaulichen Vergegenwärtigung des historischen Stoffes aufzugehen, sondern zugleich auch kritisch deutend von ihm wieder zurückzutreten und ihn dadurch *als* historisch bewußt zu erhalten. Das geschah, wie gezeigt wurde, etwa durch die Aufschließung der mythischen Denkform der Patriarchen, die als eine von der unseren verschiedene immer wieder ins Bewußtsein gerufen wird, oder die relativierende, nämlich mit der Überlieferung vergleichende Schilderung von Josephs Schönheit, wie überhaupt die unablässig interpretierende, alles reale Geschehen in hintergründige Sinnbezüge einordnende Darstellungsweise, durch die es dem Dichter gelingt, die humoristische Zweideutigkeit der Joseph-Gestalt und -Geschichte sichtbar zu machen.

Durchaus als ein Mittel dieser sinninterpretierenden Darstellungsweise ist denn also auch die Wahl der Amenhotep-Epoche zu verstehen. Gerade aber weil es sich hier um eine historische und nicht mehr bloß mythisch-sagenhafte Lebenswirklichkeit handelt, könnte der symbolische, oder genauer motivische Charakter, den sie für die Joseph-Geschichte hat, sich zugunsten der stofflich-realen Werte, die sich hier unwillkürlich vordrängen, verflüchtigen. Gewiß gilt dies auch von der mythischen Sphäre der ersten beiden Bände; aber es gilt von dieser darum in geringerem Grade, weil die mythische Welt schon an sich eine solche geheimnisvoller Anspielungen, Ähnlichkeiten und mehr oder weniger ausgesprochener Deutungen ist – und wir haben hervorgehoben, wie wunderbar Thomas Mann gerade diese mythische Schwebe zwischen Sein und Bedeuten, dem Eigentlichen und Uneigentlichen gewahrt und dichterisch gestaltet hat. Eine mythisch-sagenhafte Welt ist daher symbolischer Gestaltung leichter zugänglich als eine historische von solcher Art wie die relativ »aufgeklärte« Amenhotep-Epoche, deren vordergründiger Realitätsgehalt sich darum mindestens als ein in dieser Beziehung spröderes, schwieriger zu bearbeitendes Material erweist oder erweisen könnte. Hier erreicht die, wie man fast sagen könnte, »doppelbodige« oder hintergründige Kunst Thomas Manns denn auch einen Höhepunkt. Hier erleben wir auf der einen Seite das Ägypten der 18. Dynastie in seiner vollen historischen Wirklichkeit und sozusagen um seiner selbst willen, aber zugleich erschließt sich immer deutlicher, warum es gerade diese und keine andere Epoche der ägyptischen Geschichte ist, die der Autor für die Lebenszeit Josephs gewählt hat, das heißt: die *symbolische* Bedeutung dieser Epoche für die Joseph-Geschichte.

Wenn wir aber diese Bedeutung Ägyptens für Josephs Geschichte aus der lebendigen Einheit der im Roman selbst dargestellten Welt herausdestillieren wollen, so haben wir zwei Momente scharf auseinanderzuhalten: die Wahl der Amenhotep-Epoche auf der einen Seite und auf der andern die Tatsache, daß Ägypten als *solches* der Schauplatz von Josephs Leben wird. Das erstere ist ein vom Dichter *erfundenes* oder doch *gewähltes* Moment, das zweite ein *überliefer-*

tes, und wenn diese beiden Momente in einem traditionellen historischen Roman zusammenfallen würden, so haben sie im Gefüge des Romans Thomas Manns einen verschiedenen funktionellen Wert. Denn die überlieferte Tatsache wird in einem anderen Sinne für das Joseph-Problem benutzt und ausgewertet als die gewählte der Amenhotep-Epoche: und was das für den Sinngehalt des Romans, die Deutung der biblischen Legende bedeutet, wird in den folgenden Analysen allmählich zutage treten.

Zunächst ist es also Ägypten als solches überhaupt, das in der Geschichte von Josephs »Tod und Auferstehung« seine besondere, nämlich *motivische* Rolle spielt, und zwar eine motivische Rolle von recht verwickelter Art. Aber gerade die Verwicklung der Motive, die Doppel- und Mehrdeutigkeiten, die Identitäten und Vertauschungen sind typische Züge des bildhaft-mythischen Denkens, und in besonders ausgeprägtem Maße der Götter-, Königs- und Tierreligion der Ägypter. Und nicht genug zu bewundern ist die Kunst, mit der diese sinnbildlich motivische Denkform zugleich in ihrer historischen und psychologischen Eigenbedeutung dargestellt und für die Deutung und Erhellung der Joseph-Geschichte benutzt wird.

Es sind also, wie angedeutet, mehrfache und miteinander verschlungene motivische Gründe, aus denen der aus der »Grube« auferstandene Joseph sich in Ägyptenland an seinem Platze fühlt. Zunächst befindet er, der sich bereits im Brunnen seiner Rolle als des »Zerrissenen« lebhaft bewußt geworden war, sich nun in dem Heimatlande des Osiris-Mythus, an dem der Glaube dieses alten und konservativen Volkes seit unvordenklichen Zeiten hing und sein Lebensgefühl prägte. Hier wird Osiris als der Herrscher der Unter-

welt, des Reiches der Toten, der »Erste der Westlichen«
verehrt, und wie er selbst ein Gott ist, der einst ein Mensch
gewesen, wird den Kindern Ägyptens auch jeder Tote zum
Gotte, und sie setzen vor den Namen des Verstorbenen den
Totennamen »Osir«. Ja, der Tod hat vergöttlichende Kraft
in Ägypten – das gefällt dem Joseph nicht wenig, und er
hält sich an diese Seite der Sache, wenn auch mit einigem
inneren Vorbehalt gegen ihre Kehrseite, die eben in der
Verherrlichung eines Gottes der Toten oder, was dasselbe
war, eines toten Gottes bestand. Denn der Gott seiner
Väter ist kein Gott des dem Tode verfallenden Fleisches
und als solcher der Vergangenheit, sondern des lebendigen
Geistes – und der Zukunft. »Die Toten Ägyptens sind
Götter, und eure Götter, was sind sie?« (IV, 759) – so fragt
er, eben mit den Ismaelitern in Ägypten eingewandert,
zweifelnd und ein wenig verächtlich vor dem Heiligtum des
Ptach in Memphis, welcher im Stiere Chapi, seiner »leben-
den Wiederholung«, verehrt wurde, selbst aber in Gestalt
einer gewickelten Mumie, also als Toter, in seiner Kapelle
stand. Aber bei allem Vorbehalt gegen die weitgehende
Vertauschung von Tod und Leben als auch diejenige von
Gott, Mensch und Tier, der er in Ägypten auf Schritt und
Tritt begegnet, akzeptiert Joseph seine Versetzung nach
Ägypten als in das Land, das gläubig vertraut ist mit den
Geschichten von dem zerrissenen Gotte und – der Möglichkeit nicht fremd, »lebenden Wiederholungen« dieses Gottes
jederzeit begegnen zu können.

Wenn wir sagten, daß Joseph sich in Ägypten am Platze
fühlt, so muß man beachten, daß sein Sturz in die Grube
und die glückliche Auferstehung daraus nicht nur einen
tiefen Einschnitt in seiner äußeren Lebensgeschichte be-

deuten, sondern auch eine entscheidende Änderung seines Lebensgefühls. Wenn er in der Heimat, in der Zeit »vor der Grube«, als er sich über die Brüder erhob und hochmütig-apokalyptische Träume erzählte, noch von dem mehr oder weniger unbewußten Gefühl seiner Sonderstellung und großen Zukunft geleitet war, so wird nun von der »Auferstehung« aus der Grube an, die ja eine erste Verwirklichung seiner Ahnungen bedeutet, dies Gefühl zu einem bewußt sein Leben gestaltenden Prinzip. Man muß darauf achten, wie diese der Frühzeit gegenüber rationalere Haltung in dem Denkstil Josephs Ausdruck findet. Es ist nicht mehr der träumerisch ungenaue und nahezu visionäre Stil des »Schönen Gesprächs« mit Jaakob am Brunnen, als er, fast seherisch entrückt, von »Vorrang und Gotteskindschaft« sang: »Sie sandten mir nach ihren Haß und haben Fangstricke gelegt meinen Schritten, sie gruben ein Grab vor meinen Füßen und stießen mein Leben in die Grube, daß mir zur Wohnung wurde die Finsternis« usw. (IV, 119) – oder der Stil der undeutlich und geheimnisvoll auf sich selbst bezogenen Erzählungen vom Gotte Tammuz im Adonis-Hain (und es wird sich später immer deutlicher zeigen, wie gerade in der Wandlung des Denk- und Ausdrucksstils allmählich der Sinn sich enthüllt, mit dem Thomas Mann die Joseph-Legende durchleuchtet hat). Sehr bewußt akzeptiert Joseph nun seinen »Eintritt in Scheol« und richtet all seinen Willen und seinen nicht geringen Scharfsinn darauf, nach dem Bilde und Vorbilde Osirs der »Erste der Unteren« zu werden, oder auch, leicht in den anderen, noch heimatlicheren Mythus hinüberwechselnd, dafür zu sorgen, daß der »Entrückung« aus dem früheren Leben die »Erhöhung« im neuen und alsdann das »Nachkommenlassen« der Sippe folge, ein Motiv, das in seinem Denken, »das nicht von der Art des unsrigen war, sondern um ein paar Traummotive spielte, die gleichsam die musikalische Substanz seines geistigen Lebens bildeten« (IV, 722), eng mit dem der Entrückung und Erhöhung verbunden ist. Und sehr fein begründet es der Dichter aus der mythischen Spur, in der Joseph nun immer bewußter geht, daß er niemals Gelegenheiten gesucht oder wahrgenommen habe, den alten trauernden Vater von seiner Rettung und Existenz in Kenntnis zu setzen. Es hieß tot sein für jenen, als ein toter, ein zerrissener Gott die Unterweltszeit zu durchmessen, Jaakobs des Gesegneten Labanszeit in seinem eigenen, des immerhin potentiell Gesegneten, Leben zu wiederholen in der Form, in der sie sich *ihm* darbot. Und Joseph betreibt fortan mit allem Aufgebot seines jüdischen Scharfsinns seine kleine »religiöse Hochstapelei«. Nichts bereitet ihm größeres Vergnügen, als die Leute »stutzen« zu lassen, unterstützt in dieser Bemühung durch die fast sprichwörtliche Schönheit seiner grazilen siebzehnjährigen Jünglingsgestalt mit dem lieblichen, schelmisch klugen Blick seiner dunklen Rahel-Augen. Nach seiner Herkunft befragt, deutet er gern geheimnisvolle Unterwelts- und Auferstehungsmotive an und nennt sich nicht Joseph, sondern Osarsiph, ein Name, der auf übernatürliche Geburt aus dem Schlamme deutet und an die Binsen anklingt, in denen der tote Osiris gelegen, als Isis, die Mutter und Gattin, ihn suchte und fand – ein Totenname[18] Und wie schon Jaakob sich darin gefallen hatte, die lange Verschlossenheit von Rahels Schoß und die schwere Geburt Josephs, die überdies im Zeichen der Jungfrau, d. i. des Ischtarsternes[19], geschah, mit der Idee einer jungfräulichen Mutterschaft (eine Grundidee aller Erlöser- und Heilsbringervorstellungen) in Verbindung zu setzen und, aller Eifersucht auf den Einen Gott zum Trotz, Rahel im Bilde einer himmlischen Muttergöttin, einer Hathor oder Isis mit dem Kinde an der Brust zu sehen, so ist auch Joseph nicht ängstlich, sich im großen Gespräche mit Potiphar in das Licht derartiger Zusammenhänge zu setzen.

Aber noch unmittelbarer und entscheidender als die Tatsache, daß der Osiris-Mythus in Ägypten zu Hause war, wird es für Josephs Bewußtsein, daß Ägypten an sich selbst die motivische Bedeutung der *Unterwelt* im Denken seines Geschlechtes hatte. Für dieses war seit Ismaels Zeiten, des Sohnes der Ägypterin Hagar, Ägypten »Scheol«, und das war das Land des unzüchtigen Totenkultes und Phallusdienstes, wo »sie in Gräbern buhlen mit geschminkten Leichnamen« (IV, 97), man sich vor Tieren bückt und den Leichen an die Stelle des Herzens einen Mistkäfer einsetzt.[20] Ja, Jaakob geht so weit, den Namen Ägyptens, Kême, das schwarzer Schlamm bedeutet, abzuleiten von Cham, der seinen Vater Noah entblößte und zur Strafe verflucht war, selbst mit bloßer Scham zu gehen, weshalb denn auch die Kinder Ägyptens sich nach Jaakobs Meinung nicht ihres Fleisches schämten und sich mit Leinwand so dünn wie gewebte Luft bekleideten, kurz, völlig unempfindlich für den Begriff der Fleischessünde waren, der seit Adams und Evas Fall und Vertreibung aus dem Stande der Unschuld tief in dem religiösen Bewußtsein des Stammes Israel verwurzelt und vielleicht der geheimste Antrieb seiner denkerischen Bemühung um die Hervorbringung eines rein geistigen über das Geschlecht erhabenen Gottes war.

Es ist nun in der Tat auf Grund dieses Motivs, daß sich

im dritten Bande Ägypten in einem eigentümlich allego-
risch-motivischen Lichte darstellt, in dem alles reale historische oder individuelle Geschehen ein zweideutig-schil-
lerndes Wesen annimmt. Im Scheol-Lichte erscheint dem
Abrahamsenkel diese vollendete Zivilisation, die hochaus-
gebildete Formen des Lebens, der Kunst, des Handwerks,
der Wirtschaft, des gesellschaftlichen Umgangs hervorgebracht hat. Und im Scheol-Licht schillert nun vor allem
auch die berühmte Liebesgeschichte zwischen Joseph und
»Potiphars Weib«, ja die Gestalt dieser Frau selbst, einer
sehr großen Dame Ägyptens, welche denn auch eben dies,
nämlich »ein Stück unterweltlicher Hochzivilisation« repräsentiert. Wenn irgendwo die hintergründige, mehrsin-
nig facettierende Erzählungskunst Thomas Manns Trium-
phe feiert, so in der Verwirklichung und Erweckung dieser
berühmten Liebes- und Verführungsgeschichte zur Lebensgestalt. Denn gerade das Scheol-Motiv gibt ein *Doppeltes* her: die psychologische Begründung der überlieferten
Tatsache, daß Potiphars Weib ihre Augen auf Joseph warf
und sagte »Schlafe bei mir«, in eins damit aber und gleichsam im Hintergrunde den symbolischen Sinn der Verführungsgeschichte für das Joseph-Problem selbst.

In der Vordergrundsschicht der Liebesgeschichte handelt es sich also um die psychologische Erhellung der die
Frau bis zur Selbsterniedrigung des »Schlafe bei mir« zer-
störenden Leidenschaft zu ihrem hebräischen Diener. Da
tut der Autor nun zunächst alles, um »Potiphars Weib«
sozusagen vor der Welt und der Geschichte zu rehabilitie-
ren, den Geruch grober Metzenhaftigkeit zu zerstreuen, in
den die verkürzende Überlieferung der allzu direkten unzüchtigen Aufforderung sie versetzt hat. »Offen gestan-

den«, so kommentiert dazu der Dichter, »erschrecken wir vor der abkürzenden Kargheit einer Berichterstattung, welche der bitteren Minutiosität des Lebens so wenig gerecht wird wie die unserer Unterlage und haben selten lebhafter das Unrecht empfunden, welches Abstutzung und Lakonismus der Wahrheit zufügen, als an dieser Stelle.« (V, 1004) Und der Dichter schützt Potiphars Weib gegen die allgemein verbreitete irrtümliche Auffassung »lüsterner Hemmungslosigkeit und schamentblößten Verführertums« (V, 1005) wie mit einer Mauer von sichernden Vorbehalten, und damit erreicht er, daß sich ihre Leidenschaft gerade in ihrer Diskrepanz zu dem eigentlichen Wesen und der Existenzform der Gemahlin Potiphars als elementarer Ausbruch einer höchst persönlichen seelischen Not erschütternd darstellt. Diese Vorbehalte bestehen in der Tatsache, daß Mut-em-enet in einer besonders betonten Weise die Selbstachtung und Würde der Hochzivilisation repräsentiert, die die Lebensform Ägyptens prägt. Thomas Mann wird nicht müde, den Leser der äußersten Vornehmheit ihrer Herkunft, Erziehung, gesellschaftlichen Stellung und Lebenswandels zu versichern. Selbst aus altem gaufürstlichen Geschlecht, gehört sie als Gemahlin eines der höchsten Hofbeamten, des Titelobersten Peteprê (der eigentliche Name für Potiphar) zu den ersten Damen des Landes, nimmt als solche eine hervorragende Stellung in dem vornehmen Hathorenorden ein, in dem sie, sanges- und tanzbegabt, sich im religiösen Dienste vor allen anderen Damen dieses Ordens auszeichnet. Vornehm, stolz, elegant und unnahbar, große Dame, gebietende Herrin eines reichen Hauses, vom Kopf bis zum Fuß Repräsentantin einer hochausgebildeten Kultur, wie sie ihren vollendetsten und historisch gültigen Ausdruck ja stets in den Lebensformen der herrschenden Gesellschaftsklasse zu finden pflegt – das ist der Vorbehalt, durch den der Dichter die Herrin Josephs vor der Auffassung schützt, daß sie eine lockere Dirne gewesen sei. Der Stolz aber, die Kühle, die vornehme Distanziertheit, die notorische Unantastbarkeit ihres Lebenswandels (deren sich, wie der Dichter reizend erzählt, nicht alle Damen ihrer Gesellschaftsschicht rühmen konnten), hat auch tiefere und individuellere Gründe als die ihrer hohen sozialen Stellung und der allgemein zivilisatorischen Lebenssphäre, in der sie zu Hause ist. Sie sind der Mut-em-enet zuinnerst ein Schutzwall gegen Wünsche und Triebe, die ihre besonderen Lebensumstände ihr unerfüllt gelassen, und haben, um in der Sprache der Psychoanalyse zu reden (derer sich Thomas Mann überhaupt gerade zur psychologischen Erhellung der Liebesgeschichte bedient), eine sublimierende Funktion.

Wir rühren hier an das Problem, in dem sich wie in einem Schnittpunkt die psychologischen und die symbolischen Sinnverhalte des dritten Bandes kreuzen und teilweise überdecken, das Problem untergründiger Geschlechtlichkeit, das diesem Bande seine Stimmung und Farbe gibt. Die Bewandtnisse Muts, die Bewandtnisse des hochgestellten Paares und ihres ganzen prächtigen Hauswesens sind nicht die einer natürlichen Familiengemeinschaft. Und Joseph ist frühzeitig der überbetont höflichen, rücksichts- und schonungsvollen Art gewahr, auf die die Familienmitglieder miteinander umgehen, Anzeichen, wie ihm scheint, einer irgendwie »hohlen Würde«, einer Würde, die »nicht auf den festesten Füßen zu stehen« und durch zarteste Höflichkeit und liebende Ehrerbietung befestigt und gestärkt werden zu müssen schien. Aus dem Gespräch der alten »heiligen Elterlein«, des Huij und der Tuij (dem er als stummer Diener beiwohnt), erfährt Joseph, woher die Hohlheit der ängstlichen Würde kommt, mit der sich diese Menschen in ihrem Selbst, ihrem ständig bedrohten Selbstgefühl zu behaupten versuchen. Das vornehm erlesene Paar, vornehm nicht nur seiner äußeren Stellung, sondern auch seinem persönlichen seelisch-geistigen Habitus nach, lebt ohne Wurzeln im Natürlich-Menschlichen: Potiphar (oder Peteprê) ist einer der Groß-Eunuchen Pharaos, zu diesem höfischen Ehrendienst schon als Säugling von seinen Eltern zubereitet. Die Bezeichnung Potiphars als »Eunuch des Pharao« ist Gegenstand der bibelexegetischen Diskussion gewesen, und man hat (sich berufend auf den Umstand, daß Potiphar verheiratet war) angenommen, daß diese Bezeichnung nicht wörtlich zu nehmen sei, sondern nur soviel wie etwa »Höfling, Hofschranze« besage, also eine nicht besonders männliche Form des Lebens und Berufes.[21] Thomas Mann faßt diese Bezeichnung im wörtlichen Sinne auf, und wir betonen das, weil hierauf nicht nur die psychologische Begründung des inneren Schicksals der Mut und ihrer Liebesirrung beruht, sondern auch diejenige des Verhältnisses Josephs zu seinem Herrn. Man kann sich kaum noch eine andere Ursache für die Berücktheit der stolzen Frau denken als die lebenslang durch gesellschaftliche Ehren und geistig-religiöse Beschäftigung verdrängten Bedürfnisse ihres Frauentums, die, durch den Anblick von Josephs männlicher Schönheit geweckt, allmählich den Ring der sichernden Sublimierungen durchbrechen und aus der »keuschen und eleganten Mondnonne« ein dirnenhaft liebestolles Weib machen. Es ist auch zu beachten, wie durchaus der Dichter die Sinnlichkeit der Liebe Muts betont und diese keineswegs durch irgendwelche seelisch-geistigen Bindungen auf eine »höhere Ebene« zu heben versucht. Sehr fein und mit heiterer Ironie beobachtet er, wie im Gegenteil jede »sachliche« Beziehung (wie etwa ein mögliches gemeinsames Interesse für die wirtschaftlichen Angelegenheiten) von Mut als feindlich, von ihren Zielen und Wünschen ablenkend empfunden wird. Nur um die Leidenschaft der Sinne handelt es sich hier, nicht um eine Liebe, die den ganzen Menschen ergreifen und zum Gegenstand der Liebe machen will und als solche (wie Thomas Mann z. B. in seinem Jugendroman »Königliche Hoheit« gezeigt hat) ihre ethische Fundierung gerade in einem auf gemeinsame objektive Interessen gegründeten Leben finden kann, wenn auch nicht muß, oder auch, wie Jaakobs und Rahels Liebe in dem natürlichen Ziel der Mutterschaft. Es mag in diesem Zusammenhang erwähnt sein, mit welcher psychologischen Feinheit Thomas Mann Andeutungen der Überlieferung mit Hilfe psychoanalytischer Deutungsmethoden benutzt hat, um die Triebhaftigkeit der Liebe Muts anschaulich, aber damit gerade auch ihre Gestalt zu einer so innerlich lebenswahren zu machen. Es handelt sich um die groteske »Damengesellschaft«, von der u. a. bereits die berühmte Joseph-Sure des Koran zu berichten weiß. Hier wird erzählt, daß Potiphars Frau, um sich vor ihren spottenden Freundinnen zu rechtfertigen, diese zu einem Gastmahl einlud, jeder ein Messer vorlegte und dann Joseph unter ihnen erscheinen ließ, »und als sie ihn sahen«, heißt es in dieser Quelle, »priesen sie ihn und schnitten sich in ihre Hände«. Thomas Mann, der in der Ausgestaltung dieser vielsagenden Geschichte mit köstlich groteskem Humor Ströme von Blut fließen läßt, die die weißen Gewänder der Damen beflecken, benutzt diese Überlieferung für die Erhellung des verdrängten Sexualtriebes, der letztlich Mut-em-enets Zerstörung erklärt. Denn er macht die Veranstaltung Muts zu einer bewußten Imitation des typisch Freud'schen Traumes, der am Anfang ihrer Verwirrung aus der »mutterdunklen Tiefe« ihrer noch unbewußten Wünsche emporsteigt, die durch Joseph erweckt sind, des Traumes der »Augenöffnung«.

Man darf die Betontheit und Unverhülltheit, mit der das Geschlechtliche als Ursache der Zerstörung Muts aufgedeckt wird, nicht übersehen. Eben diese Betontheit ist es, durch die die rein menschlich-natürliche und psychologische Begründung der Verführungsgeschichte ins Symbolische der Scheol-Bedeutung projiziert wird, die Ägyptenland in den Augen Josephs eignet. Denn obwohl Joseph, witziger und welterfahrener als der Vater, die Unterweltlichkeit der Kinder Ägyptens nicht so pathetisch und sprichwörtlich wie dieser nahm und sich durchaus unreserviert ihrer geschmackvollen Kultur freute, gab es hier doch Zusammenhänge, die der Abrahamsenkel ehrfürchtig scheute und die auch für ihn in dem Namen Scheol aufklangen – Zusammenhänge, in denen zuletzt seine »Keuschheit« gegründet war. Es waren die Baals-Zusammenhänge zwischen der geschlechtlichen Ausschweifung und dem Tode – wie denn das Fest Osirs, das Totenfest, zugleich ein phallisches Fest war, denn es war der tote Gott, mit dem Isis als Geierweibchen den Hor gezeugt hatte. Denn das Geschlecht und der Tod – das waren Prinzipien des Fleisches, Prinzipien der »im Fruchtbarkeitsdunkel hausenden Unvernunft«, des Gegen-Geistigen also, das dem Gotte zuwider war, dem Joseph diente und mit dem sich einzulassen der Inbegriff der Sünde überhaupt war.

Wir kommen hier zu dem Punkte, an dem sich der ernstere, der echt religiöse Hintergrund eröffnet, der letztlich hinter Josephs pragmatisch-utilitaristischem Verhalten in Ägypten steht. Das Scheol-Tabu, das Ägypten zu einem Teil für ihn bedeutete, schloß als seine Kehrseite in sich den Dienst an dem Einen und unsichtbaren Gotte Abrahams, Isaaks und Jaakobs, und niemals hatte Joseph, so sehr er äußerlich zum Ägypter wurde, diesen Dienst aus Bewußtsein und Herzen verloren. Ja, selbst in der pragmatischen, höchst zweckgerichteten Auffassung und Durchführung seiner mythischen Rolle hatte er sich doch nicht aus dem religiösen Grunde der Gottesbemühung seines Stammes gelöst. Denn unmittelbar sind seine Anstrengungen, in »Mizraim«, dem im Grunde religiös verbotenen Baals-Lande, voranzukommen und »der Erste der Unteren« zu werden, auf den Gott seiner Väter bezogen. »Labanszeit« war für ihn eben auch in dem Sinne angebrochen, Gott behilflich zu sein in dessen deutlich kundgegebener Absicht, den Abrahamssegen sich an dem Erwählten und Vorbehaltenen erfüllen zu lassen – so wie einst Jaakob Gott behilflich gewesen war, als er mit plumper Hirtenlist seinen Reichtum begründete durch alles, was scheckig fiel in Labans Schafherden. Aber das Labansproblem und die »Gotteslist« Jaakobs erfährt nun in der Geschichte Josephs eine Vertiefung und ethisch-religiöse Unterbauung. Joseph, wohl bewußt der Spuren, in denen er geht, erkennt, daß *sein* Lebensproblem in der Gestalt Peteprês ihm begegnet ist, und ebenso wie in der Liebesgeschichte verbindet sich auch in der Gestaltung des Verhältnisses von Joseph und Potiphar die real-psychologische Begründung mit der symbolischen, in den Sinnhintergrund der Geschichte hineinweisenden Deutung und Bedeutung.

Josephs erstes entscheidendes Gespräch mit Peteprê im Baumgarten ist durchaus diktiert von seinen im zweideutigen Lichte dieser Gotteslist humoristisch schillernden Zwecken. Er steht vor dem Höchsten, dem Höchsten wenigstens im nächsten Kreise, und es gilt, diese Gelegenheit nicht ungenützt vorübergehen zu lassen. Hinter der Vorstellung eines Höchsten aber steht dem Jaakobssohne die des Höchsten überhaupt, und durch das Gespräch Huijs und Tuijs über die Bewandtnis unterrichtet, die es mit Potiphar hat, findet er gerade im Wesen seines Gottes den Weg, der ihn an Potiphars Seite führt, sich selbst und jenem zur Wohltat. In diesem Gespräch, nicht genug zu bewundern in der Feinheit seines Aufbaus und der scharfsinnigen Verschlungenheit seiner denkerischen Motive, kehrt die Gotteslist Jaakobs in einer höchst vergeistigten Form wieder. Denn eine Gotteslist, ein kleiner sophistischer Betrug am Wesen des Göttlichen, muß es wohl genannt werden, wenn Joseph die weder männliche noch weibliche Beschaffenheit des Eunuchen mit dem über diesen Dualismus erhabenen – oder ihn in sich befassenden – Wesen Gottes, die Null mit der vollkommenen Ganzheit, gleichsetzt; oder auch dem stets bedrohten Selbstgefühl des Zeugungsunfähigen Stütze und innere Tröstung gibt durch den Hinweis auf das Vorkommen und die Bedeutung ungeschlechtlicher Zeugung im Universum – von der Windbefruchtung der Palmenbäume (von denen fein ersonnen das Gespräch ausgeht)[22] bis zu ihrer höchsten Erscheinungsform im schöpferischen Geiste, im »Wort getragen vom Geisteshauch«, in

Gott selbst. Diese Sophisterei zum Zwecke der »Behilflichkeit« hebt sich auf im Begriff der Treue – der Treue an dem irdischen Herrn, der in der Einsamkeit seiner Außermenschlichkeit dem Joseph zusammenfließt mit der außerweltlichen Einsamkeit des Gottes seiner Väter. Und die rein menschliche Diener- und Freundestreue zu Potiphar, die einer der stärksten Gründe für sein Widerstehen in der Verführung ist, wird ihm geradezu identisch mit der Treue zu seinem Gotte, so wie die menschlich verständliche und begründete Liebessehnsucht Muts sich ihm hintergründig erweitert zur Personifikation unterweltlicher Todeswolllust, der Scheol-Versündigung an Gott.

Ja, eigentümlich verschmelzen in der Gestalt Josephs die Motive der heidnischen Mythologie mit denen des jüdischen Gottesgedankens. Joseph hatte »in sinniger Anmaßung« die Vorstellung des toten Zeugegottes mit seiner eigenen Person in Verbindung gesetzt und einen ägyptischen Totennamen angenommen. Im selben Atemzug aber, in dem er Scheol in sein Leben einbezieht und es bejaht, nimmt er auch wieder Abstand von ihm, indem er sich rein erhält für seinen Gott, jungfräulich vorbehalten, wie er sich fühlt in Erwartung des Abrahamssegens, einer Zukunft, in der der menschliche Geist sich selbst in seiner Andersheit erkannt und von dem Prinzip des todesverfallenen Fleisches, der Natur, unterschieden haben wird. Was diese Zusammenhänge in der Geschichte Josephs und für das Joseph-Problem bedeuten, wird an späterer Stelle unserer Analyse zur Sprache kommen.

4. Die Bedeutung der Amenhotep-Epoche für den Sinn der Geschichte Josephs

An dem Punkte, an dem wir halten, tut sich zunächst ein anderer wichtiger Aspekt auf, durch den die Joseph-Geschichte von einer neuen Seite beleuchtet wird. Man kann ihn den *historischen* nennen. Gerade dort nämlich, wo die Scheol-Symbolik Ägyptens in ihrem positiven und negativen Sinne für Joseph erkennbar wird, zeigt sich, welch ein genialer Kunstgriff die Verlegung der ägyptischen Zeit Josephs in die Amenhotep-Epoche gewesen ist. Wenn Joseph seinen Eintritt in Ägypten zunächst aus symbolischen oder von ihm aus gesehen mythischen Gründen begrüßt hatte, so gibt es darüber hinaus besondere, historische Gründe, aus denen er sich gerade in dem Ägypten dieser Epoche irgendwie heimisch und an seinem Platze fühlt. Es war die Epoche, die Endperiode der 18. Dynastie, eine späte, eine »Enkelzeit«, in der althergebrachte Überlieferung, grundsätzlich konservative Starre sich zu lockern begonnen hatte. Nationale Vorurteile zum Beispiel hatten ihre ausschließende Strenge abgestreift; der Ägypter, der den Ehrentitel »Mensch« für sich allein in Anspruch zu nehmen pflegte, interessierte sich nun mehr und mehr für die benachbarten Völker und ihre Gebräuche. Man importierte eifrig ausländische Waren, Pferde und Wagen aus Syrien, Rinder aus Amoriterland, Waffen und Musikinstrumente aus Damaskus und Sidon. Ja, man befleißigte sich, ausländische Worte, babylonische, kanaanitische sogar in seine Rede zu mischen und hielt alles für »fein«, was ausländisch und fremd war. Es war eine Modezivilisation, vergleichbar dem Rokoko des 18. Jahrhunderts, und auf eine entzückende Weise bedient sich Thomas Mann hier und da der europäischen Modesprache jener Zeit, des Französischen, benützt Ausdrücke wie »ennuyant«, »merci«, »Mamachen«, »barock«, um den preziös-affektierten, sich in Ausländerei gefallenden Modeton, vornehmlich der höfischen Kreise, zu charakterisieren. Diese historische Situation gibt eine erste äußere Begründung für den Aufstieg Josephs in Ägyptenland ab: der fortschrittliche Zeitgeist war ihm günstig, und die Tatsache, daß er ein asiatischer Semit war, bedeutete kein Hindernis für sein Fortkommen im Lande. Und so deutet der Dichter die anscheinend überflüssige Bemerkung, »daß Joseph in seines Herrn, des Ägypters, Hause war«, aus dieser historischen Situation heraus: er wurde nicht, wie es sonst leicht einem hebräischen Sklaven hätte geschehen können, zur Fronarbeit auf die Felder geschickt, sondern durfte im Hause Potiphars bleiben und dort seine günstige Stunde abwarten – ein Beispiel, wie genauestens in diesem Werke die realen Verhältnisse und Geschehnisse nicht nur begründet, sondern auch in den Gesamtsinn der Dichtung eingepaßt oder umgekehrt aus ihm heraus erklärt sind.

Aber weit über diese äußere Tatsache in der Geschichte Josephs hinaus wird der Zeitgeist von tiefgreifender Bedeutung für sie, ja sie erweist sich geradezu als eine Geschichte des Zeitgeistes. Die Toleranz dem Fremden und Ausländischen gegenüber hatte tieferliegende Ursachen. Religiöse Aufklärung, eine Bewegung gegen die althergebrachten Lehren der Religion, deren Repräsentant der alte Reichsgott Amun war, gegen den Volksglauben auch und dessen liebstes Gut, die Osiris-Sage, hatte Eingang gefunden in den gebildeten Kreisen, und an ihrer Spitze stand

Amenhotep III. selbst. Jene erst von seinem Nachfolger mit Nachdruck versuchte Reformation bereitete sich vor, die durch die Einsetzung des Sonnengottes Aton-Rê das polytheistische Religionssystem Ägyptens vereinheitlichen sollte. Sehr schwere theologische Streitigkeiten spielten sich zwischen der Priesterschaft Amuns und der neuen des Aton-Rê ab; und obwohl der Gott Amun sich (analog den religiösen Vorstellungen Ägyptens, nach denen ein Gott für den anderen eintreten konnte, z. B. der Rê-Horachte für Aton, Hathor für Isis) mit Aton für identisch erklärt und den Namen der Sonne »Rê« auch mit seinem Namen vereinigt hatte, so daß er nun Amun-Rê hieß, hatte ihm dieser Kompromiß doch nur wenig genützt, und von königlicher und höfischer Seite wurde die Vorrangstellung des Aton weiter propagiert. In diesem Kampfe um den Vorrang Atons handelte es sich aber um mehr als um scholastisch-theologische Streitigkeiten, in denen allerdings die gelehrte Priesterschaft Ägyptens groß war. (Thomas Mann gibt ein köstliches Beispiel davon in der »Zusammenschau-Lehre«, der spitzfindigen Priesterschaft der Sonnenstadt On.) Rê, die Sonne, war das Weltgestirn, »sein Horizont war weit und vielumfassend«, es schien allen Menschen und Völkern, und wenn Aton-Rê» geneigt war, sich mit den Sonnengottheiten der anderen Völker in ein weltläufig-ausschauendes Einvernehmen zu setzen« (IV, 736), so bedeutete das die Erkenntnis, daß Verständnis auf gemeinsamer geistiger Grundlage zwischen den Völkern möglich war und so etwas wie die Idee eines allgemeinen, von Rasse, Zunge, Nation und Religionsform unabhängigen Menschenwesens, eine allgemeine Humanitätsidee, daraus hervorgehen könnte. Und es war der Geist der Toleranz und

Humanität, der immer mit dem einer kosmopolitischen Gesinnung verbunden ist, der Joseph freundlich ansprach im Ägyptenland und ihm die Wege ebnete, und historisch bereitet Thomas Mann auf diese Weise die entscheidende Stunde vor, wo Joseph vor *dem* Pharao stehen wird, dessen Lebensaufgabe die Verbreitung des weltweiten und weltfreundlichen Sinnes der Sonnengottheit war, dem jungen Amenhotep IV., dem Echnaton.

Aber der feindliche Gegensatz zwischen dem Aton-Geist, dem neuen Zeitgeist oder »Äon« und dem Amun-Konservatismus wird nun in erster Linie für die Gestaltung der Verführungsgeschichte wichtig, ja man kann sagen, daß die beiden Aspekte, in denen wir sie bisher betrachtet haben, der psychologisch-persönliche und der allegorisch-symbolische, in dem dritten, dem zeitgeschichtlichen, zusammengefaßt werden. In diesem Zusammenhang erhält das Kapitel von »Huij und Tuij«, eine der genialsten Erfindungen des dritten Bandes, seine hermeneutische Funktion.[23] Es führt, wie bereits erwähnt, Joseph und den Leser in die Bewandtnisse des hochgestellten und im Grunde unglücklichen Paares Peteprê und Mut-em-enet ein, und dies nun eben dadurch, daß es die Zeithintergründe eröffnet, aus denen diese Bewandtnisse sich herleiten. Im Leben der Eltern Peteprês waren sich der alte und der neue Geist der Zeit unheilvoll begegnet und hatten schwere Verwirrung in ihren Gemütern angerichtet, so daß sie jenen nicht wieder gutzumachenden »Schnitzer« begingen, der aus ihrem Sohne einen Großeunuchen Pharaos machte. Sie waren Geschwister und, erzogen in alten Bräuchen, waren sie ehelich zusammengegeben worden, ein später verpönter Brauch, verabscheut vom helleren, weltläufigeren Aton-

Geiste, und um sich mit diesem Geiste zu versöhnen, hatten sie aus ihrem Sohne ein Sühneopfer, »eine Abschlagszahlung ans heilig Neue« (IV, 861) gemacht, im Glauben, dem Geist- und Lichtwesen Aton-Rês dadurch zu huldigen, daß sie den Sohn seiner naturhaften Wurzel beraubten. Denn es war in der Tat die Vorstellung des der naturverhafteten Körperlichkeit entgegengesetzten und von ihr befreiten *Geistes,* die als eine Bedeutungsnuance im Bilde der Sonne, der Quelle des Lichtes, erschien. Licht ist das Unkörperliche, das Geistige oder des Geistigen Bild, der männliche Gegenpol des »Mutterdunkels«, in welchem die Zeugung geschieht, und die Osiris-Sage, nicht mehr hoch im Range bei den aufgeklärten Kreisen der Sonnenverehrer, enthielt das mythische Grund- und Musterbild für die Zeugung im Dunkel des Mutterschoßes, da Isis als Geierweibchen im Dunkel der Unterwelt vom toten Osir den Hor empfängt. Hier sei erwähnt, daß in die Vorstellung der Unterwelt auch die der Fruchtbarkeit, des feuchten Zeugungsgrundes einging, und unter den mannigfaltigen Erscheinungsformen Osiris' auch die des fruchtbaren Frühlingsgottes war, aus dessen Leibe in jedem Jahre Blumen und Gräser sprießen. Ägypten, das Land des fruchtbaren Nilschlammes, war Unterweltsland auch in dieser Bedeutung für Josephs Stamm; und Labanszeit war daher zugleich die Zeit der Mehrung, des Reichtums, der Fruchtbarkeit – die an sich unmythische reale Vordergrundserscheinung in Jaakobs Geschichte, deren motivische Bedeutung eigentlich erst im rückwärtsschauenden Vergleich mit derjenigen Josephs erhellt, die ja viel ausgesprochener die Motive des Unterwelttodes und der Auferstehung in sich enthält.

In Huij und Tuij und ihrem fast tragikomischen Schnitzer

spiegelt sich grotesk die religiös-geistige Spaltung dieser sogenannten »Ketzerzeit«, eine Spaltung, die sich auch in der Potiphar-Familie bemerkbar macht und damit das persönliche Erlebnis Josephs und seiner Herrin nicht nur ins Symbolische, sondern auch ins Zeitgeschichtliche hinüberspielen läßt, ja jenes in diesem zu einer gewissen handgreiflichen Objektivität und Plausibilität bringt. Amun-Rê und Aton-Rê liegen auch in der Gnadenvilla Peteprês in heimlichem Kampfe miteinander. Und wenn der Aton-Geist, der seine natürliche Vertretung in dem Hausherrn findet, der Faktor ist, der Josephs Aufstieg begründet und begünstigt, so ist es der konservative Amun-Geist, der ihn zum zweiten Male »in die Grube bringt«. So erscheint die Frau, die das unmittelbare Werkzeug dazu ist, Mut selbst nicht zufällig als sowohl unbewußte wie auch bewußte Repräsentantin des »frommen Alten«. Unbewußt, weil sie in der sinnlichen Schönheit ihres zur Liebe und Zeugung geschaffenen Leibes schon an sich eine Personifikation unterweltlicher Fruchtbarkeit darstellt, und auch nicht zufällig trägt sie den Namen der Göttin Mut, welcher »Mutter« bedeutet, einer der Hathor, der heiligen Kuh, verwandten Schöpfergöttin. Aber nicht nur in ihrem unbewußt körperlichen Sein, sondern auch in ihrem geistig bewußten Leben ist Mut eine Vertreterin des Amun-Geistes, hängt sie dem frommen Alten schon konventionellerweise als Angehörige des alten Hathorenordens an, in ihrer dem Gatten entgegengesetzten Einstellung bestärkt und unterstützt durch den Einfluß des Amun-Oberpriesters, des strengen und gewaltigen Beknechons, der furchtgebietende Wahrer des alten Glaubens – und als solcher eine dem Joseph feindliche Macht. Aber in der Ausgestaltung dieser feind-

lichen Macht ergeht sich die pointierende Darstellungs-
kunst Thomas Manns in weiteren Erfindungen. Den konservativen Amun-Geist in seiner beschränktesten und un-
angenehmsten Form läßt er vertreten sein durch den grotesken Zwerg Dûdu (Zwerge waren keine Seltenheit in
dem Haushalte ägyptischer Großer), welcher nicht zufällig
durch die beim Zwergengeschlecht seltene Eigenschaft der
Zeugungsfähigkeit ausgezeichnet ist, auf die er nicht wenig
stolz ist. Ja, der Zwerg Dûdu ist in Amun historisch gewor-
denes, personifiziertes Scheol, und sowohl symbolisch, als
diese Personifikation, wie auch durch seine reale Feindse-
ligkeit gegen Joseph stellt er das Mittel des Schicksals dar,
das sich an diesem erfüllen soll. Mit größter Feinheit sind
die symbolischen und die historischen Fäden hier im Ge-
webe der Handlung verwoben. Dem nationalistisch beschränkten Anhänger Amuns, dem Repräsentanten ehr-
bar-altfrommer Fruchtbarkeit, ist Joseph, der Ausländer
unbekannter Herkunft, ein Greuel und im Maße von dessen
Aufstieg Gegenstand wachsender Eifersucht, um so mehr,
als er in ihm einen Vertreter jener atonhaften Geistigkeit
wittert, die Peteprê wohltut. Und er steckt sich denn hinter
die Macht im Hause, die noch dem frommen Alten anhängt,
Mut-em-enet. Aber als Dûdu, durch seine besondere Verfassung bewandert im Liebesleben, bemerkt, daß sein
Drängen auf die Entfernung Josephs der Frau nur »die
Augen geöffnet« hat für die Reize des jungen Hausmeiers,
versteht er sich kupplerisch dieses Umstandes zu bedienen,
um Joseph ins Verderben zu stürzen — nun wahrhaft ein
freilich groteskes Symbol des Scheol-Tabu, das seine zugleich abstoßende und lockende Funktion in der Verführungsgeschichte Josephs ausübt.

5. Die »Menschlichkeit« Josephs
und die Rolle des Humors

In den Gestalten des Dûdu, der heiligen Elterlein und nicht zuletzt des Kuschweibes Tabubu, die für die Herrin in einer Art ägyptischer »Hexenküche« schmutzig-schwarzkünstlerischen Liebeszauber zubereitet, ist der Unterweltscharakter des angenehmen und eleganten Ägyptenlandes grotesk-humoristisch unterstrichen. Und in den ägyptischen Bänden tritt nun die Rolle, die der Humor für die Hervorbringung des Sinnes der Joseph-Geschichte spielt, immer deutlicher hervor. Keineswegs fehlt dieser Humor in den Patriarchenbänden. Aber er hält sich hier gewissermaßen innerhalb der mythisch-irrationalen Sphäre des Denkens und Fühlens, die der Patriarchenwelt das Gepräge gibt. Hier besteht noch in seiner vollen mythischen Wirklichkeit das Wort des Geheimnisses: die Sphäre rollt... Nicht allein daß Irdisches und Himmlisches sich ineinander wiedererkennen, sondern es wandelt sich auch, kraft der sphärischen Drehung, das Himmlische ins Irdische, das Irdische ins Himmlische, und daraus erhellt, daraus ergibt sich die Wahrheit, daß Götter Menschen, Menschen dagegen Götter werden können (IV, 190) – so daß, trotz des leise im Hintergrund aufblitzenden Lächelns, es noch undeutlich bleibt, welche Bewandtnis es mit Joseph hat, da er in der Grube liegt und »keine Not des Fleisches und der Seele die Aufmerksamkeit seines Geistes ertöten konnte auf die sich häufenden Anspielungen, mit denen das Geschehen sich als höhere Wirklichkeit, als durchsichtig und urgeprägt, als Gegenwart und Umschwung, kurz, als gestirnhaft zu erkennen gab«. (IV, 582) Und noch nachdem Joseph schon durch die Ismaeliter auf irdisch begreifliche Weise befreit ist, schwankt undeutlich im Zwielicht zwischen Ernst und Spiel, zwischen dem mythisch-göttlichen »Oben« und dem »Unten« seiner irdischen Person sein Bild in den geheimnisvollen Reden des Wächters am Brunnen, der den »Gedankensamen in Rubens Verstand senkt«, daß es mit Tod und Leben eine mehrfache Bedeutung haben kann. In dem Maße nun aber, in dem sich der mythisch-irrationale Ton verliert und sich die Bewandtnisse Josephs immer klarer entwickeln, setzt sich auch die darstellerische Funktion des Humors immer stärker durch und verscheucht am Ende ganz das mythische Zwielicht des Beginnes, läßt in heiter vernünftigem Tageslicht das Geschehen erglänzen, das vorher dalag in der »phantastischen Scheingenauigkeit« des Mondlichtes, das geeignet ist, »übertriebene Vorstellungen zu begünstigen« – ein Bild, das wir um so mehr zur gleichnishaften Charakterisierung der mythischen Sphäre benutzen dürfen, als der Dichter in der Tat nicht zufällig die Joseph-Geschichte mit der wundervollen Mondszene am Brunnen beginnt.

Nun wissen wir sozusagen, was wir zu denken haben, wenn etwa Joseph dem Zwerge Schepses Bes, dem atonhaften Gegenstück des Dûdu, auf dessen Frage, ob er dem Ismaeliter gehöre, antwortet »ich wurde ihm geboren«, und erst nach einer Pause und einem vielbedeutenden Lächeln seinen neuen anklängereichen Namen Osarsiph nennt. Und man muß ein Ohr haben für den Unterschied des Akzentes, der im großen Gespräch mit Potiphar auf den Worten liegt »Denn seine Brüder sandten ihm nach ihren Haß und legten Fangstricke seinen Schritten. Sie gruben ein Grab vor seinen Füßen und stießen sein Leben in die Grube, daß ihm zur Wohnung wurde die Finsternis« (IV, 891) gegenüber dem träumerisch-visionären Ton derselben Worte im »Schönen Gespräch« zwischen Jaakob und Joseph. Es ist das amüsierte Lächeln über die intelligente Schläue und Zielbewußtheit, mit der das »religiöse Hochstaplerchen« die Leute »stutzen« läßt, das dem Humor der ägyptischen Bände seine neue Farbe gibt. Dieser Prozeß vollzieht sich nun aber in engstem Zusammenhang mit der *rationaleren* Sphäre des Denkens und Lebens, die Ägypten von derjenigen der Patriarchenwelt unterscheidet. Mit feinster Kunst erscheinen hier das Milieu und die Entwicklung sowohl Josephs als auch des inneren Sinnes der Geschichte selbst nicht nur aufeinander abgestimmt, sondern auch in ein kausales Verhältnis zueinander gebracht. Gehen wir zunächst von Joseph aus, so fühlt er sich in Ägyptenland, wie bereits hervorgehoben, nicht nur aus symbolisch-motivischen Gründen heimisch. Abgesehen nämlich von der äußeren Förderung seiner Zwecke durch die ihm günstige Atmosphäre dieser Epoche ist es auch seine eigene geistige Veranlagung, der Stand seiner geistigen Entwicklung, die in gewisser Weise mit der neuen Heimat harmonisiert.

Wir erfahren schon früh, daß Jaakob Wert darauf gelegt hatte, Josephs intellektuelle Anlagen ausbilden zu lassen, und er hatte ihn in der Schreib- und Rechenkunst, im Lesen und gelehrter Spekulation nicht ohne besondere Absicht unterrichten lassen. Denn Jaakob, selbst kein gelehrter, ja auch nur schreibkundiger Mann, mächtig allein durch »Eingebung, Traumkühnheit, Gottesunmittelbarkeit«, Jaakob, der Segensträger aus seiner »natürlichen Geistigkeit« heraus, war doch nicht unempfindlich dafür, daß »die Zeiten sich änderten und es in Zukunft vielleicht nützlich und wünschenswert sei, daß der Gesegnete auch ein Studierter war«. (IV, 416) Zugleich auch wollte er durch die intellektuelle Ausbildung einer gewissen ekstatischen Veranlagung seines Lieblings entgegenwirken, die ihn in gefährliche Beziehungen zu jenen dunklen, geist- und gottesfremden Elementen bringen konnte, die in Jaakob verabscheuenswürdige Baal-Vorstellungen erweckten. So war Josephs angeborene Geistigkeit und Verstandesschärfe stark nach der Seite des Rational-Intellektuellen, einer weniger naiven oder intuitiven Geistesform hin ausgebildet worden. Und eben was dies anbetraf, war er »ein Sohnes- und Enkelfall, leicht, witzig, schwierig und interessant«, und er versteht sich als solcher auf den gleichfalls späten, relativ modernen Denkstil, dem er in Ägypten begegnet. Er fügt sich leicht ein in die der Heimat gegenüber rationaleren Lebensformen des Landes, von denen vor allem das hochentwickelte und vielfach komplizierte Wirtschaftssystem des fruchtbaren Nillandes für seine Laufbahn von entscheidender Bedeutung wird. Und Thomas Mann hat nicht zufällig der Darstellung sowohl der umfangreichen Privatwirtschaft des Potiphar'schen Hauses wie auch der Staatsökonomie unter Josephs ministerieller Leitung die eingehendste Darstellung gewidmet. Joseph paßt in dieses Land, in dem als Ausdruck gewandten, praktischen und nüchtern ordnenden Geistes seit alters die Schreib- und Rechenkunst hochgepflegt waren, geheiligt in Thot, dem ibisköpfigen Schreibergott, der auch der Gott des Mondes war, mit dem die Idee der Schönheit verbunden war. Es mag erwähnt sein, daß denn auch hier und da »im Hintergrunde« Joseph als eine Art Personifikation dieses Lieblingsgottes der Ägypter erscheint. Hier gibt es Beziehungen zu dem Metatron der jüdischen Sage, dem großen Schreiber und »kleinen Fürsten«, identisch mit Henoch, dem Entrückten, der an Gottes Seite über die Heerscharen herrscht und zu dem der junge Joseph gleichfalls seine Lebensbahn in hochmütig mythische Beziehung gesetzt hatte. Der ägyptische Thot und der griechische Hermes, oft miteinander identifiziert, die Götter der Schreib-, Rechen- und Handelskunst und gewandten weltläufigen Geistes, sind als mehr realistische Abwandlungen des Henoch-Mythus aufzufassen oder haben doch gewisse Seiten von diesem aufgenommen. Und Joseph, der einst verkappte Henoch-Träume träumte und in Ägypten mehr als je die Ideen der Entrückung, Erhöhung und des Nachkommenlassens kultiviert, Joseph erweckt in der Anmut seines Körpers und Geistes den Ägyptern Anklänge an ihren lieblichen Schreibergott, in dessen nüchtern-gescheitem Sinn und Geist sich denn auch sein Henoch-Traum im wahrsten Sinne des Wortes »verwirklichen« sollte. Es sind solche Anklänge, die den guten Montkaw, Potiphars Hausmeier und Josephs Vorgänger im Amte, einen Augenblick verwirrt »stutzen« lassen, als ihm der schöne Schreibersklave des Ismaeliters zum Kaufe angeboten wird. Und abermals, aber nun dem kosmopolitischen Sinne Echnatons gemäß, in der Hermes-Abwandlung, taucht dies göttliche Muster in der großen Traumdeutungsaudienz hinter Josephs Gestalt auf, das Bild des »heiter gewandten Jünglings, auskunftsreich und um handlichen Rat nie verlegen, ein Helfer der Götter und Menschen … er erfand die Schrift und rechnende Zahl, dazu auch den Ölbaum und die klug beschwatzende Rede, die auch den Tag nicht scheut, doch trägt sie mit Anmut«, und Pharaos Blick, so heißt es dann, »fiel auf Joseph«. (V, 1428)

Ja, Joseph, fügt sich seiner natürlichen Anlage und seiner Ausbildung nach wohl ein in den verständig klugen und praktisch-rationalen Geist des Landes, der nun seinerseits den Joseph in die Schule nimmt und ihn erzieht für die großen praktisch-wirtschaftlichen Aufgaben, die seiner harren, auf diese Weise aber keine geringe Funktion nicht nur für die Entwicklung Josephs, sondern auch der Joseph-Geschichte und ihres verborgenen Sinnes übt.

Aber diese Entwicklung wird nun entscheidender noch als durch den verständigen Wirtschaftsgeist des Landes durch den spezifisch neuen Geist gefördert, der die Amenhotep-Epoche charakterisiert. Es ist jene Freigeisterei im Zeichen Atons, die, wie oben dargestellt, durch ihre Ausländerfreundlichkeit schon dem äußeren Fortkommen Josephs günstig war, ihre eigentliche Wirkung in seiner Geschichte aber durch die *bewußte Humanität* erhält, in der sie ihren wesentlichsten Ausdruck findet. Denn immer sind Perioden, in denen der menschliche Geist sich von erstarrten dogmatischen Fesseln zu befreien und mit neuer Selbständigkeit die Erscheinungen zu erforschen versuchte, solche einer »Renaissance« der Humanitätsidee gewesen. In dem Maße, in dem er sich auf seine Vernunft, seine ratio, verläßt, sich von alten Religionsvorstellungen freimacht, früheren Glauben als Aberglauben erkennt und statt mythisch-metaphysischer Erklärungen des Weltgeschehens natürlich-vernünftige sucht, begreift der Mensch sich selbst als den verantwortlichen Grund der Welt, erhält das Menschliche vertiefte Bedeutung und erhöhten Wert. Der junge König Amenhotep IV. glaubt, in Aton, der Sonne, jenes natürliche Prinzip erkannt zu haben, das alle anderen bisher geglaubten Götter verdrängend, der alleinige Ursprung und die mütterlich-liebende Erhaltung des Lebens ist. Er verehrt sie als Weltgestirn, das allen Wesen unterschiedslos leuchtet und vor dem daher auch alle Menschen gleich sind in ihrer letzten, nackten und bedürftigen Menschlichkeit. Er verehrt in ihr das Licht, den Tag und die Wahrheit, und das heißt das Symbol der wachen und unbestechlichen Vernunft im Gegensatz zum Mondsymbol in seinem täuschend-zweideutigen »nicht geheuren« Schein, der, wie erwähnt, über dem Anfang der Geschichte Josephs schimmerte. Im Zeichen vernünftiger Menschlichkeit stand die Verehrung Atons und gab der Endzeit der 18. Dynastie ihr aufgeklärt-humanitäres, friedlich zivilisatorisches Gepräge. Joseph stellt es sich dar in der vornehmen, gütigen, seelisch feinfühligen, ästhetisch gebildeten und durch und durch kultivierten Persönlichkeit Peteprês, der – ein reizend beobachteter Zug – Josephs Andeutungen einer mythisch-jungfräulichen Geburt mit dem leisen Lächeln des aufgeklärten Verstandes ablehnt. (»›Von einer jungfräulichen Geburt kann aber wohl nicht die Rede sein‹, setzte er freundlich belehrend und ermahnend hinzu, ›nur weil die Geburt im Zeichen der Jungfrau steht. Merke dir das.‹«) (IV, 897) In den schlichteren Formen eines niedrigeren sozialen Standes aber hatte sich für Joseph das Gepräge dieser Menschlichkeit wiederholt in zwei anderen ägyptischen Vatergestalten, die für sein Schicksal bestimmend werden – im bescheidenen, selbstlosen Mont-kaw, der mit Joseph einen »Bund« schließt zwecks liebenden Dienstes an dem Herrn Peteprê, und im ruhigen, auch musisch veranlagten Mai-Sachme, dem Vorsteher des angenehmen Gefängnisses seiner zweiten Grube und seinem eigenen späteren Hausmeier. Aber seine eigentliche, ausgeprägteste, ja sogar humorvoll outrierte Personifikation findet die moderne Aton-Humanität in dem jungen Pharao selbst, der in seinem schwärmerischen und ekstatischen wie auch konventionellen Wesen, seiner leicht degenerierten, ein wenig verweichlichten und modisch blasierten Erscheinung überdies ein getreues Porträt des historischen Echnaton zu sein scheint. Es konnte, so glauben wir, wenn wir dem großen Gespräch zwischen Joseph und Amenhotep in der Traumdeutungsaudienz beiwohnen, es konnte wirklich nur dieser Pharao sein, unter dem Joseph zum ersten Funktionär Ägyptens aufsteigen konnte. Denn nur in einer solchen Persönlichkeit und dem Geiste, den gerade er so ausgesprochen vertrat und verbreitete, schien wirklich der unmittelbare Kontakt begründet sein zu können, der zwischen ihm und dem Sohne des jüdischen Gottesdenkergeschlechts sofort entsteht und zu der »übertriebenen« Erhöhung Josephs führt, für die allein seine Deutung von Pharaos wirtschaftlichen Träumen keinen ausreichenden Grund abgegeben hätte – gab es ja der Traumdeuter viele im Lande. Es gehörte dazu die unkonventionelle Menschlichkeit des jungen königlichen Schwärmers, die er sehr absichtlich gegen die alte hieratische Königsauffassung hervorzukehren liebt, die demokratisch-kosmopolitische Einstellung und sein Sinn für das denkerisch Geistige, besonders in der besonnen vernünftigen und witzigen Prägung, in der es ihm in Joseph engegentritt. Denn diese Neigung, die zunächst nicht in Einklang mit seiner lyrisch-ekstatischen Wesensanlage zu stehen scheint, geht eben gerade aus seinem Streben hervor, überall das Natürliche und wahrhaft Menschliche in seine Rechte einzusetzen, unter Ablehnung und Ausscheidung alles dessen, was die Menschenwürde entstellt und herabsetzt, und er zeigt sich darum hochbefriedigt, daß Joseph kein »schäumend inspiriertes Lamm« zu sein behauptet und nach der Traumdeutung tot umfallen würde. Seine Neigung gehört dem witzig schlauen Hermes-Kinde, das seinem Bruder Apollo die Rinder stiehlt, dem Geiste Thots, nicht aber dem des Osiris und den untermenschlichen Schrecken der Unterwelt, und will nicht glauben »an die Angstgefilde und die Dämonen und an Usiri mit seinen gräßlich Benannten«[24]. (V, 1450) Und es ist sowohl für Amenhotep IV. wie für den Entwicklungsstand unserer Geschichte ein recht bezeichnender kleiner und hübscher Zug, daß zum ersten Male nicht »gestutzt« wird bei Nennung des anspielungsreichen Namens Osarsiph, sondern der König durch sie höchst natürlich und vernünftig nur auf seine eigene Absicht, den Namen zu ändern, gebracht wird. »Das ist interessant«, urteilt Amenhotep, »du bist also der Meinung, daß man nicht immer gleich heißen, sondern seinen Namen den Umständen anpassen soll...« (V, 1445), und fast unbemerkt schwindet bereits in dieser vernünftigen Auffassung der Dinge der symbolische Unterweltscharakter Ägyptens dahin. Denn es war – und damit kommen wir zugleich auch zu dem letzten und ausschlaggebenden Grunde für den schnellen Freundschafts- und Vertrauensbund zwischen dem König und Joseph – es war das Bemühen, ein nicht nur natürliches, sondern darüber hinaus *geistiges* Prinzip des Weltgrundes an Stelle der bildhaft mythologischen Vorstellungen zu setzen, das dem monotheistischen Reformationsversuch Amenhoteps letztlich zugrunde lag; und Joseph fühlt, daß hier, wenn auch in beträchtlich anderer Erscheinung, dieselbe »Gottessorge« geübt wurde wie bei und von den Vätern. Sich dieses Umstandes zu bedienen und damit Gott in seinen Absichten zur Förderung seiner, Josephs, selbst »behilflich zu sein«, bedurfte es keiner solchen sophistischen Rechenkünste mehr wie vor Potiphar, die aus der Null eine Zwei machten, sondern es galt, mit dem tieferen Wissen seines Stammes dem religiös bemühten Pharao zu helfen, Gott zu entdecken, wie einst Abraham Gott entdeckte, den Höchsten und Letzten, der nicht nur das Sein, sondern auch das Sein des Seins, der der »Raum der Welt, aber dessen Raum nicht die Welt« war, der Gott des *Menschen* kat'exochen, und zwar des Menschen, insofern er nicht ein bedürftig naturgebundenes Wesen, sondern ein Ich, nämlich selbsttätig schöpferischer Geist ist. Die relativ späte Stunde der Geschichte, wo der Abrahamsenkel den Pharao auf den Weg der wahren Gotteserkenntnis führt und ihn den Unterschied lehrt, der zwischen einem Vater *am* Himmel und einem Vater *im* Himmel besteht, ist unmittelbar bezogen auf jene frühe, die eben darum der Beginn der Geschichte des Menschen war, weil »Abraham Gott entdeckte«.[25]

Der Dichter bemerkt mit reizend fingierter »Quellenkritik«, daß es, als er durch die Schlucht der Jahrtausende hinab zur Brunnenwiese von Josephs Gegenwart fuhr, »vor allem« sein Vorsatz gewesen, das berühmte und dabei fast unbekannte Gespräch zwischen Joseph und Pharao zu belauschen und wiederzugeben. Und dies »vor allem« dürfen wir nicht unbemerkt passieren lassen. Verbirgt sich doch hinter der bescheidenen Bemerkung nichts anderes als die entscheidende Wichtigkeit der Wahl der Echnaton-Zeit für die Geschichte Josephs. Durch sie war nicht nur eine letzte und ausschlaggebende Begründung für die unerhörte

Erhöhung Josephs gefunden, sondern auch eine Atmosphäre geschaffen, in der sich die Joseph-Geschichte selbst in ihrem eigentlichen Sinne darstellen und enthüllen konnte. Was damit gemeint ist, wird erst ganz einsichtig, wenn man die beiden ägyptischen Bände (Joseph in Ägypten und Joseph der Ernährer) nicht nur in ihrem gemeinsamen Stilunterschied zu den Patriarchenbänden betrachtet, sondern auch beobachtet, wie sie auch gegeneinander noch durch eine sehr feine, aber für den Sinngehalt des Werkes bedeutsame Nuance des Stils differieren. Und wenn wir oben sagten, daß die Wahl dieser Epoche für diesen Sinngehalt eine andere symbolische Bedeutung hat als die überlieferte Tatsache der Versetzung Josephs nach Ägypten überhaupt, so tritt das erst völlig in dem Stilunterschied der beiden ägyptischen Bände zutage.

Der gemeinsame Stilunterschied dieser Bände von den Patriarchenbänden beruht, wie mehrfach schon betont, darauf, daß in dem Maße, in dem die menschliche Sphäre rationaler wird, der mythische Schleier, der anfangs über dem Geschehen lag, sich allmählich verflüchtigt und die irdischen Konturen der Gestalten und Geschehnisse sich immer deutlicher abzeichnen – ein Prozeß, bei dem der Humor eine entscheidende darstellerische Funktion auszuüben hatte. Dennoch ist in »Joseph in Ägypten« der Mythus noch insofern als *Lebenswirklichkeit* aufrechterhalten, als Ägypten vornehmlich in seiner symbolisch-allegorischen Eigenschaft, die »Unterwelt« Josephs zu repräsentieren, dargestellt ist, und auch alle »realen«, an und für sich rein menschlich und psychologisch begründeten Ereignisse und Erlebnisse, in erster Linie die Liebesgeschichte, zuletzt darauf bezogen sind. Und obwohl die Unterweltsproblematik, wie sie vornehmlich im Osirisglauben wurzelt, in dieser Epoche des neu heraufkommenden »Äon« bereits zum Gegenstand des Zweifels, der Kritik geworden ist, wird sie doch gerade dadurch besonders pointiert und prägt als solche Stil und Ton des Bandes »Joseph in Ägypten«. Und wenn auch schon innerhalb einer rationaleren Lebenssphäre und im Lichte eines immer stärker durchbrechenden und sozusagen »berichtigenden« Humors, ist es hier doch noch der Mythus, der Josephs Verhältnis zu seinem Leben bestimmt: er fühlt sich durchaus als »Rollenträger« und richtet sein Verhalten danach ein.

Wiederum anders nun liegen die Dinge im zweiten der ägyptischen Bände, dem vierten und letzten des ganzen Werkes, »Joseph der Ernährer«, wenn auch in ihm im Grunde nur vollendet wird, was im dritten schon vorbereitet und auch teilweise verwirklicht war. Der äußerst feine, obenhin kaum bemerkbare Stilunterschied besteht aber darin, daß sich nun nicht nur die mythische Wirklichkeit, sondern auch der symbolische Unterweltscharakter Ägyptens immer mehr auflöst und dieses sich nur noch als der *natürliche* Lebensraum Josephs darstellt. In dem Maße, in dem die »Geschichte auf die Erde kam«, hatte sich bereits der geistig-historische Zustand des Landes verändert, oder umgekehrt, in dem Maße, in dem sich dieser veränderte und unter der Regierung Echnatons seine in der alten Geschichte Ägyptens religiös modernste, humanistischste und aufgeklärteste Epoche erlebt, entwickelt sich auch die Geschichte Josephs nach ihrem rein menschlichen, im eigentlichen Sinne des Wortes »humanitären« Sinngehalt hin. Eben hierin ist die tiefste Bedeutung der Wahl dieser Epoche für die Geschichte Josephs zu sehen, weshalb es denn in der Tat dem Dichter »vor allem« darauf ankommen mußte, ein solches Gespräch zwischen Joseph und seinem Pharao »sich haben ereignen lassen«, das diese innere Notwendigkeit erkenntlich werden läßt.

In einer Unzahl feiner, auf den ersten Blick manchmal unscheinbarer Züge drückt sich nun dieser menschlich-natürliche Charakter aus und breitet über diesen letzten Band eine wunderbare Stimmung innig heiterer Menschlichkeit, eine Stimmung befriedigt lächelnden, ja manchmal hellauf lachenden Humors, so könnte man fast sagen, in der nun die Geschichte von Joseph und seinen Brüdern in ihrem »rechten« Lichte erscheint – eine schöne »Gotteserfindung« eben darum, weil sie eine rechte und eindeutige Menschengeschichte und keine »zweideutige« Göttergeschichte ist.

Es rückt sich in diesem natürlichen Lichte zunächst der Name Josephs zurecht. Sein Todesname Osarsiph, der schon kein besonderes Stutzen mehr veranlaßt hatte, wird »überkleidet« von der gewaltigen Titulatur, die ihm nun Pharao verleiht, ja obendrein »zugedeckt« durch einen schönen Namen des *Lebens,* dessen Grundbedeutung »Ernährer« war. Und man beachte, wie hier humoristisch, in sozusagen kontrapunktischer Komposition, das »Bekleidungs-Motiv« nüchtern, wenn auch in erfreulich großem Maßstab verwirklicht wird, das einstmals der Wächter am Brunnen Ruben gegenüber mythisch hatte aufklingen lassen in den Worten, daß Gott neu bekleiden könne den Entkleideten (ein Motiv aus der Henoch-Sage, wie wir hier erwähnen wollen, in der es heißt, daß aus der übergroßen Liebe, mit der der Herr Metatron liebte, er ihm ein herrliches Gewand machte und ihm umwarf). Wenn aber das

Volk in den Straßen Joseph, wenn er ausfuhr, »Adon« (»Herr«) zujubelte, so war es nur eben das Volk, dem es gefiel, den Wohltäter und Ernährer des Landes mit dem Namen des syrischen Frühlingsgottes und Segenbringers zu nennen. Joseph selbst aber, so heißt es nicht zufällig, fuhr selten aus; denn er war überhäuft mit Geschäften.

Als eine zweite Zurechtrückung von weit größerer persönlicher Bedeutung kann Josephs Ehe mit Asnath, der Tochter des Sonnenpriesters von On, betrachtet werden. Das Scheol-Tabu der seelisch komplizierten und qualvollen Affäre mit Potiphars Weib hat keine Geltung mehr in der natürlichen und durch die Verhältnisse gegebenen und erlaubten Verbindung mit der zarten Asnath. Aber man muß den Humor beachten, mit dem nun auch diese Ehe als eine parallele und doch dem Sinne nach so grundsätzlich andere Erscheinung noch auf jene Affäre bezogen wird. Es geschieht durch die allegorisch-scherzhafte Beibehaltung der Momente der Keuschheit und der baalshaften Scheols-Vorstellungen, die in der Geschichte mit Mut fast heilig symbolischen Wesens gewesen waren. Denn nun wird »Keuschheit« als sprichwörtliches Attribut der Tochter des Sonnenpriesters beigegeben, die denn auch zeitlebens »das Mädchen« genannt wird, so daß also Josephs Ehe sich allegorisch im Zeichen der Keuschheit und Jungfräulich-keit vollzieht. Und allegorisch auch im Zeichen Scheols, das jetzt in der »Zeit der Lizenzen« keine ernsthafte Bedeu-tung mehr hat, steht die Hochzeitsfeier mit ihren altherge-brachten, teilweise höchst unflätigen Riten, eine lustig-groteske Nachahmung unzüchtiger Baalstänze.

Es geschehen noch mehr und bedeutsamere Zurecht-rückungen in diesem letzten Bande. Vor allem ist es die

Geschichte selbst, nebst den Anklängen, Anspielungen und zweideutigen Unsicherheitsmomenten, deren sie so mancherlei enthalten hatte, die sich zurechtrückt – die Geschichte Josephs im Vordergrunde, aber im Hintergrunde die *Geschichte des Abrahamssegens seines Stammes.* Denn gerade als dieser Segen sich an ihm zu erfüllen scheint, wie er sich einst an Jaakob erfüllt hatte in Labansland, und sich endgültig auf des Entrückten und Erhöhten Haupt niederlassen zu wollen scheint, lenkt fern von ihm und unkundig seiner Existenz Jaakob den Segen auf Judas Haupt. Ja, das ist zunächst scheinbar eine sehr ausgesprochene Ironie des Schicksals gerade im Rahmen der Geschichte Josephs, so wie sie in Thomas Manns Roman erzählt und gedeutet wird, weil alle Anzeichen, die sich in ihr gezeigt und von Joseph selbst ausgestaltet worden waren, sich als trügerisch erweisen, und gerade seine Entrückung ins Unterweltland, auf die er sich am meisten verlassen, die Ursache dafür wird, daß er des ihm zugedachten Segens verlustig geht, und Joseph in all seiner Herrlichkeit, der Erste der Unteren, der Nächste am Throne des Höchsten, Joseph ist nur noch ein »Verfremdeter« den Seinen, aber kein »Entrückter«. Die religiöse Geschichte der Menschheit sollte den Weg nicht über sein Haupt nehmen; und es kommt die ergreifende Stunde des Wiedersehens mit Jaakob im Lande Gosen, die Stunde »absprechender Liebe«, da ihm dieser leise kündet, »daß er erhöht und verworfen von Gott sei in einem«. »Er hat dich erhöht über deine Brüder, wie du dir's träumen ließest, aber erhöht hat er dich über sie auf weltliche Weise, nicht im Sinne des Heils und der Segenserbschaft – das Heil trägst du nicht, das Erbe ist dir verwehrt.« (V, 1744 f.)

Es hatten sich ja in der Tat die Motive der heidnischen

Mythologie in Josephs Gestalt und Geschichte eigentümlich mit denen des Väterglaubens verbunden – was zuletzt freilich darin begründet war, daß »Gottessorge« überall in der Menschenwelt geübt wurde – wie denn schon Abraham und Melchisedek, der Priesterkönig von Salem (oder Sichem) Rats darüber gepflogen hatten, ob etwa Wesensgleichheit bestehe zwischen Abrahams Gott und dem Adon von Sichem, der die Bezeichnung El-Eljon, also den Namen des Höchsten, erhalten hatte. Wie denn also die Segenserwählung ganz wohl als die vergeistigte jüdische Form der Geschichten von den heilbringenden Göttern aufgefaßt werden und angesichts einer so schönen Jünglingsgestalt wie Joseph die heidnische Urform stärker als irgendwann sonst wieder hindurchschimmern konnte – so mußte auch diese Urform wieder verschwinden, das mythische Licht erlöschen, als die Tatsachen sprachen und es sich herausstellte, daß Joseph der Segenserbe nicht war. Wir haben zu zeigen versucht, wie denn auch allmählich der mythische Schleier sich lüftet, der über seiner Geschichte lag, und diese »auf die Erde kommt« – ein Geschehen, das der Dichter mit höchster Kunst in dem Maße sich vollziehen läßt, in dem die Welt überhaupt, in der Joseph lebt, ein mehr rational-humanistisches Gepräge erhält, so daß Joseph bereits als Bürger einer solchen Welt und noch ehe er vom Vater über die Segensentscheidung unterrichtet ist, über die irdischen Bewandtnisse im klaren ist, die es mit ihm hat. Und als er sich den Brüdern zu erkennen gibt mit den geprägten Worten des Sichzuerkennengebens »Ich bin's« – da ist es nicht mehr seine Absicht, die Leute stutzen zu lassen und zu verstehen zu geben, »daß ein Höheres sich in ihm darstellte als was er war« (V, 1685), sondern umgekehrt gibt sich seine weltlich erhöhte Person den Brüdern »einfach« als ihr verlorener Bruder zu erkennen. »Jetzt sagte er einfach und trotz der gebreiteten Arme sogar mit einem kleinen bescheidenen Lachen: ›Kinder, ich bin's ja. Ich bin euer Bruder Joseph.‹« Und als Benjamin, außer sich, die mythischen Träume der Jugendzeit erfüllt und ihn wahrhaft eingesetzt glaubt als Metatron auf dem Stuhl der Herrlichkeit, da wehrt Joseph lächelnd ab: »Kleiner, rede nicht, es ist nicht so groß und nicht so weit her« . . . »euer Bruder ist kein Gottesheld und kein Bote geistlichen Heils, sondern ist nur ein Volkswirt, und daß sich eure Garben neigten vor meinen im Traum, wovon ich euch schwatzte, und sich die Sterne verneigten, das wollte so übertrieben Großes nicht heißen, sondern nur, daß Vater und Brüder mir Dank wissen würden für leibliche Wohltat.« (V, 1684 f.)

Die Heiterkeit aber, die die glückliche und allgemeinverständliche Auflösung eines so langen Versteck- und Vexierspiels auslöst, tritt denn auch auf höchst humoristische Weise und in einer der reizendsten Erfindungen der schönen Gottesgeschichte auf den Plan. Als es gilt, Jaakob das Unerhörte so schonend beizubringen, daß er nicht auf den Rücken fällt, da singt ihm Serach, Aschers musikalisches Töchterchen, das Lied von der »Auferstehung des Zerrissenen«.[26] Wie die heilig ernsten Lieder des Tammuz-Mythus, die Joseph einst im Adonishain Benjamin vorgesungen, hier wieder erstehen in der »bürgerlichen« Form fröhlicher Bänkelsängerlieder, das ist von jenem tiefsten Humor, der lächelnd ein Eigentliches noch in seinen uneigentlichsten, inadäquatesten Erscheinungsformen erkennt.

An dieser Stelle unserer Analyse sei einen Augenblick angehalten und das durch die hier verwendeten Begriffe bezeichnete Phänomen des Humors, der im Joseph-Roman wirksam ist, kurz erörtert.[27] Es ist der Begriff des Uneigentlichen oder Inadäquaten, der hier entscheidend ist. Dieser enthält, daß eine Erscheinung nicht dem entspricht, was sie »eigentlich« repräsentieren will oder soll, d. h. daß etwas Eigentliches sich in einer auf irgendeine Weise uneigentlichen Erscheinungsform präsentiert. Die Erkenntnis von etwas Uneigentlichem oder Inadäquatem kann verschiedene Haltungen der Beurteilung annehmen: eine satirisch-ironische z. B., eine moralisierende oder auch einfach resignierende. Was besagt, daß das Inadäquate als das Schlechtere beurteilt und bewertet, verachtet oder lächerlich gemacht oder auch resignierend hingenommen wird. Die humoristische Haltung ist dagegen nicht verurteilend. Auch sie vergleicht das Uneigentliche mit dem Eigentlichen, das es repräsentiert oder repräsentieren möchte. Aber für sie sind die uneigentlichen Erscheinungsformen eben deshalb uneigentlich, *weil* sie das Uneigentliche eines Eigentlichen sind. D. h. sie erkennt im Uneigentlichen noch das Eigentliche, oder umgekehrt das Eigentliche noch in seinen uneigentlichsten Erscheinungsformen – und dies ist der Grund dafür, daß der Humor nicht verurteilt, sondern lächelt – *der* Humor zumal, der sich als »Großhumor« im literarischen und vor allem im epischen Werk manifestiert und für den der »Don Quichote«, aber eben auch der Joseph-Roman die großen Beispiele sind.

Es ist dieser Humor, der Josephs Geschichte »zurechtrückt« und erkennbar macht, daß und warum das Uneigentliche eines Eigentlichen in ihr erscheint. Sie spielt sich im

Irdischen ab und ist nur eine Andeutung, ein Ansatz, ein Abglanz des Göttermythus, aber ist eine Andeutung, ein Ansatz, ein Abglanz doch eben auch. Damit ist aber schon der Umstand bezeichnet, daß das »Eigentliche« dieser Joseph-Geschichte einen Eigenwert und ein Eigengewicht erhält, das ihr Verhältnis zu ihrer Uneigentlichkeit nicht mehr humoristisch sondern symbolisch gestaltet. Daß, anders ausgedrückt, die Joseph-Geschichte eine menschliche und keine göttliche Geschichte ist, ist nur die eine Seite der Sache, und es bleibt das Paradoxon bestehen, daß das Problem des Mythus damit einerseits zwar gelöst, aber andererseits auch wieder, und zwar erst recht gestellt ist. Erst wenn die Analyse in diese Hintergründe der Geschichte vordringt, eröffnet sich die Einsicht in die eigentliche, die symbolische Bewandtnis, die es mit Joseph und seinem Verhältnis zu dem Göttermythus hat – die Einsicht in das »Geheimnis« des Mythus, das in den Worten lebt, daß »Götter Menschen, Menschen dagegen wieder Götter werden können.«

3. KAPITEL

Der Mythus und Joseph oder
der Mythus als Symbol

1. Der Abraham-Segen

Den Eingang in die Hintergründe, die sich hinter der Geschichte Josephs, genauer der seines mythischen Rollenträgertums auftun, eröffnen wir uns am besten, wenn wir nochmals das Problem ins Auge fassen, mit dessen Auflösung der Joseph-Roman Thomas Manns »historisch« zu seinem befriedigenden Ende kommt: das Problem des Abraham-Segens.

Bereits im Bibeltexte scheint die Segensfrage gerade in der Joseph-Legende zu einer gewissen Komplikation und sogar Verwirrung gekommen zu sein. Bis dahin hatte sie einen durchaus eindeutigen Aspekt. Es waren die geistig Berufenen und Auserlesenen, die die Segenserben waren, und die Geschichte des Segensbetruges an Esau bestätigt gerade die Bestimmtheit, Geradlinigkeit und innere Sicherheit, mit der der Segen sich forterbt und seinen Sinn immer wieder erfüllt (einen Sinn, den zum Beispiel das pseudoepigraphische »Buch der Jubiläen« besonders herausgearbeitet hat, indem dort der noch lebend gedachte Abraham selbst Rebekka, seine Schwiegertochter, darauf aufmerksam macht, daß nicht Esau, sondern Jaakob der Gesegnete sei).[28] In der Geschichte Josephs verhält es sich anders und undurchsichtiger, und wir dürfen annehmen, daß gerade die problematische Sachlage, die hier vorliegt, für Thomas

Mann einen besonderen Anreiz zu psychologischer, religionsgeschichtlicher und philosophischer Interpretation abgegeben hat. Denn der, der seiner geistigen Anlage nach für die Segenserbschaft prädestiniert zu sein scheint, erhält sie nicht, sondern der Erbe ist Juda, weder als Erstgeborener noch sonst durch irgendwelche geistig hervorragende Eigenschaften ausgezeichnet. Im äußerlichen Geschehen waltet hier freilich kein Zufall und keine Willkür. Die Erbschaft Judas ist begründet durch eine Reihe von Ereignissen. Ruben, der Erstgeborene, hatte sich den Segen verscherzt, weil er sich mit Bilha, Jaakobs Lieblingsfrau nach Rahels Tode, vergangen hatte; die darauffolgenden Brüder Simeon und Levi waren wegen ihrer Aufführung in Sichem anläßlich der bösen Geschichte mit Dina[29] des Segens verlustig gegangen, nicht ohne daß Jaakob eine innere Befriedigung darüber empfunden hatte; und Joseph, an dem Jaakob die Umgehung des Erstgeburtsrechtes hatte wiederholen wollen (in der Bibel wird die Erwählung Josephs durch das Geschenk des bunten Rockes zum Ausdruck gebracht), wird seinem Gesichtskreise entzogen und von ihm für tot gehalten. Nun hätte man annehmen können, daß nach dem Wiederfinden in Ägypten Jaakob den Segen, der offensichtlicher als je über Josephs erhöhtem Haupte zu schweben schien, noch auf den seit je erwählten Liebling hätte übertragen können. Denn erst in seiner Sterbestunde nimmt ja Jaakob die Segnungen seiner Söhne vor, und in der Bibel ist es bei dieser Gelegenheit zuerst, daß er Juda als den Erben des Hauptsegens auszeichnet: »Juda, du bist's; dich werden deine Brüder loben . . . vor dir werden deines Vaters Kinder sich neigen.« (Gen. 49, 8) Juda, der eben der erste war, der in Betracht kam, nachdem die drei

Älteren verworfen, Joseph aber entschwunden war, entschwunden zunächst, als Wiedergefundener aber — entfremdet.

Wo der Bibeltext schweigt oder durch Andeutungen nur die inneren Motive des Geschehens aufschimmern läßt, setzt die Deutung des Dichters ein. Wir haben versucht zu zeigen, in welch besonderem Sinne der Joseph-Roman Thomas Manns eine Auslegung des Urtextes darstellt. Hier handelt es sich nicht nur um eine dramatisch lebensvolle Ausgestaltung der Geschichte, der Handlung, des Milieus, der Charaktere und was es an stofflichen Elementen sonst geben mag, sondern um weit mehr. Es ist der verborgene Sinn der Geschehnisse, den der Dichter ans Licht zu heben sucht. Und es ist bereits aus der Analyse der Geschichte von Josephs Rollenträgertum hervorgegangen, wie er dabei keineswegs das übliche Recht des Dichters in Anspruch nimmt, mit der Überlieferung frei nach eigener Phantasie zu walten, sondern überall den Wegen der überlieferten Motive und ihren Verknüpfungen folgt, wie sie die historischen und exegetischen Wissenschaften aufgedeckt haben. Geleitet durch diese Forschung liest er die Texte, steigt er, wie sich im folgenden erst völlig erschließen wird, in jene größeren Tiefen des in den Geschehnissen verborgenen Sinnes hinab, die sich nicht dem Historiker und Archäologen, sondern dem Dichter und dem Philosophen erschließen. Die Segenserbschaft und ihre Komplikation in der Geschichte Josephs ist ein zentrales der Probleme, an denen sich die interpretierende Kraft dieses Dichters erweist. Das Segensproblem wird unter seinem deutenden Blick geradezu zu einer Wasserscheide für die Erkenntnis der Bewandtnis, die es auf der einen Seite mit Josephs

Gestalt und Geschichte, auf der andern mit der des Stammes Israel hat. Erst von dieser Scheide aus wird sozusagen der Blick auf die Joseph-Gestalt ganz freigegeben, enthüllt sich der Sinn der Motive, die auch der Urtext schon in seine Geschichte eingebaut hat.

Es war im ersten Teil dieser Analyse gezeigt worden, wie in Josephs »hübscher und schöner« Gestalt die Segenserwählung verschmilzt mit der mythischen Rolle, als deren Träger nicht nur er sich selbst, sondern auch Jaakob ihn empfindet. Das eine schien hier geradezu für das andere zu stehen. Der Abrahamssegen, der von zwei ungleichen Brüdern (oder Brüdergruppen) stets auf den einen, den Jüngeren und Geistesgeprägten, den sanften und guten Hirten, kam, erschien als vergeistigtes Symbol der nicht-jüdischen Mythen von den zerrissenen, auferstandenen und heilbringenden guten Göttern; und umgekehrt stellten sich die Anklänge an diese Mythen, die Josephs Geschichte aufwiesen, als das bestätigende Symbol der Segenserwählung dar. Will man hier historisch erklären, so könnte man darin – und dies nicht nur in der Erzählung Thomas Manns, sondern eben gerade in den Motiven der überlieferten Legende – ein Schwanken, eine Unsicherheit sehen, wie sie dem Anfang einer so grundlegenden geistigen Entwicklung noch anhaften kann, die nichts Geringeres zum Ziele hat als die Herausarbeitung eines geistigen Gottesbegriffes gegenüber den Naturgöttern der Umwelt. Und es mochte für Jaakob nicht ganz abwegig sein, eine solche Göttervorstellung mit seinem Liebling in Verbindung zu bringen, ja gerade dessen Prädestination für die Segenserbschaft als Zeichen dafür zu nehmen, daß sein Joseph ein Heilsbringer sei.

Wir haben gesehen, wie die beiden ersten Bände des Joseph-Romans von diesen Voraussetzungen her geprägt sind. Und wenn der erste Band, nachdem er diese Voraussetzungen gegeben und einen ersten Blick auf die geheimnisvoll zweideutige Jünglingsgestalt des hübschen und schönen Joseph eröffnet hat, sich ganz den »Geschichten Jaakobs« zuwendet, so geschieht auch das nicht nur um des rein »biographischen« Interesses an Jaakobs Leben willen, sondern es werden auch hier Züge herausgearbeitet, Motive sichtbar gemacht, die auch Jaakobs Gestalt und Lebensform als mythisch geprägt erkennen lassen, derart, daß auch bei ihm die Segenserbschaft als Ausdruck der Heilsbringergestalt und umgekehrt erscheint. Aber freilich sind, wie schon oben erwähnt, in seiner Geschichte die mythischen Motive sehr viel schwächer ausgebildet als in der Josephs; und es bedarf sozusagen besonderer Anstrengungen des Dichters, um glaubhaft zu machen, daß auch Jaakob seine mythisch vorgeschriebene Zeit in fruchtbarer Unterwelt, nämlich bei Laban, verbracht habe, oder seine Doppelhochzeit und -ehe mit Lea und Rahel ihr mythisches Muster in der Geschichte der Schwestern Isis und Nephthys habe, von denen Osiris, der Gatte der Isis, »irrtümlich« im Dunkel der Nacht Nephthys, die Falsche, umfing und Anup, den »Üblen«, zeugte. Und jene mythisch stimmungskräftige Traumszene, in der dem Jaakob vor seiner Hochzeit der ägyptische Hundsgott erscheint, hat denn auch den motivischen Zweck, das menschlich schmerzliche Erlebnis der Unterschiebung der Ungeliebten hintergründig zu erweitern und ihm eine über die reale Tatsache hinausgehende Bedeutung zu verleihen. So wird auch die wundervolle, menschlich tiefe und zarte Geschichte von Jaakobs und Rahels Liebe, wenn auch mit einiger Anstrengung von seiten Jaakobs und seines beziehungsreichen Denkens, ein wenig in die mythische Ebene hinausgerückt. Mit Rahels nach langem Warten schwer erkaufter Mutterschaft beginnt recht eigentlich das mythische Spiel, in dem sich dem Jaakob die Segenserbschaft seines Stammes mit den heilbringenden Naturgöttern der heidnischen Umwelt vermischte. Sie war ihm, wenn auch erst einunddreißig Jahre alt, Sara, der Gott noch in hohem Alter »dies Lachen zubereitet hatte«, aber sie war auch die jungfräuliche Muttergöttin, Ischtar, deren Sternbild die Jungfrau war.

Aber alles in allem genommen sind die Beziehungen Jaakobs zum Heilbringermythus sehr viel schwächer als diejenigen Josephs und vom Dichter denn auch mehr nebensächlicherweise in Jaakobs Geschichten hineingetragen. Erst die Geschichte Josephs weist wirklich die Verwirrung und Undeutlichkeit in der Segensfrage auf, die seine Gestalt lange in zweideutigem Lichte erscheinen läßt. Verhält es sich doch bei ihm gerade umgekehrt wie bei dem Vater. Hier wurde der geistig Prädestinierte der Erbe, wenn es auch gewisser Umwege bedurft hatte, um den Segen von Esau, dem »rechten Falschen«, auf das Haupt des »falschen Rechten«, des Gesegneten selbst, zu lenken. In Josephs Fall aber wendet er sich von dem offensichtlich Prädestinierten, dem Abel-Typus, fort auf das Haupt »Edoms«, ja Joseph wird selbst nicht einmal in die Reihe der Stammväter Israels aufgenommen. Die Geschichte des Segens, oder genauer: die Geschichte des Heils und der Erwählung, da sie die Form des Segens und der Verheißung erst seit Abraham erhalten hatte – die lange in den Spuren des Göttermythus gegangen war und gerade im ersten Teil von Josephs Geschichte zu ihrer eindeutigsten Identität mit diesem gekommen zu sein schien, verläßt diese Spur und geht ihre eigenen, völlig anderen Wege. In Josephs Geschichte erlischt gewissermaßen das Schema der feindlichen Brüder, nachdem es gerade in ihr besonders stark aufgeleuchtet war.

Es ist das Thamar-Kapitel im vierten Bande des Joseph-Romans, das uns über diese Verhältnisse belehrt. Auch im Bibeltext (Gen. 30) hat die seltsame Geschichte der Thamar, die in Judas Familiengeschichte gehört, einen bezeichnenden Platz. Sie unterbricht die Joseph-Geschichte an der Stelle, wo dieser an die Ismaeliter verkauft wird, in dem Augenblick also, wo er die Heimat verläßt und ein Entfremdeter zu werden beginnt. Es ist ein familienrechtliches Problem, um das es sich in der Thamar-Geschichte handelt, und Thamar, die Schwiegertochter Judas, will dies Recht mit allen Mitteln für sich durchsetzen, als es ihr angefochten wird. Dies Recht besagte, daß ein Bruder verpflichtet ist, die Witwe seines Bruders zu heiraten, ein Fall, der sich zweimal in der Geschichte Thamars ereignet, da sowohl Er, der älteste Sohn Judas, wie Onan, der zweite, nach kurzer Ehe mit ihr starben, und dies unter offenbar üblen Umständen, die im Grundtext durch die Worte ausgedrückt sind, daß sie böse waren vor dem Herrn. Als darauf Juda seinen dritten Sohn Sela vor diesem Schicksal bewahren will und die Thamar heimschickt in ihres Vaters Haus, setzt sie sich eines Tages, als Hure verkleidet, vor das Tor ihres Ortes, Judas harrend, der vorüberkommen mußte, und verführt ihn. Und Thamar wurde die Mutter von Judas Söhnen Perez und Sera. Sie hatte sich, so deutet Thomas Mann das in dieser Handlung Thamars versteckte Motiv aus, in die

Familie, und zwar in den wichtigsten Zweig der Familie, Judas Geschlecht, »eingeschaltet«. Auf diese Einschaltung, diese unerschütterliche Entschlossenheit der Thamar, in der Familie zu bleiben – die unausgesprochen jener ihre Frauenwürde so tief erniedrigenden Handlung zugrunde liegen mochte – kommt es Thomas Mann an; und wundervoll gestaltet er unter diesem Gesichtspunkt diese Frauengestalt aus, als eine herbe, stolze, verführerisch schöne Erscheinung, getrieben von einem dunkel instinkthaften geistigen Ehrgeiz, mit auf dem Königswege der Menschengeschichte zu gehen, neuen Zukünften, neuen Äonen entgegen, eine von jenen, die die »Gottessorge« antrieb und ihr Tun und Lassen bestimmte. Zu Jaakob, so folgert der Autor, mußte sie gekommen sein, längst ehe sie Judas Schwiegertochter wurde, umgekehrt wurde sie das erst, weil sie Jaakobs Schülerin war und auf seine auf ihren dringenden Wunsch hin erfolgte Vermittlung. Zu seinen Füßen saß sie unbeweglich und lauschte seinen Geschichten – Jaakobs gewaltigen Geschichten, der Geschichte der Welt, von ihm bedeutend erzählt als »eine aus Gott erwachsene und von ihm betreute Familiengeschichte«. (V, 1552)

Thomas Mann gestaltet die Geschichte Thamars ausführlich aus und stellt sie mitten hinein in die Erzählung von Josephs Leben nach seiner Erhöhung zum Wirtschaftsminister Ägyptens. Wenn er mit diesem Kapitel wieder in die Jaakobswelt zurücklenkt, die die Erzählung so lange verlassen hatte, und dadurch einen vorbereitenden Auftakt schafft für das nun bald beginnende »Fest« des Wiederfindens und der Wiedervereinigung Josephs mit den Seinen, so ist dies technische Problem doch von sekundärer Bedeutung. Vielmehr sind es auch hier wieder wie überall in diesem doppel- und mehrschichtigen Roman-werk die sinnhaften Hintergründe, die seinen Aufbau letzt-lich bestimmen. Thamars Geschichte wird um Judas, des Segensträgers, willen erzählt. Die Motive, die ihr Handeln lenken, werden aus beschränkten familienrechtlichen und persönlichen darum zu weltgeschichtlich bedeutenden er-weitert, weil es nun an der Zeit ist, das täuschende Licht ganz zu zerstreuen, in dem Josephs Gestalt lange undeut-lich geschimmert hat – wenn auch, wie im ersten Teil dieser Untersuchung gezeigt wurde, der immer stärker hervorbre-chende Humor die Dinge allmählich ins »rechte Licht« zu rücken begonnen hatte. Aber erst im Thamar-Kapitel er-lischt das täuschende Licht, erlischt der Mythus endgültig, trennt sich Israels Geschichte und welthistorische Mission von seiner heidnischen Umwelt, die Geschichte Gottes von der Geschichte der Götter. Daß Joseph »tot«, nämlich »entrückt« ist, erhält nun geradezu den umgekehrten Sinn als den, den früher er selbst wie auch der trauernde Jaakob in diese Tatsache gelegt hatte. Der Tod ist nicht mehr das mythische Tammuz-Symbol, das zerrissene Kleid nicht mehr das Zeichen des zerrissenen Gottes, sondern der Zu-rechtweisung von Josephs Hochmut und Jaakobs aus-schweifender Liebe; und es weiß Jaakob in der Stunde des Wiedersehens: »Gott aber hat dir das Kleid zerrissen und meine Liebe zurechtgewiesen mit mächtiger Hand, gegen die kein Löcken ist«. (V, 1744) Entrückung aber ist nicht das Henoch-Zeichen der Heils- und Segenserwählung, son-dern der Sonderung und Abtrennung, der Verweltlichung und Verfremdung. »Er hat dich gesondert und dich abge-trennt von meinem Hause; das Reis hat Er vom Stamm genommen und es ist in die Welt verpflanzt« (ebd.) – und

Josephs Leben und Wiederfinden stellt die Situation, die Möglichkeit der Segenserbschaft nicht wieder her.

Die Tatsache dieser Zurechtweisungen und Zurechtrückungen, und damit das Verhältnis Josephs zum Segensproblem, war schon in der Analyse der oberen, man kann sagen äußeren Schicht des Joseph-Problems herausgestellt worden. So bewundernswert auch die feinnuancierte, mit den Motiven beziehungsvoll arbeitende Kunst ist, mit der Thomas Mann bereits diese relativ äußeren Umstände darlegt und begründet, die undeutliche oder ganz verstummende Sprache des kargen Bibeltextes interpretiert und das schmerzlich-beglückende Geschehen zwischen Jaakob und seinem Liebling in die großen Zusammenhänge der Religionsgeschichte einordnet – so ist doch damit die deutende Arbeit des Autors keineswegs schon an ihr Ziel gekommen. Ja, wenn Thomas Mann mit Rücksicht auf die Fragen, die Jaakob bewegen, als er vom Dasein des Totgeglaubten erfährt, ausruft: »Welche Aufgabe stellte nicht dem Gottesverständnis die . . . Rolle des abgesonderten Lieblings!« (V, 1724) – so kann man allerdings diesen Worten noch einen anderen, in weitere Zusammenhänge und Hintergründe hineinweisenden Sinn unterlegen als den engeren, an dieser Stelle gemeinten. Die Frage erhebt sich, ob Josephs Rollenträgertum keine andere Bedeutung hat als die, ad absurdum geführt, ins Irdisch-Bürgerliche aufgelöst zu werden? Sollte Joseph gar nichts mit jenen Mythen zu tun haben, die so lange den Sinn seines Lebens und damit das Thema des Romans ausgemacht haben? Erweisen sich dieser Sinn, dieses Thema als eine bloße Fiktion? Wird, so ist man versucht zu fragen, die Forschung, auf die sich die Einordnung der Joseph-Legende in die Motivgeschichte der altorientalischen Mythologie stützt, ad absurdum geführt, und führt der Dichter am Ende eine witzig-dichterische Argumentation gegen jene Forschungsrichtung durch? Es hieße dem in so vielen Bedeutungen facettierenden, und oft humorvoll facettierenden Werke in der Tat nicht völlig Rechnung tragen, wollte man diese Beziehung ganz in Abrede stellen. Aber es handelt sich dabei doch nur um eine Nebenbeziehung, um eine der vielen Nuancen und Aspekte der Sache, wie sie je nach der Beleuchtung, die sie erfahren, sich hervorkehren können. So scheint denn auch – unter einem dieser Aspekte – das reale Ende, zu dem die Geschichte von Joseph und seinen Brüdern kommt, die Auffassung sehr nahe zu legen, daß Josephs Verhältnis zum Mythus nichts als eine Fiktion gewesen, und die Geschichte nun endgültig »auf die Erde« gekommen sei – gewissermaßen zur Befriedigung aller vernünftigen Gemüter, die säuberlich die Menschengeschichten von denen der Götter getrennt zu wissen wünschen.

Nun, es hieße den Geist und innersten Sinn dieses großen Werkes allerdings sehr verkennen, wenn man eine solche rationalistische Auflösung seines Problems als seiner »Weisheit letzter Schluß« erkennen wollte. Es gilt zu erkennen, daß gerade diese rationalistische und, wie wir gesehen haben, mit höchstem Humor herbeigeführte Auflösung nichts anderes als die *Kehrseite* des Problems ist, um das es sich in diesem Werke »eigentlich« handelt; nämlich, wie wir nun formulieren wollen, *das Verhältnis Josephs zum Mythus als die Kehrseite oder das Vexierbild des Verhältnisses des Mythus zu Joseph.*

Denn stellte es sich freilich heraus, daß Josephs Geschichte nicht »wirklich« eine Erscheinungsform des Göttermythus ist, so enthält diese negative Feststellung doch die positive Tatsache, daß diese Mythen immerhin die Möglichkeit eines solchen Vergleichs darboten. Mochte Josephs Geschichte nur eine schwache Anspielung auf diese Mythen sein, eine Anspielung *war* sie jedenfalls doch. Und hinter der lächelnden Feststellung, daß sie *nur* ein Abglanz, eine Anspielung ist, steht doch der ernstere, der eigentliche Sinn, daß es mit dieser Anspielung dennoch eine Bewandtnis haben müsse – da dies, daß in der Geschichte Josephs der Mythus ad absurdum geführt wird, darum nicht der sie erschöpfende Sinn sein kann, weil alsdann die Beziehung Josephs auf den Mythus, die den Kern des Romans ausmacht, sich gleichfalls als sinnlos, als leeres Spiel erweisen würde. Die Antwort auf diese Problemstellung ist, daß es mit dem Mythus zuletzt keine reale, sondern eine *symbolische* Bewandtnis hat. Bevor sich im folgenden enthüllen wird, welcher Art diese ist, sei nochmals bemerkt, daß wir uns damit zugleich im Zentrum des großen Werks befinden, an dem Punkte, wo sich, sozusagen schematisch betrachtet, seine Humorstruktur und seine Symbolstruktur verbinden und zur Sinneinheit integrieren: derart, daß Joseph, auf den es immer ankommt, zugleich ein Uneigentliches und Eigentliches darstellt, uneigentlich in bezug auf den Mythus als die Lebens- und Glaubenswirklichkeit seiner Welt, eigentlich in bezug auf den Symbolsinn, den nun erst der Dichter selbst in ihn hineinlegt.

Es erhebt sich jedoch die Frage, ob es in diesem Werke positive Anhaltspunkte gibt, die uns berechtigen, dem realen Sachgehalt des Romans – mag dieser auch in sich schon von einer gewissen »Zweideutigkeit« sein – einen symbolischen zu substituieren. Denn es handelt sich für uns nicht um eine mehr oder weniger willkürliche, subjektive Deutung dieser Dichtung, sondern um eine möglichst objektive Herausarbeitung der Intentionen des Autors. Daß es solche Anhaltspunkte gibt, wird keinem Leser des Joseph-Romans entgehen. Die »Vorspiele«, die den ersten und den letzten Band einleiten und gewissermaßen eine Geschichte hinter der eigentlichen Geschichte enthalten, stehen nicht zufällig an diesen ausgezeichneten Stellen, und es hieße ihre funktionale Bedeutung verkennen, wollte man sie nur als eine Art philosophisch-symbolisches Arabeskenwerk verstehen, das mit der Erzählung selbst nichts zu tun hätte. Gerade sie geben Aufschluß über die Frage, warum Thomas Mann die Joseph-Legende erzählt hat, oder genauer, sie machen darauf aufmerksam, daß er diese nicht nur um ihrer selbst willen erzählt. In ihren – nicht ganz leicht zu durchschauenden – Sinn eindringen bedeutet, auch den symbolischen Sinn der Joseph-Geschichte, den eigentlichen Sinn seines Rollenträgertums erschließen. Ja, aus den Hintergründen, die in diesen Vorspielen eröffnet werden, fällt auf die Joseph-Gestalt jenes Licht, das ihre reale, individuelle, gewissermaßen historische Erscheinung zu einer typischen und exemplarischen, zur Repräsentation einer Idee oder eines Sinnes symbolisch erweitert.

2. Der Mythus vom Menschen

Mit einer »Höllenfahrt« beginnt nicht zufällig die Geschichte Josephs, und in der Beziehung des so betitelten Vorspiels auf die bekannte »Höllenfahrt der Ischtar«, die den Tammuz in der Unterwelt suchte, ertönt sogleich die symbolische Grundmelodie des Joseph-Werkes. Wie Ischtar fährt auch der Dichter suchend und forschend in eine Tiefe; aber es ist nicht eine räumliche Tiefe, sondern die Tiefe der Vergangenheit, und es ist nicht allein die Tiefe einer Vergangenheit von dreitausend Jahren, dort wo wir Joseph und seiner Welt begegnen, sondern eine weit größere, ja eine unendliche Tiefe, in der er, wie Ischtar den Tammuz, nicht mehr und nicht weniger als das *Menschenwesen* aufzusuchen sich anschickt, Er fährt gewissermaßen an Joseph, als einer relativ späten, neuzeitlichen und im Verhältnis zur Unendlichkeit uns nahen und vertraut anmutenden menschlichen Erscheinung, vorbei; und wir werden denn auch gleich mit den ersten Worten des Romans belehrt, daß es nicht etwa Joseph, sondern »das Menschenwesen ist, dessen Vergangenheit in Rede und Frage steht: dies Rätselwesen, das unser eigenes natürlich-lusthaftes und übernatürlich-elendes Dasein in sich schließt und dessen Geheimnis sehr begreiflicherweise das A und O all unseres Redens und Fragens bildet . . .« (IV, 9)

So mag nun freilich ein Dichter, ein Romancier in jedem Falle sprechen, denn für ihn trifft in gesteigertem Maße das Wort Goethes (bzw. Popes) zu, daß das eigentliche Studium der Menschheit der Mensch ist. So mag in besonderem Maße Thomas Mann sprechen, dem von je das Geheimnis des Menschenwesens das eigentliche Problem seines Dichtens und Denkens gewesen ist. Wird ja in der Tat überall die jeweilige konkrete Menschenwelt, von der seine Romane und Novellen handeln, durchsichtig eben für die allgemeine Problematik der menschlichen Existenz überhaupt. Mag das Bürgerleben der Familie Buddenbrook noch so sehr um seiner selbst willen wichtig und interessant sein, ihr Aufstieg und ihr Untergang in allen seinen realen, materiellen Gründen und Folgen dargelegt und begreiflich werden – die Frage des jungen Autors galt schon damals den letzten *metaphysischen* Elementen, in denen für ihn diese äußeren Erscheinungen begründet waren und die er als den Widerstreit von »Leben« und »Geist« erkannte; und eben dies, das menschliche Existenzproblem als solches, prägt, wie bekannt, das ganze Jugendwerk Thomas Manns vom »Tonio Kröger« bis zum »Tod in Venedig«. Noch durchsichtiger für dieses Problem als die Werke der Jugendperiode aber ist der große Roman der mittleren Schaffensperiode Manns, »Der Zauberberg«. Noch tiefer als sie greift er auf die Ur-Tatsachen des Lebens herab, wie sie im Phänomen des Todes und der Krankheit dem Helden Hans Castorp ihr rätsel- und geheimnisvolles Wesen darbieten, das nie restlos, weder von der philosophischen Erkenntnis noch der naturwissenschaftlichen Forschung aufgedeckt werden kann. Aber die Ankündigung zu Beginn des Joseph-Werkes, daß es das Geheimnis des Menschenwesens ist, mit dem wir es zu tun haben werden, weist darauf hin, daß es sich um eine noch prinzipiellere Stellung dieses Problems handeln wird als je zuvor. Denn war Thomas Mann das Problem des Menschentums wohl von je das A und O seines Redens und Fragens gewesen, so hatte er es bisher doch ausschließlich in den Erscheinungsformen des modernen Lebens aufgesucht: in den Lebensformen des Bürgers und des Künstlers, als Problem des literarischen Geistes und als Forschungsobjekt der Wissenschaft, als Angelegenheit der Zivilisation, der Politik, der Theologie, kurz, in den komplizierten Lebensgestalten der spezifisch abendländischen Kultur, in denen die *Idee* des Menschen nur mittelbar, vielfach verkleidet und verhüllt erscheint. Der Joseph-Roman nun stellt sich demgegenüber als der gewaltige Versuch dar, die Idee, das »Urphänomen« des Menschlichen an seinem Ursprung, das heißt in jenen Erscheinungsformen aufzusuchen, in denen es sich den ersten Ausdruck gegeben hat, von dem wir Kunde haben: in den Mythen, welche als der erste Versuch des menschlichen Geistes verstanden werden können, die Welt zu erkennen – und sich selbst. Der Mythus ist die Kunde, die Sage, die »Geschichte«, die herhallt aus jener unendlichen Vergangenheit, in der der Mensch sich selbst nur erst im Spiegel eines anderen, im Spiegel und Bilde von Göttern und Göttergeschichten, das menschlich-irdische Geschehen als Abbild oder Entsprechung eines himmlisch-göttlichen zu erleben vermochte – »aus den Tagen des Set«, wie es bei Thomas Mann heißt, in denen sich bei schärferem Zusehen aller Dinge Ursprung verliert. (IV, 23)

Es ist zu beachten, daß es dieser Gesichtspunkt ist, unter dem der Autor in der »Höllenfahrt«, also gleich zu Beginn der Erzählung von »Joseph und seinen Brüdern«, die Gestalt seines Helden ins Auge faßt. Nicht zufällig eröffnet er hinter ihm die unendlichen Hintergründe der Menschengeschichte, die sich nicht, wie er einmal fein bemerkt, im Dunkel verlieren, sondern im Lichte – im Lichte jenes *Sinnes,* so dürfen wir dies Bild erläutern, der zuletzt hinter aller Menschen*geschichte* steht und *in* ihr *erscheint,* des Sinnes des Menschenwesens und -daseins überhaupt. So wird denn der Leser mit reizend witziger Gelehrsamkeit darüber belehrt, daß es sich mit den Anfängen dieser Menschengeschichte weitläufiger verhält als unser historisches Denken, das gewohnt ist, sich an bestimmte Ereignisse, Daten und

Zeitabschnitte zu halten, es wahrhaben will. Jene Identifikationen und Zusammenziehungen der Überlieferung, die zum Beispiel Joseph den direkten Urenkel Abrahams sein läßt, dürfen uns nicht darüber täuschen, daß wir es mit solchen Ereignissen und Daten, mit denen das historische Denken diese oder jene Entwicklungsreihen beginnen läßt, mit »Scheinanfängen« zu tun haben, mit sogenannten »Zeitkulissen«, hinter denen immer wieder andere Kulissen, andere Anfänge erscheinen, weil »kein Ding zuerst und von selber ist, Ursache seiner selbst, sondern ein jedes gezeugt ist und rückwärts weist, tiefer hinab in die Anfangsgründe, die Gründe und Abgründe des Brunnens der Vergangenheit«. (IV, 18) So verhält es sich zum Beispiel mit der Geschichte von der Sintflut oder vom Turmbau zu Babel. Große Überschwemmungen wie auch gewaltige Turmbauten waren zu allen Zeiten und an den verschiedensten Orten der bekannten Welt vorgekommen, und immer mochten es die zuletzt erlebten sein, die nachkommenden Geschlechtern als *die* Sintflut oder als *der* große Turm galten. Denn, so hatten wir schon früher gesehen, in den vorhistorischen Zeiten, um die es sich hier handelt, waltete ein Zeitgefühl, das weit weniger auf Unterscheidung als auf Identifizierung gleicher oder ähnlicher Ereignisse und Erlebnisse eingestellt war. »Das Erlebnis bestand weniger darin, daß etwas Vergangenes sich wiederholte als darin, daß es gegenwärtig wurde« (IV, 30), ein Denken, welches etwa »in jeder Heimsuchung durch Wassernot einfach die Sintflut erkannte«. (IV, 32) Dies muß aber selbst noch, so erörtert der Dichter mit halb belustigter Gelehrsamkeit, von dem als Urstätte des Menschengeschlechtes heilig überlieferten Paradiese gelten. Das Paradies, der Garten Eden, ist oft vermengt und verwechselt worden mit einem Goldenen Zeitalter der Menschheit, ist aber in »Wahrheit«, wie ein jüdisches Sagenstück zum Beispiel berichtet, »vor der Welt erschaffen worden«[30]. Und es ist eine solche Überlieferung, die Thomas Mann im Auge hat, wenn er erläutert, daß nicht am Anfange von Zeit und Raum, am Anfange der materiellen Welt also, »die Frucht vom Baume der Lust und des Todes – das ist vom Baume der Erkenntnis – gebrochen und gekostet [wurde]. Das liegt vorher. Der Brunnen der Zeiten erweist sich als ausgelotet, bevor das End- und Anfangsziel erreicht wird, das wir erstreben; die Geschichte des Menschen ist älter als die materielle Welt, die seines Willens Werk ist, älter als das Leben, das auf seinem Willen steht«. (IV, 38 f.) In der Geschichte des Paradieses oder des Sündenfalles erblickt er nicht mehr und nicht weniger als eine Vergegenwärtigung der »wahren« Urgeschichte des Menschen, insofern auch diese, wie wir gleich sehen werden, die Geschichte eines »Falles« ist. Und seine ganze Bemühung, die Durchsicht durch die überlieferten Begebenheiten zu eröffnen, hat nichts anderes zum Ziel als die Auffindung einer Kunde, die die erste Konzeption dieser Urgeschichte, das ist der Ur-Tatsachen des Menschenproblems, enthält. Denn wenn das Paradies als die mythische Heimat des Menschen angenommen wird, so kann es nur dort zu suchen sein, wo »dies letzte Zurück« erreicht ist, über das hinaus nicht weiter gefragt und geforscht werden kann. Wo also ist das wahre, das eigentliche Paradies zu suchen, und was ist darunter zu verstehen?

Die Kunde, in der nun Thomas Mann Antwort auf diese Frage findet, ist eine *gnostische* Überlieferung, die uralte babylonische, ägyptische und jüdische Spekulationen mit den Ideen und Mysterien des Christentums zu verbinden suchte. Es handelt sich um gnostische Lieder oder Märchen, in denen kosmogonische Spekulationen in Verbindung mit erlösungsmystischen auftreten, vornehmlich um die von der sogenannten ophitischen oder naassenischen Gnostik[31] ausgebildeten Geschichten von der *Urmenschenseele*, Adam qadmon, zu welcher der Adam des Paradieses, der erste Mensch, hier vergeistigt ist, oder die ihrerseits als das eigentliche Urbild von Evas Gatten aufzufassen ist. Dieses Motiv ist jedenfalls von Thomas Mann unterstrichen, wie denn überhaupt ihm das Lied von der Urmenschenseele eine wahre Fundgrube symbolischer Deutung wird. Denn in den handelnden Personen dieser »auf wahrster Selbstempfindung des Menschen beruhenden Denküberlieferung« (IV, 39) als da sind Materie, Geist, Seele und Gott, findet er alle jene Elemente, in deren Zusammenwirken das Problem und Geheimnis der menschlichen Existenz beruht, auf die es ihm zuletzt ankommt. Und mit souveräner Freiheit in der Deutung der Überlieferung und witzigster Dramatisierung der sich hier vollziehenden metaphysischen Geschehnisse gestaltet er den »Roman der Seele« zu einem wichtigen Bestandteil des Joseph-Romans aus und leitet nicht zufällig durch ihn die Geschichte Josephs ein.

Die gnostische Überlieferung lautet dahin, daß der als die Seele bezeichnete Urmensch himmlisch-göttlichen Ursprungs sei und von Gott in die Materie hinabgesandt, um sie als das Nicht-Göttliche, das Böse, zu bekämpfen. Die Seele aber habe hier ihren Auftrag vergessen und sei erst durch Nachsendung eines zweiten Abgesandten, des Geistes, an ihren höheren Ursprung gemahnt und auch wieder dorthin zurückgeführt, also aus der Materie befreit und von ihren Banden »erlöst« worden. Diesen Berichten ist zu entnehmen, daß der Geist mit der Seele wesensidentisch ist. Er ist nämlich der Logos, von dem ausgesagt wird, daß er als Seele das im Stoffe schaffende, zeugende und ordnende Prinzip, zugleich aber reiner Geist sei, der über der materiellen Welt seine Stätte an Gottes Seite hat.

Weit mehr nun als an dem Erlösungssinn des gnostischen Seelenmärchens ist Thomas Mann an diesem einigermaßen undurchsichtigen und problematischen Verhältnis von Seele und Geist interessiert und erörtert es, die handelnden Personen reizend gegeneinander bewegend, in seinem Für und Wider. Zunächst faßt er die Urmenschenseele ins Auge, deren »Fall« in die Materie aus der Höhe ihrer himmlisch-geistigen Heimat ihm das wahre Urbild des Sündenfalls, die eigentliche Paradiesgeschichte ist. Denn daß die Seele ihre Mission vergaß und in der Materie verhaftet blieb, hatte seinen Grund darin, daß sie sich in diese »verliebt« hatte und »begierig Formen aus ihr hervorzubringen, an denen sie körperliche Lüste erzeugen könnte« (IV, 41), in der trägen, toten und formlosen Materie das Leben selbst erzeugte. Und da die Urmenschenseele das älteste, ein anfänglich gesetztes Prinzip ist wie die Materie, so wird – zunächst in bildlich metaphysischem Sinne – begreiflich, daß die Geschichte des Menschen älter ist als die materielle Welt, das ist die beseelte organische Lebenswelt. Das Urmenschliche aber, göttlich-geistigen Ursprungs wie es ist, stellt in seiner Verhaftung in die Materie den Menschen in seiner Doppelnatur dar, »welche die Merkmale göttlicher Herkunft und wesentlicher Freiheit mit schwerer Verfesselung in die niedere Welt unentwirrbar vereinigt«. (IV, 40)

Aber recht eigentlich verwickelt wird das Problem des Menschen erst durch den Bericht von der Nachsendung des zweiten Abgesandten, des Geistes, der dennoch die Seele selbst noch einmal gewesen sein soll. Hier sind wir an dem Punkte, an dem Thomas Mann den Erlösungssinn der gnostischen Überlieferung auf seine Weise deutet, ja ihn durch einen anderen ersetzt. Daß der Geist mit der Seele identisch gewesen ist, scheint ihm zugleich falsch wie auch richtig zu sein. Falsch, weil der Sinn nicht übersehen werden darf, der in der Lehre liegt, daß der Geist ein zweiter Abgesandter und also etwas anderes, etwas Jüngeres nämlich, als die Seele bedeuten müsse – und sind in der Tat nicht auch Leben (das ist aber die Seelenwelt) und Geist zwei verschiedene Prinzipien? Wenn aber nun dennoch auch etwas Richtiges daran ist, daß die »höhere Einerleiheit von Seele und Geist behauptet oder allegorisch angedeutet ist« (IV, 42), so ist es jedenfalls richtig in einem anderen Sinn als die Lehre wahrhaben will, die nämlich, wie dem Dichter scheint, »nicht zur vollständigen Ausgestaltung der Rolle gelangt, die *der Geist* in dem Roman der Seele spielt, und nach dieser Richtung deutlich der Ergänzung bedarf« (ebd.). Diese Rolle nun – und das ist die entscheidende Änderung, die der Dichter an dem offenbar gemeinten Sinn der Überlieferung vornimmt – scheint nicht der der unmittelbaren Erlösung der Seele aus der Welt der Materie zu sein. Ja, die gnostisch-christliche Auffassung, die allein das Heil der Seele und ihr »ewiges Leben« im Auge hat, scheint Thomas Mann dem spezifisch menschlichen Problem, das ursprünglich in diesen Mysterien steckt, nicht völlig gerecht zu werden. Bereits mit solchen Phänomenen wie Leben und Tod verhält es sich verwickelter im Bereiche des

Menschlichen. Der Geist war ausgesandt, den Tod dadurch aus der Welt zu schaffen, daß er die Materie durch Loslösung der Seele aus ihr wieder ihrer Formlosigkeit zurückgab. Denn mit dem Leben war auch der Tod in die Welt gekommen. Ist auf der einen Seite zwar das Leben die Negation des Todes und umgekehrt, so machen doch Tod und Leben erst zusammen den Kreislauf des Lebens aus, ist, so verstanden, auch der Tod ein Prinzip des Lebens. So entsteht also für den Geist die paradoxe Situation, mit dem Tod auch das Leben zu vernichten, sich also nicht so sehr als Überwinder des Todes wie als Totengräber des Lebens zu empfinden. Das freilich nur darum, weil sich dem Geiste offenbar der Gesichtspunkt des Lebens verändert hatte, während er zwecks seiner Mission im Reiche der Seele weilte, und Thomas Mann glossiert reizend: »Wie es nun aber geschieht, daß der Gesandte eines Königreichs bei einem anderen, feindlichen, wenn er sich lange dort aufhält, im Sinne seines eigenen Landes der Verderbnis verfällt, indem er nämlich auf dem Wege der Einbürgerung und der Angleichung und Abfärbung unvermerkt in die Denkweise und auf den Interessenstandpunkt des feindlichen hinübergeht, so daß er zur Vertretung der heimischen Interessen untauglich wird und abberufen werden muß: so oder ähnlich ergeht es in seiner Sendung dem Geiste«. (IV, 43) Der Geist also, »unerlaubt in die Seele verliebt«, verharrt in deren Lebenswelt statt sie daraus zu erlösen, und die Aussage, daß Geist und Seele dasselbe gewesen, wird interpretiert im Sinne der *Vereinigung* des Geistes mit der Welt der Seele, das ist im Sinne nicht der Aufhebung, sondern der eigentlichen *Verwirklichung der Idee des Menschen,* die in der Einheit von Geist und Natur besteht, einer Einheit, in der

der eigentliche Sinn des Lebens erst zur Erscheinung kommt. »Von dem echten Eingehen des Geistes in die Welt der Seele« scheint das gnostische Märchen seiner innersten Tendenz nach berichten zu wollen, der »wechselseitigen Durchdringung der beiden Prinzipien und der Heiligung des einen durch das andere zur Gegenwart eines Menschentums, das gesegnet wäre mit Segen von oben, vom Himmel herab, und mit Segen von der Tiefe, die unten liegt.« (IV, 49)

3. Gott und die Götter

Es ist das Leitmotiv, der Grundtext des Joseph-Romans, der hier zum ersten Male aufklingt, und der Bibelkundige weiß, daß es die Worte sind, mit denen (Genesis 49, 25) der sterbende Jaakob Joseph segnet. Aber wenn die Beziehung des »Romans der Seele« zur Joseph-Gestalt auch in diesen Worten schon sichtbar ist, so hieße es doch, den verschlungenen Sinn- und Sachverhältnissen dieses Werkes nicht Rechnung tragen, wollte man in dieser Beziehung an sich schon die Lösung und Erhellung des Joseph-Problems sehen, das als solches in dem Verhältnis der Joseph-Gestalt zu den Göttermythen besteht. Es ist zuletzt das Problem des Mythus, um dessen Sinnerhellung es geht. Und die Frage stellt sich, ob und inwieweit der Roman der Seele Motive enthält, die, wenn vielleicht auch nur mittelbar, in die Zusammenhänge dieses Problems gehören. Denn allerdings sind die Fäden in dem Sinngewebe dieses Werkes äußerst verschlungen, und es bedarf äußerster Vorsicht der Interpretation, um nicht die zwecks der Analyse aus ihm herausgelösten Fäden der Motive wieder falsch zu verknüpfen.

Um zu dem Roman der Seele zurückzukehren, so gibt es nun ein bisher von uns noch nicht berücksichtigtes Motiv, das allerdings nicht außer acht gelassen werden darf, wenn man die gesamten Sinnverhältnisse erhellen will. Zu den handelnden »Personen« des Seelenromans Materie, Seele, Geist, kommt als vierte und wichtigste *Gott*. Gehört aber Gott in den Zusammenhang der Göttermythen? In der Tat rührt diese Frage an eines der interessantesten Probleme des Joseph-Werkes, nämlich das, was man die »Geschichte hinter der Geschichte« nennen könnte, die als solche nicht etwa untergründig verborgen ist und aus dem Texte deutend eliminiert werden muß, sondern in eigens ihr gewidmeten bedeutsamen Kapiteln behandelt wird: in dem »Roman der Seele« (der ja den abschließenden Teil der »Höllenfahrt« bildet), dem Kapitel »Wie Abraham Gott entdeckte« des zweiten Bandes und dem »Vorspiel in höheren Rängen«, das den vierten Band einleitet. Hier erscheint die Geschichte Gottes in eigentümlicher Verflechtung sowohl mit der Geschichte der Götter als mit der des Menschen. In dieser Verflechtung wird der wahre Anfang der geistigen Geschichte der Menschheit sichtbar; aber zugleich und in Zusammenhang damit erschließt sich auch das Joseph-Problem, in dem ja, wie oben gezeigt wurde, nicht zufällig die Motive der heidnischen Mythologie sich mit denen des jüdischen Gottes verbunden hatten.

Höchst beteiligt an den Unternehmungen der Seele und des Geistes – so erscheint im Seelenroman der »Höllenfahrt« die Person Gottes; und mit humorvoller Einfühlung in die allerhöchsten, dem Menschen gemeinhin verborgenen Absichten und Pläne gestaltet Thomas Mann den unsichtbaren, transzendenten, aber tätig dynamischen Gott des Alten Testamentes zu einer zwar gewaltigen, aber dennoch menschlich begreiflichen und nahen Erscheinung aus. Er verfährt hier nach dem Vorbilde und unter Heranziehung jüdischer Sagenüberlieferung, in der Gott als König eines Hofstaates, der Heerscharen der Engel, erscheint, zu dem Er in einem gewissen Spannungsverhältnis steht, hervorgerufen durch die Eifersucht der Engel auf Gottes Vorliebe für den von Ihm erschaffenen ersten Menschen, eine Eifersucht, die sich in der bekannten empörten Frage der Engel Ausdruck gab: »O Herr aller Welten! Was ist der Mensch, daß du sein gedenkst?« und die, so kommentiert Thomas Mann, daher rühren mochte, daß die Engel hinter dieser Vorliebe, ja der Weltschöpfung überhaupt »wahrscheinlich mit mehr Recht als Unrecht, Überdruß an ihrer lobsingenden Reinheit« vermuteten.[32] (IV, 47) Es ist das jüdische Sagenmotiv der Vorliebe Gottes für den ersten Menschen, das Thomas Mann in das gnostische Seelenlied einbaut. Erst damit gewinnt er eine gewissermaßen historische Begründung wie auch vor allem ein künstlerisch höchst wirksames Mittel, den spiritualisierenden Erlösungssinn der gnostischen Überlieferung in einen anderen, *humanistischen,* umzuformen. Der Gott, der in der Version Thomas Manns handelnd auftritt, hat kein Interesse daran, die Seele aus der Materie zu lösen, sondern umgekehrt, kommentiert der Autor, hat er gleich anfänglich die Urmenschenseele in ihrem Liebeskampfe mit der Materie unterstützt. »Er schuf die Welt« heißt nichts anderes als daß er »dem Urmenschlichen behilflich [war], feste langlebige Formen« in der Materie hervorzubringen, »damit die Seele an diesen Formen körperliche Lüste erlange und Menschen erzeuge«. (IV, 41) Die unmittelbar darauf erfolgte Nachsendung des Geistes aber muß dann im Sinne einer weiteren Herausformung des Menschen als eines nicht nur lebendigen, sondern auch geistigen Wesens verstanden werden. Aber wenn es ausdrücklich als »das Geheimnis und die stille Hoffnung Gottes« festgestellt wird, daß ein mit dem doppelten Segen des Geistes und der Natur gesegnetes Menschentum entstehe, so werden Zusammenhänge zwischen dem Gottes- und dem Menschenproblem angedeutet, die wohl das Denken des sich seiner selbst bewußt werdenden Menschengeistes beunruhigen mochten, ja aller Religionsgeschichte zugrunde liegen.

Der Anfang dieser Geschichte, der Anfang der Bewußtwerdung des Menschengeistes liegt bei *Abraham*. Und in der Tat, erst bei diesem Menschen und seiner gewaltigen Gründertat, auf der noch heute die Geistesgeschichte der Menschheit ruht, tritt die »Rolle des Geistes« deutlicher in die Erscheinung. Denn mit dem bloßen Eingehen des Geistes in die Welt der Seele ist es sozusagen nicht abgetan und über Art und Betätigung des Geistes in dieser Verbindung, die den Menschen darstellt, noch nichts Näheres ausgesagt. Der Geist, heißt es denn auch, möge sich noch so lebensfreundlich gebärden, »er bleibt wie er sich stelle, doch, der er ist: der Bote der Mahnung, das Prinzip der Anstoßnahme, des Widerspruchs und der Wanderschaft . . .«. (IV, 49) In der Verbindung von Natur und Geist ist es nicht jene, sondern der Geist, der die Verantwortung trägt dafür, daß der Mensch sich selbst in seiner spezifischen *Menschenwürde* erkenne. Es ist Abrahams Problem, des Wanderers von Ur, den die Unruhe des Geistes aus seinen Wohnsitzen trieb, bis er aus den Göttergeschichten der Nachbarvölker das Wesen des *Göttlichen* – und in eins damit des *Menschlichen* hervorgedacht hatte. In innerstem, wenn auch auf den ersten Blick nicht erkennbarem Zusammenhang mit dem gnostischen Roman der Seele steht das Kapitel »Wie Abraham Gott entdeckte«, eines der grundlegenden Stücke für den philosophischen Gehalt des Joseph-Romans. In ihm wird weitere Antwort gegeben auf die Frage, wie es mit Gottes Verhalten zum Menschen und umgekehrt mit dessen Verhalten zum Göttlichen – und das ist zugleich, wie gesagt, zu sich selbst – bestellt sei. Nicht umsonst hatte Abraham gesagt: »Ich Abram, und in mir der Mensch, darf ausschließlich dem Höchsten dienen.« (IV, 425)

»Abraham«, so heißt es in der Bibel, »baute bei Betel einen Altar dem Herrn und rief seinen Namen an« (Gen. 12, 8) und »Der Herr schloß einen Bund mit Abraham«. (Gen. 15, 18) Der Name und der Bund – das sind die beiden großen Begriffe der Geschichte Abrahams, in denen Thomas Mann den Anfang der Bewußtwerdung des Menschen als eines Ich entdeckt. Wie erlebt Abraham Gott? Er erlebt ihn als das »furchtbar Sachliche außer ihm«, als Inbegriff des ihm gegenüberstehenden Seins, »und Abraham wandelte vor ihm, in der Seele geheiligt durch Seine Außennähe«. (IV, 431) Aber zugleich wußte Abraham, daß es sich komplizierter zwischen ihm und seinem Gott verhielt. Denn zwar war Gott der Vater aller Dinge, und »die mächtigen Eigenschaften, die er Ihm zuschrieb, waren wohl Gottes ursprüngliches Eigentum«. (IV, 428) Aber war auf der andern Seite nicht er, Abraham, es selbst, der diese Eigenschaften Gott zuschrieb? Er hatte Ihn als den Höchsten und Einzigen »erschaut und hervorgedacht, gelehrt und denkend verwirklicht«, und er mochte sich unter diesem Gesichtspunkt mit Recht Abiram, welches heißt

»Vater des Erhabenen«, nennen. »Gottes gewaltige Eigenschaften waren zwar etwas sachlich Gegebenes außer Abraham, zugleich aber waren sie auch in ihm und von ihm; die
Macht seiner eigenen Seele war in gewissen Augenblicken
kaum von ihnen zu unterscheiden, verschränkte sich und
verschmolz erkennend in eins mit ihnen, und das war der
Ursprung des Bundes, den der Herr dann mit Abraham
schloß und der nur die ausdrückliche Bestätigung einer
inneren Tatsache war.« (IV, 428) Was hier durchbricht und
von Thomas Mann als der zugrundeliegende Sinn des »Namens« (das ist der Benennung oder Erkenntnis) und des
»Bundes« ans Licht gehoben wird, ist der urphänomenale
Erlebniszusammenhang von Ich und Welt, das »Geheimnis«, als das sich der Mensch erlebt, da er zugleich sein Ich
an die Welt und die Welt an sein Ich verwiesen findet: ein
Erlebender, insofern er ein Seiender ist, sich aber als seiend
nur als ein Erlebender weiß – ein »cogito ergo sum«, aber
auch ein, »sum ergo cogito«. Das ist denn über die mythische Verbildlichung hinaus auch der wahre, philosophische
Sinn des Satzes, daß die Geschichte des Menschen älter ist
als die materielle Welt.

Abrahams Gotteserkenntnis war so aufs engste mit der
Erkenntnis seiner selbst, als eines Ich-sagenden Wesens,
verschmolzen. Darauf beruhte es, daß seine »Gottesfurcht«
nicht nur Furcht vor dem gewaltigen »Außendasein« Gottes war, das dem Menschen als das Sachliche, das er selbst
nicht ist, fremd gegenübersteht – sondern zugleich auch
»Verbundenheit, Vertraulichkeit und Freundschaft«, wie
sie der Mensch dem gegenüber empfindet, das ihm zwar als
ein anderes, aber wesensmäßig Gleiches gegenübersteht,
dem *Du*. Denn das Du ist eben gerade dadurch definiert,

daß es ein Ich ist. Abraham und Gott waren »Zwei, ein Ich und ein Du, das ebenfalls ›Ich‹ sagte und zum anderen ›Du‹«. (IV, 31) Gott war ein Du, und als solches ein *Ich*, »ein gewaltig Ich-sagendes Du«. Abraham, der *Mensch*, konnte den Höchsten, »des Menschen rechten Gott« nur in dem erkennen, was er selbst als das Höchste, das Auszeichnende seiner Existenz empfand: ein Ich-sagendes, und das heißt geistiges Wesen zu sein. Der Mensch bringt das Bild Gottes als Spiegelbild seines eigenen Wesens hervor – als Spiegelbild aber nicht nur dessen was er ist, sondern was er werden kann und soll, das hohe Richtziel seines eigenen Weges zur Vollendung seiner selbst. Mit dem Begriffe des Göttlichen hat der zum Selbstbewußtsein erwachte Mensch allezeit das Beste und Höchste ausdrücken sollen, das er in sich fühlte.

Wir sind an dem Punkte, an dem wir eine tiefere Einsicht in die sowohl dichterisch wie mythisch objektivierte Gestalt Gottes und damit in die inneren Zusammenhänge gewinnen können, die zwischen dem Abrahamskapitel und den Vorspielen des ersten und letzten Bandes bestehen. Nicht zufällig waren es gnostische Vorstellungen, die sich Thomas Mann als Grundform seiner dichterisch-philosophischen Spekulation über das Menschen- und Gottesproblem anboten. Denn die Gnostik hatte zutiefst kein anderes Ziel als das einer nicht begrifflich-rationalen, aber mystischen Erkenntnis des stets als rätselvoll gefühlten Zusammenhanges des freien Ich mit der gebundenen Weltmaterie im Menschen (nun mit dem christlichen Akzent der Erlösung des Ich, der Seele, aus diesen seinen Banden). Und gerade die Hypostasierung von Begriffen zu bildhaften Gestalten, die grundlegend für alles mythisch religiöse Denken ist, bot dem gestaltenden Dichter eine hochadäquate Bilderwelt dar. Aber bei der Gestaltung, die Thomas Mann diesen Überlieferungen gibt, darf nun nicht an dem bezaubernden Humor vorbeigesehen werden, in dem auch hier, wie überhaupt im Joseph-Roman, das Wissen um die Inadäquatheit der Erscheinungen im Verhältnis zu dem Sinne, den sie verkörpern, lächelnd erscheint. Durch diesen Humor wird zuletzt der Bildcharakter der Vorgänge aufgelöst, der mythische Schleier gelüftet und der begrifflich-philosophische Sinn sichtbar, der sich in den Bildern verbirgt. Wir wollen aber dazu bemerken, daß nur der Dichter die Befugnis zu einer solchen Behandlung religions-historischer Überlieferungen hat. Denn der Religionshistoriker und auch der Religionsphilosoph sind einerseits zu streng an die überlieferten Taten und Tatsachen gebunden, um der Deutung allzu freie Bahn zu lassen; auf der andern Seite verfügen sie gerade über die Mittel des Dichters nicht, die Deutung nur andeutungsweise, als verhüllt und durchsichtig zugleich, durch das Bild hindurchschimmern zu lassen, ein Verfahren, das allerdings einer so hohen dichterischen Kunst und philosophischen Erkenntniskraft zugleich bedarf wie der Thomas Manns.

Wenn also im gnostischen Märchen erzählt wird, daß Gott – trotz des Unwillens und der Eifersucht der Engel – sich sehr wohlwollend dem Bemühen der Seele und des Geistes gegenüber verhalten habe, den Menschen hervorzubringen, so wird hier unter dem Handeln und Wünschen Gottes das Streben des Menschen nach der Vollendung seiner spezifischen Menschheit sichtbar. Daß Gott die Entstehung des Menschen begrüßt um Seiner selbst willen, weil er sich nämlich in ihm und durch ihn zu »verwirklichen« hoffte, ist das religiöse Vexierbild für die »eigentliche« Sachlage: daß sich der Mensch entfalte »nach dem Gesetz, nach dem er angetreten« (Goethe), um dann seinerseits eine Gottesvorstellung hervorzubringen, in der er sich selbst erkennen könne. Daß der Mensch ein Ebenbild Gottes ist, ist nur die Kehrseite dessen, daß Gott ein Ebenbild des Menschen ist – des Menschen, dessen Entfaltung und Entwicklung zum Ziele haben soll ein Menschentum, »das gesegnet wäre mit Segen von oben vom Himmel herab und mit Segen von der Tiefe, die unten liegt.«

Indem wir dieses Postulat und Leitmotiv des Joseph-Romans abermals zitieren, wendet sich unser Blick von der gnostischen Bilderwelt wieder der früheren Stufe von Abrahams Gottesentdeckung zu. Nicht umsonst war Abraham der Mensch, mit dem Gott einen Bund gemacht hatte. Denn weitergehend als alle andern Menschen hatte er Gottes Wesen erkannt und Gott sich in ihm verwirklichen können. Aber – so hören wir weiter – mehr noch als um des gegenwärtigen Standes dieser Verwirklichung willen fühlte sich Gott Abraham verbunden, weil dieser sich bewußt war, Gott noch nicht *völlig* erkannt zu haben. Denn war auch Gott ein Ich-sagendes Du, das Abraham darum ebensowohl kraft Seiner wie kraft seiner, Abrahams, eigener Seelengröße erkannte – Er war doch ein Du, das nicht nur außerhalb Abrahams, sondern sogar auch außerhalb der Welt war; und »Makom, hieß er, der Raum, weil er der Raum der Welt war, aber die Welt nicht sein Raum«. (IV, 431) Gott war ein Ich, aber er war auch ein außerweltlicher, transzendenter und als solcher *einsamer* Gott, von dem es keine Geschichten zu erzählen gab. »Gott war nicht entstanden, nicht geboren worden, von keinem Weibe. Es war auch neben ihm auf dem Throne kein Weib, keine Ischtar,

Baalat und Gottesmutter« (IV, 432), Gottes »Du- und Da-Sein« (IV, 431) waren gewissermaßen zwei Elemente seines Wesens, die noch nicht zur Vereinigung gekommen waren. Und darum fühlte Abraham, daß der Tag von Gottes Apotheose – die, wie es bezeichnenderweise heißt, auch der Tag von Abrahams Apotheose sein würde – noch nicht gekommen war. Es gab eine Zukunft Gottes und damit einen Zug von »Erwartung und unerfüllter Verheißung« (IV, 433) in seiner Wesenheit – und es war, wie es heißt, gerade dieser Zug, um dessentwillen Gott so besonders eifersüchtig über dem Bunde wachte, den er mit dem Menschen geschlossen. Denn es war der Mensch allein, der Gott in seiner Ganzheit verwirklichen konnte, weil er selber diese Ganzheit war oder zu sein erstrebte.

Es ist in der Tat das Leitmotiv der Joseph-Geschichte, das den Sinn dieser geheimnisvollen Verkündigung allmählich aufschließt: allmählich, weil erst in und durch die Verwirklichung, die er selbst durch das Ganze der Joseph-Geschichte, so wie sie Thomas Mann deutet, erfährt. Wir befinden uns also hier in Zusammenhängen, die eine Schlüsselstellung in diesem Werke einnehmen. Von hier aus verbinden sich die mythisch-religiösen – und als solche bis zu einem gewissen Grade theoretisch-philosophischen – Partien des Werkes mit den rein erzählenden, der eigentlichen Handlung, zu dem großen symbolischen, das Urphänomen der menschlichen Existenz, die Idee der Humanität symbolisierenden Kunstwerk.

Es heißt von Gott im Abrahamskapitel, daß ein Zug von Erwartung und unerfüllter Verheißung in ihm gewesen. Und das Motiv der Erwartung erscheint hier in zunächst undurchsichtiger Verbindung mit den heidnischen Göttergeschichten, dem Tammuz-Osiris-Mythus. Diese Verbindung ist jedoch von Thomas Mann nicht völlig erfunden, sondern er knüpft hier an die vielumstrittene Melchisedek-Episode der Geschichte Abrahams an. (Gen. 14, 19 f.) Hier begrüßt auffälligerweise der heidnische Priester von Salem oder Sichem (Thomas Mann nimmt die letztere Stadt an), Melchisedek, den siegreich aus dem Krieg der Könige zurückgekehrten Abraham im Namen »El-Eljons, das ist des höchsten Gottes, der Himmel und Erde geschaffen«, und Abraham wendet dann im Gespräche mit dem König von Sodom denselben Namen El-Eljon auf seinen eigenen Gott an. Für die Forschung hatte sich daraus das – so weit ich sehe ungelöste – Problem ergeben, ob und inwieweit es möglich gewesen und anzunehmen sei, daß der Gott des heidnischen Priesters dem Gotte Abrahams gleich gewesen und also zwischen dem Stamme Abrahams und den heidnischen Bewohnern von Salem Religionsverwandtschaft bestanden habe.[33] Dieses Problem faßt nun Thomas Mann schärfer und eigentümlicher, wie mir scheint, ins Auge, und es wird ihm zu einem wichtigen Ausgangspunkt für die Deutung des Gottesproblems überhaupt. Der Gott von Sichem war zwar, so erfahren wir bereits im Kapitel »Der Mann Jebsche« des ersten Bandes, eine Tammuz-Erscheinung. Ihm waren aber besondere, über den eigentlichen Mythus hinausgehende Eigenschaften beigelegt worden, die ihn dem Gotte Abrahams anzunähern schienen; und wie Abraham, war auch später Jaakob (der diesem Gotte vor Sichem einen Altar errichtet hatte) geneigt, »in dem zerrissenen Sohne von Schekem den wahren und höchsten Gott . . . zu erblicken«. (IV, 71) An der Stelle des Abrahamkapitels aber, um die es sich bei uns handelt, wird das Problem dieser Wesensgleichheit nun viel weiter verfolgt, und zwar, wenn auch unter vorsichtig humoristischen Vorbehalten, nach der Richtung, daß Annäherung nicht nur von dem heidnischen Adon, sondern auch von Gott her stattgefunden habe, oder genauer: einmal stattfinden werde. Ja, die Wesensgleichheit zwischen Abrahams Gott und dem Adon von Sichem wird zunächst darin gesehen, daß sie beide »ein harrender Gott der Zukunft seien«, wenn auch unter ausdrücklicher Verwahrung gegen die Annahme, daß Abrahams Gott irgend etwas zu tun hätte mit den »Geschichten der Natur«, denen der Gott von Sichem seine Existenz und Verehrung verdankte, daß er »Beziehungen gehabt hätte . . . zu dem Korn, das im Finstern verweste und im Gefängnis der Erde, damit es ersprieße und erstehe, zum Sterben und zum Geschlecht«. (IV, 434) Aber die humoristisch übereifrige Versicherung: »Bewahre es Gott, daß er zu schaffen gehabt hätte mit derlei Geschichten« (IV, 435) läßt dennoch sozusagen den Verdacht leise emporsteigen, daß die »Erwartung« Gottes vielleicht doch nach dieser Richtung gehen wie auch umgekehrt der Zukunftszug, den Melchisedek seinem Adon zugeschrieben hatte, der außerweltlichen Geistigkeit Gottes gelten könnte.

Die Tiefe, aber auch die Schwierigkeit des Joseph-Romans ist darin gelegen, daß die Geschichte Gottes und die Geschichte des Menschen so kongruieren, daß es oft besonderer Besinnung bedarf, um die Geschichte Gottes als die des Menschen zu erkennen. Und selbstverständlich ist das ein bewußter Kunstgriff des Autors. Er verharrt in großen Partien in eben der Sphäre des Mythus und des Glaubens, in der sich die Geschichte des Menschen d. h. die seiner Wesenserkenntnis selbst zugetragen hat. Und es ist vor allem der allmählich zutage tretende Sinn des eigentlichen Gegenstandes des Romans, nämlich der Joseph-Geschichte, durch den sich auch das Gottes- und Götterproblem in seiner tieferen Bedeutung enthüllt. In einer sinnmäßig tieferen Schicht haben wir es hier mit derselben symbolischen Erzählmethode zu tun wie in der oberen Schicht des Werkes, in der es sich um die Enthüllung von Josephs Verhältnis zum Mythus handelte.

Was also das Gottesproblem angeht, so gibt es ein weiteres bedeutsames Kapitel, in dem wir, wenn das Paradoxon erlaubt ist, geheimnisvoll mythischen Aufschluß darüber erhalten: das »Vorspiel in oberen Rängen« des vierten Bandes. Der Autor selbst schließt es unmittelbar an den Roman der Seele an, und wieder, wie am Anfang und in den Voraussetzungen der Joseph-Geschichte, befinden wir uns in der reinen Sphäre der Engel des »Reiches der Strenge«[34] das Gottes Vorliebe für den Menschen mit unterdrückter Eifersucht zusah. Aber mit gutem Sinn knüpfen wir die Interpretation dieses Kapitels auch an die Stelle des Abrahamkapitels an, wo von der Wesensgleichheit zwischen Abrahams Gott und dem Adon von Sichem die Rede ist. Wenn der Autor dort ausdrücklich Verwahrung dagegen einlegt, daß hier – trotz solcher Identität – von einer Beziehung Gottes zu den »Geschichten der Natur«, zu Leben, Tod und Geschlecht die Rede sein könnte, so sind es doch nun gerade solche Beziehungen, wenn auch in anderer Form, die im »Vorspiel« zur Debatte stehen; und es rechtfertigt sich damit der »Verdacht«, daß der Übereifer der Verwahrung die eigentlichen Umstände vertuschen sollte und die »Erwartung und unerfüllte Verheißung«, die Abraham als einen Wesenszug Gottes erkannt hatte, sich eben doch auf die Lebenswelt bezog. Thomas Mann erinnert denn auch ausdrücklich an die Teilnahme und Förderung, die Gott der Lebenswelt der Seele und ihrer wichtigsten Hervorbringung, dem Menschen, hatte zukommen lassen, dem »ähnlichsten Geschöpfe«, dessen besondere Bedeutung für Gott darin lag, ein Mittel zu seiner Selbsterkenntnis zu sein, als welches es »ein Produkt von Gottes Neugier nach Sich selbst« (V, 1283) genannt wird. Wenn aber im »Roman der Seele« Gottes Hoffnung sich vorerst nur auf den Menschen als das vom Geiste und der Natur her gesegnete Wesen bezog (das die eifersüchtigen Engel »mit heruntergezogenen Mündchen« das fruchtbare »Engeltier« nennen), so wird uns nun von viel weitergehenden Hoffnungen Gottes berichtet: nämlich von »diplomatischen«, hinter dem Rücken des Reiches der Strenge geführten Verhandlungen mit dem einst gestürzten Verführer, dem Engel Semael, betreffend eine Wesensverwandlung Gottes selbst. Eine Wesensverwandlung, die Ihn in der Tat Göttern wie dem Adon von Sichem nahebringen sollte.

Denn diese Verhandlungen betreffen eine »Verleiblichung des Höchsten.« (V, 1288) Doch handelt es sich dabei nicht, wie man zunächst annehmen könnte, um eine »Verleiblichung« Gottes in einem Menschen (einem »Menschensohne« etwa, in dem Gott Person hätte werden können), sondern um »Seine Verleiblichung in einem ... *Wahlvolk* nach dem Muster der andern magisch-mächtigen und fleischlich lebensvollen Volks- und Stammgottheiten dieser Erde«. (V, 1288) Was hier gemeint ist, ist nicht ohne weiteres ersichtlich. Der Vergleichspunkt zwischen Gott und den Göttern wird in dem Nationalcharakter gesehen. Wie es einen phönizischen Tammuz, einen ägyptischen Osiris, einen griechischen Adonis gab, so war auch der Gott, den Abraham hervorgebracht hatte, ein jüdischer Gott. Ja, er war und wurde es, wie man weiß, in dem besonderen Sinne des »Bundes« und der »Erwählung«. Mit eifersüchtiger Bewahrung seines Gottesbegriffes sonderte sich das jüdische Volk als das von Gott erwählte von seinen Nachbarvölkern ab. Dieser historische Vorgang ist es, den Thomas Mann zu dem Wunsche und Bemühen Gottes hypostasiert, ein größeres Maß an »Lebendigkeit« durch das Eingehen seiner Außerweltlichkeit in die lebendige, »biologische« Menschenwelt zu erlangen.[35] Das Volk oder der Stamm wird hier aufgefaßt als erweiterter Menschenleib und damit als eine körperlich-materielle Substanz, die hinsichtlich einer geistigen Wesenheit dieselbe beschränkende, materialisierende Funktion hat wie der Körper in bezug auf die Seele. So setzt denn der Autor auch die Verleiblichung Gottes zu einem Volks- oder Stammgott in unmittelbare Parallele zu dem »Sündenfall« der Seele, die durch ihr Eingehen in die Materie ihrer göttlich-geistigen Abkunft untreu wurde. Angewandt auf den Fall von Gottes »Verleiblichung zu einem Volks- oder Stammgott« bedeutet das, daß durch eine solche nationale Materialisierung gerade *dem* Gottesbegriff, den Abraham so kühn und groß konzipiert hatte, ein wesentlicher Abbruch geschieht. Denn gerade die »Außerweltlichkeit, Allheit und Geistigkeit« Gottes (V, 1290), die Abrahams denkerische Leistung war, wird durch die nationale Beschränkung in ähnlicher Weise beeinträchtigt wie die Geistigkeit der Seele, als sie in die Materie einging. Dennoch aber wurde der jüdische Gott – auf dem Umwege über das Christentum – ein allgemeiner,

ein »Weltgott«, auf dessen Begriff die gesamte Geistesgeschichte der Menschheit ruht. Auch dieser Entwicklung
trägt die metaphysische Phantasie Thomas Manns Rechnung: derart, daß gerade der Stamm, den sich Gott zu seiner
Verleiblichung ausersehen hatte, »es von Anfang an sozusagen besser wußte als sein Volksgott, und alle Kräfte
seiner reifenden Vernunft daransetzte, Ihm aus seiner unan-
gemessenen Lage wieder ins Jenseitig-Allgültig-Geistige
zurückzuverhelfen«. (V, 1291)

Worauf es jedoch in dieser spekulativ kühnen und witzigen Hypostasierung der Entwicklung des jüdischen Gottesbegriffes ankommt, ist weniger die – vom Standpunkt
der Erzählung her – künftige Entwicklung (»Das Vorwis-
sen der Zirkel der Umgebung reichte kaum bis in diese
Fernen« [V, 1291]) als wie das Fleisch- und Lebendigwer-
den selbst, der »Ehrgeiz« Gottes, sich Göttern wie dem von
Sichem dadurch anzugleichen, daß er heimlich trachtete,
»die etwas dünnlebige Erhabenheit geistiger Allgültigkeit
hinzugeben für die blutvoll-fleischliche Existenz als göttlicher Volksleib«. (V, 1288) Auf den »Zuwachs an Lebendigkeit« kommt es an, so wird betont. Und wenn man in den
zugrunde liegenden Sinn eindringt, wird ersichtlich, daß
dieses »biologische Experiment« (vgl. Anm. 35), das hier
Gott zugeschrieben wird, konsequent auf dem Wege lag,
den Gott bei der Schöpfung der Welt eingeschlagen hatte.
Der Hinweis auf den Roman der Seele ist nicht nur im Sinne
einer Parallele, sondern zuletzt im Sinne dieser Konsequenz
zu verstehen. Aus seiner nicht zu verbergenden Vorliebe
für das Wesen der Schöpfung, zu dessen Entstehung Gott
selbst durch Entsendung der Seele und des diese verstär-
kenden Geistes mit seiner eigenen Göttlichkeit beigetragen

hatte, um sich in ihm zu verwirklichen, hatte sich die Verlockung ergeben, sich selbst in dieser Lebenswelt zu verleiblichen. Nicht geradezu bedeutet das, ein Mensch zu werden, aber doch ein solcher menschenähnlicher Gott, wie ihn die Völker der Erde besaßen, ein lebendiger, innerweltlicher, »menschlicher« Gott, der mit dem Menschen und dem Menschenleben etwas mehr zu tun hat als nur die Tatsache, ihr Schöpfer zu sein.

Was aber letztlich der Hypothese Thomas Manns über die Annäherung Gottes an die Götter zugrunde liegt, erschließt sich, wenn man nochmals das Abrahamskapitel ins Auge faßt. Die zwischen Abraham und Melchisedek erörterte Wesensgleichheit zwischen Gott und dem Frühlingsgotte von Salem-Sichem war hier auf den Gedanken begründet worden, daß sie beide »ein harrender Gott der Zukunft« seien. Das aber bedeutet, daß nicht nur von Gottes, sondern auch von der Götter Seite her die Möglichkeit einer Annäherung, einer Beziehung angenommen werden konnte. Und man fühlt sich gedrängt, sich über den tieferen Vergleichspunkt Rechenschaft abzulegen, durch den eine solche beiderseitige Beziehung überhaupt gedanklich möglich wird. Sollten die Götter mit Gott nicht eben das *Göttliche* gemein haben? Wenn Abraham die Eigenschaften Gottes mit Hilfe der eigenen Seelengröße ausmachte (IV, 431), nämlich in Gott ein Ich erkannte, weil er, Abraham, selber ein Ich war oder sich als solches wußte, so hatte er zwar seinen, des Menschen, einzig würdigen Gott von den Göttern seiner Umwelt unterschieden. Aber zugleich hatte er das, was auch in diesen Göttern und ihren Geschichten als verborgener Sinn mythisch verhüllt lag, in einem reinen und klaren Begriff ans Licht gehoben: das

Göttliche als Ausdruck, als Symbol dessen, was den Menschen zum Menschen macht und ihn von allen anderen Wesen der organischen Welt unterscheidet, dies, daß er ein Ich-sagendes geistiges Wesen ist.

Abraham hatte aus dem Wissen um sein einzig Ich-sagendes Menschenwesen den Begriff des außerweltlichen, Ich-sagenden Gottes geschaffen. Denn auch oder gerade das Ich ist außerweltlich, weil es der Gegensatz der Welt ist, und ist Gottes Außerweltlichkeit zu verstehen gerade als objektiver Ausdruck seines Ich-Wesens, wie es denn auch verborgen ist in den von Thomas Mann häufig angeführten Worten der Überlieferung: »Er hieß Makom, der Raum, weil er der Raum der Welt war, aber *die Welt nicht sein Raum*«. Aber es lag im Sinne der Unterredung Abrahams mit Melchisedek, daß er den Sinn des Göttlichen auch in jenen noch unvollendeten Göttern erkannte, in denen das auszeichnend Menschliche noch *ungeschieden* mit ihrem Nur-Menschlichen, der Sinn des Ich noch ungeschieden mit dem der Natur verbunden war. In ihnen und ihrem Kulte war sich zwar der Mensch noch nicht völlig seiner Ich-sagenden Menschheit bewußt geworden, aber die Tatsache, daß auch hier, wenn auch noch undeutlich und unbewußt, ein Göttliches angebetet wurde, läßt erkenntlich werden, daß »Gottessorge« auch hier die Menschen bewegte. So ist denn zum Beispiel Joseph geneigt, von diesem Gesichtspunkt die Tier- und Königsverehrung seiner neuen ägyptischen Heimat voll besseren Wissens, aber mit schonungsvollem Verständnis zu betrachten. Zumal dann aber erkennt er ihre Gottessorge als nicht unähnlich derjenigen Jaakobs, als er durch das Gespräch des Huij und der Tuij erfährt, daß »auch ihnen Weisung geworden vom

Vatergeist, daß es hinaus wolle mit uns übers Alt-Heilige ins Lichtere«. (IV, 874) Und Pharao Echnaton weiß, daß die Gottheit reinigen die Menschheit reinigen heißt.

Auf der anderen Seite aber war auch Gottes Wesen Abraham und den Seinen noch nicht völlig deutlich geworden, und es war Jaakobs Wesen pathetisch geprägt von dem Sinnen über das immer noch undeutliche Wesen Gottes. Und wir dürfen dies religiöse Problem nunmehr zu dem philosophischen erweitern, daß es das Geheimnis des Menschenwesens war, welches dem Denken immer noch weitere Aufgaben stellte. Der Mensch hatte sich zwar in seiner außer- oder besser antiweltlichen Geistigkeit erkannt, als er den großen geistigen Gottesbegriff und damit den Anfang der eigentlichen Menschengeschichte schuf. Aber hatte er das Wesen seines Menschentums damit schon völlig verstanden und ausgedrückt? Das Ich mußte sich zwar als etwas »anderes« als die Welt erkennen, aber war es nicht auch *in* der Welt? Ja, lag das Problem des Ich nicht gerade darin, daß es zwar anders als die Welt war, aber *als* anders sich nur durch seine *Existenz* in der Welt und im Gegensatz zu ihr erfahren konnte, ein »cogito ergo *sum*«? Nur indem das Ich »*ist*«, ist es auch *als* Ich. Und wenn Abraham Gottes gewaltig außerweltliches Ich als ein noch nicht ganz verwirklichtes und einer Zukunft harrendes erkannte, so hatte sich ihm in seiner Gottesvorstellung das Existenzproblem des Menschen noch nicht vollkommen erfüllt. Es »fehlte« gewissermaßen Gott, was die niederen Götter besaßen, lebendige Existenz, der ihrerseits freilich das konstitutionell Wichtigere, das Bewußtsein der Geistigkeit, mangelte. Hinter dem Wesensproblem Gottes erscheint das Wesensproblem des Menschen, und durchsichtig für dieses wird in der hintergründigen und beziehungsreichen Erzählung Thomas Manns die Überlieferung des Gedankenaustausches zwischen Abraham und Melchisedek über eine bis zur Wesensgleichheit gehende Annäherung zwischen Gott und den Göttern. Durchsichtig wird auch die Geschichte von Gottes Verleiblichung zu einem Volksgott, vor allem aber seine Prädilektion für den *Menschen selbst* – besonders wenn dieser sich ihm in einem so repräsentativen Exemplar, wie es Joseph war, darbot.

4. Die Idee des Menschen

So erscheint denn auch nicht zufällig schon innerhalb des in göttlichen Sphären sich zutragenden »Vorspiels« des vierten Bandes Joseph im Blickfeld, und die eifersüchtigen Engel deuten verstohlen »mit dem Ohre hinab . . ., wo das Reis, die Arme auf dem Rücken zusammengebunden, in einer geruderten Segelbarke das Wasser Ägyptens hinab ins Gefängnis gebracht wurde« (V, 1291) – ein auserwähltes und begünstigtes Exemplar der »ähnlichsten Geschöpfe«, »ein mit besonderen und weittragenden Absichten ausgestattetes Reis« (V, 1291) des ausgewählten Stammes, den Gott zu seiner Verwirklichung ausersehen. Ja, zwischen Gottes Aspirationen auf dergleichen wie den Tammuz von Sichem und seiner besonderen Begünstigung Josephs besteht ein Zusammenhang. Josephs Verhältnis zum Mythus hatte sich zwar der Wirklichkeit nach dahin aufgelöst, daß er *nur* ein Mensch war; aber eben daß er ein *Mensch* war, wird als der tiefere Sinn dieses Verhältnisses erkennbar. Und das mythische Spiel, das er mit sich getrieben, wird lächelnd als die uneigentliche Kehrseite der unbewußt beispielhaften Beziehung sichtbar gemacht, die in den Motiven seiner Geschichte versteckt sind. Er, der gesegnet war mit Segen von oben und Segen von der Tiefe, mochte wohl als Reinkarnation jener Menschensöhne erscheinen, die Götter werden »– mit der beständigen Neigung freilich, wieder zum Menschen zu werden«. (IV, 190)

Das Geheimnis der rollenden Sphäre, nach welchem Himmlisches und Irdisches einander entsprechen, enthüllt sich in einem doppelten Sinne als das *Geheimnis des Mythus.* Es ist das der mythischen Lebenswirklichkeit, in der gläubig die Menschen leben (so wie bis zu einem gewissen Grade es auch Joseph tat, als er im Adonishain dem Brüderchen die Geschichte von dem zerrissenen und verherrlichten Gotte erzählte). Aber dahinter oder darunter ist es das Geheimnis des *Sinnes,* der sich im *Bilde* oder, wie es bei Thomas Mann heißt, im Kleide des Mythus verbirgt, des Sinnes »des Menschenwesens, dessen Geheimnis das A und O all unseres Redens und Fragens bildet«. »Das Menschenwesen ist es«, so heißt es denn auch höchst beziehungsvoll am Ende der »Höllenfahrt«, »das wir in der Unterwelt und im Tode aufsuchen, gleich wie Ischtar den Tammuz dort suchte und Eset den Usiri, um es zu erkennen dort, wo das Vergangene ist«. (IV, 54) Deutlich erhellt sich in diesen wichtigen Einleitungsworten des Joseph-Romans der Mythus als das Kleid, das Bild, das Symbol der urphänomenalen Gegebenheit des Menschenwesens, die in der zuletzt unerklärbaren Verschlungenheit von Geist und Natur, oder anders gesagt: des Ich- und des Welt-Erlebens besteht. Von diesen urphänomenalen Verhältnissen kann nicht abgesehen werden, sofern von Menschendingen auch nur gesprochen werden kann. Und der Mythus *ist* darum so gut wie er war, ja, er ist zuletzt nichts anderes als die in der Form der Vergangenheit erzählte Geschichte eines ewig gleichen, prinzipiellen und darum immer gegenwärtigen Sinnes. »Das Vergangene ist«, heißt es, »es ist, ist immer, möge des Volkes Redeweise auch lauten: es war. So spricht der Mythus, der nur das Kleid des Geheimnisses ist.« (IV, 54)

Wenn es aber richtig ist, daß der Mythus als Symbol des Menschenwesens überhaupt zu verstehen ist, muß es dann nicht als eine Willkür des Dichters betrachtet werden, gerade Joseph in eine so enge Beziehung zu diesem zu setzen? Gilt der in ihm verborgene Sinn dann nicht für alle Menschen überhaupt, also, wenn wir innerhalb der Menschenwelt des Joseph-Romans bleiben, auch z. B. für Jaakob, die Brüder, Potiphar, Pharao, Rahel oder Potiphars Weib? Diese Frage führt nochmals auf die spezifische Forschungs- und Deutungsmethode, die diesem Roman zugrunde liegt. Es sind die überlieferten, die »historischen« Motive der Joseph-Gestalt, die Thomas Mann die Zusammenhänge zwischen der Humanitätsidee und dem Symbolsinn des Mythus aufschlossen. Denn Joseph, der auf Grund der Todes- und Auferstehungsmotive seiner Geschichte als eine Erscheinungsform der orientalischen Heilsbringergestalten erscheint, ist zugleich auch der von Jaakob mit dem doppelten, dem Menschensegen, Gesegnete. Diese im Grundtext unverbunden nebeneinander auftretenden Elemente werden in der Deutung Thomas Manns so verbunden, daß das Menschenmotiv sich als der innerste Sinn des Mythusmotivs darstellt, und Joseph ist der, in dessen Gestalt und Geschichte die Idee der Humanität in einem besonders vollendeten oder doch ausgeprägten Maße sichtbar wird. Er ist das ausgezeichnete Geschöpf der Lebenswelt, in dem »Himmlisches und Irdisches sich ineinander wiedererkennen«.

Wenn wir nun aber die Joseph-Gestalt auf eine solche Formel bringen, so könnte das den Anschein erwecken, als habe Thomas Mann in ihr eine abstrakte und damit etwas langweilige Idealfigur geschaffen. Von nichts aber ist nun dieser Joseph weiter entfernt. Gerade in seiner Gestaltung begegnen wir einem Höhepunkt der unerhörten und fast »inkommensurablen« Kunst dieses Autors, die Realität selbst zum Symbol einer Idee zu erweitern, nicht aber umgekehrt, für eine vorgefaßte Idee einen ihr adäquaten Stoff didaktisch zu suchen. Er geht wie Goethe vom »Phänomen« aus, das unter seinem durchschauenden Forscher- und Dichterblick sich zum »Urphänomen« erweitert.

Nichts weniger also als eine Idealgestalt ist Joseph, Jaakobs siebzehnjähriger Sohn, als dem wir zuerst ihm begegnen. Ja, gerade diese durch die Überlieferung entstandene Auffassung von Josephs Erscheinung zu zerstreuen, ist gleich zu Anfang dem Autor ein wichtiges Anliegen. Den Glorienschein nahezu überirdischer Schönheit, den »Gerücht und Gedicht« um Joseph gewoben, nimmt Thomas Mann ihm lächelnd vom Haupte und läßt statt dessen einen zwar wohlgewachsenen, schlanken und liebreizenden, aber keineswegs menschliches Maß übersteigenden Jungen sehen. Mit voller Absicht legt er den Maßstab der Wirklichkeit an Josephs Schönheit an. Er macht darauf aufmerksam, daß wir uns bei ihrer Beurteilung »vor allen Dingen dem Blickpunkt eines gewissen arabisch-dunklen Geschmacks anbequemen« müssen (IV, 65); ja, er scheut sich nicht, sehr eingehend auf die kleinen Schönheitsfehler hinzuweisen, die einem abendländischen Geschmacke an Josephs Gesicht etwa störend auffallen würden: die ein wenig zu dicken Nüstern, die aufgeworfenen Lippen oder die zu starke Wölbung zwischen Mund und Nase. Aber so sehr nun auch Thomas Mann Josephs Schönheitsruhm relativiert und auf wirkliche Maße zurückführt, so wenig läßt er doch diese Schönheit gleichgültig beiseite, und auch dies mit voller Absicht. Denn Josephs jugendliche Anmut, der Liebreiz seiner Augen und seines Lächelns, Rahels Erbe, ist nicht nur ein äußerer Grund der »allgemeinen Verliebtheit« in ihn und seines Erfolges im Leben – sie ist mehr als das. Sie erscheint bei näherem Zusehen als Form und Erscheinung der Menschenidee überhaupt. Schönheit ist primär eine vom Menschen ausgesagte Qualität und als ästhetisches Urteil erst in sekundärem Sinne auf nichtmenschliche Objekte, die Natur, das Tier oder tote Gegenstände übertragen. Denn schön ist recht eigentlich nur die vom Geiste geprägte Form, deren Träger allein der Mensch ist. Im schönen Menschen stellte sich der griechischen Antike die Idee des Menschen überhaupt dar, so faßte der deutsche Klassizismus Schillers und Goethes die griechische Plastik auf, und für Schiller war denn auch die Schönheit das Symbol des Menschenwesens schlechthin. Dies ist denn auch das Gepräge, das Thomas Mann der Joseph-Gestalt gibt. Er betont, daß in ihr der Unterschied von Schönheit und Geist aufgehoben sei, den eine mehr materielle, ausschließlich körperbetonte Auffassung von Schönheit wohl zu setzen geneigt ist, und Josephs liebste Idee war »das Zusammenwohnen von Körper und Geist, Schönheit und

Weisheit und das wechselseitig einander verstärkende Bewußtsein beider«. (IV, 411) »Hübsch und schön« war Joseph – nicht schöner als ein *Mensch* es zu sein vermag, mit allem Vorbehalt der jeweilig individuellen Grenzen, aber so schön auch wie *nur* ein Mensch zu sein vermag.

Diese feine Ambivalenz, die überall der Zeichnung der Joseph-Gestalt zugrunde liegt, stellt sich als die Kehrseite der Harmonie dar, die den seiner Geistleiblichkeit bewußten Menschen prägt. Er war »tâm«, so sagten die Brüder von ihm, dem großen Adon Ägyptens, dessen teils gütiges, teils arges Wesen sie sich nicht erklären können, nämlich »zweideutig, doppelgesichtig und ein Mann des Zugleich . . . Man wurde nicht klug aus ihm, wie man eben aus der Eigenschaft »tâm« nicht klug wird, in der Ober- und Unterwelt sich begegnen«[36] (V, 1616) Und war nicht »tâm« auch schon der junge Joseph, so daß man nicht weiß, ob man sich angezogen oder abgestoßen von der bezaubernden Jünglingsgestalt fühlen soll? Verwöhnt, dünkelhaft, vorlaut, überheblich, überzeugt, daß alle Menschen ihn mehr lieben müßten als sich selbst, steht er trennend zwischen dem Vater und den Brüdern. Ja, durchaus geht sein Verhalten über die Grenze des ethisch Zulässigen hinaus, wenn er – wie bereits der Bibeltext überliefert – jede Gelegenheit wahrnimmt, die Brüder bei dem Vater anzuschwärzen. Wir sehen hier davon ab, daß die Herausarbeitung dieses Charakterzuges des jungen Joseph für die Handlung notwendig war, da eben er es ist, der ihn in die Grube und also auf den ihm vorbestimmten Weg seines Schicksals bringt. Wie alles im Joseph-Roman ist auch dies Moment zwei- und mehrdeutig, weist aus dem Vordergrund in dahinter sich öffnende Sinn-Perspektiven hinein. Denn was diese Charakterschwäche angeht, so hat der Dichter mit feinster Psychologie dafür gesorgt, auch sie noch zwar als die Kehrseite, aber doch zugleich auch als Anzeichen des Adels, der Besonderung erkennen zu lassen, die der Geist verleiht. Seine Prägung war es, die Joseph von den Brüdern sonderte, den Abstand schuf, der »Geschichtenträgerei« begünstigte. Und die schwatzhafte Angeberei, für die er berüchtigt ist, wird mehr als »eine Hemmungslosigkeit seines Mitteilungsbedürfnisses« (IV, 83) erklärt denn als eine besondere Lust, den Brüdern zu schaden. Sie erscheint zuletzt als jugendlich entschuldbare Unbeherrschtheit einer über die Maßen gewandten und geistvollen Ausdrucksfähigkeit, der Gabe des Wortes, des höchsten Signums des Menschen, und Joseph hatte viel Sinn für den Schöpfungsmythus, nach dem »der Geist Gottes über den Chaoswassern gebrütet und durch das Wort die Welt erschaffen hatte«. (IV, 412) Köstlich gestaltet denn auch Thomas Mann diese für Joseph so überaus charakteristische Form seiner Geistigkeit aus. Es ist die gewandte scharfsinnige *Rede*, in einer bezaubernden Verbindung von wirklicher Gedankentiefe und sophistisch zweckangepaßter Utilität, die überall Josephs Erfolge in der Welt begründet und ihm die Herzen der Menschen gewinnt. Ihr widersteht der Vater so wenig wie später Potiphar und Pharao, noch auch die geringeren Mittelsmänner seiner Laufbahn, der ismaelitische Kaufmann oder Mont-kaw, denen er – eine reizende Erfindung – mit seinen Gutenachtwünschen wohltut.

Es ist nun zu beachten, wie stark Thomas Mann den Umstand unterstreicht, daß Joseph sich von früh an bewußt ist, »tâm« zu sein, nämlich in seiner Person die urphänomenale Doppelheit darstellen zu sollen, die der Mensch ist. Die liebste Idee des Knaben bereits war, so führten wir schon an, das Zusammenwohnen von Körper und Geist; und wenn er auch die heidnische Geschichte nicht glaubte, daß Bel sich zum Zwecke der Menschenschöpfung den Kopf habe abschlagen lassen, damit sein Blut sich mit Erde vermische und aus dem blutigen Erdklumpen Lebewesen entständen (IV, 417), so erinnerte er sich doch heimlich gern dieser Vermengung des Erdigen mit dem Göttlichen, »wenn er sein Dasein empfinden wollte«. Er fühlte sich, heißt es, »selbst als von solcher Substanz und bedachte lächelnd, daß das Bewußtsein des Körpers und der Schönheit verbessert und verstärkt sein müsse durch das Bewußtsein des Geistes, sowie dieses durch jenes«. (IV, 412) Die Bedeutung des »Tâm« kehrt wieder in der eigentümlichen Definition des »Witzes«, durch die der Siebzehnjährige im Schönen Gespräch mit Jaakob das Gepräge seines Geistes, und das ist das Bewußtsein seiner selbst als Mensch, beschreibt. Er bezeichnet den Witz als Sendboten, und »Unterhändler zwischen Vatererbe und Muttererbe«, der »ausgleiche zwischen Sonnengewalt und Mondesgewalt und den Tagessegen lustig versöhne mit dem Segen der Nacht«. (IV, 110) Wenn der Geist, das Prinzip des göttlichen »Oben«, das gern durch das Licht der Sonne symbolisiert wird, dem Joseph vom Vater gekommen war, so empfand er es seiner zugleich auch höchst gemäß, daß seine liebliche Mutter nicht mehr im Lichte des Tages weilte, sondern der Nacht angehörte, deren Herr der Mond ist, und der »Tiefe«. Und wenn aus »Vatererbe und Muttererbe« sich jedes Menschen Art und Charakter bildet, so handelt es sich hier doch um solche Urprinzipien, wie sie im gnostischen Märchen aufgetreten waren, das solarische und chthonisch-tellurische Prinzip, den zeugend formenden Vatergeist und die empfangende Muttermaterie; und Joseph weiß sich die unbeholfene Glaubenslehre der Ägypter zu deuten, daß »Gott, Mensch und Tier eins seien«, so aber, daß nicht das Tier, wie diese glauben, sondern der Mensch »der heilige Punkt ihrer Berührung ist«. (IV, 688) Daß aber Tier und Gott, Materie und Geist ausgeglichen sind und durch diesen Ausgleich das Bewußtsein der Menschheit entstehe, das bezeichnet der junge Joseph als die Funktion des »Witzes«. In dieser Definition ist Bezug genommen auf die Bedeutung des vielfach schillernden Hermesmythus, dessen Umrisse der Autor ja überhaupt hier und da hinter Joseph hat aufschimmern lassen. Hermes war der Sendbote der Götter, der geflügelten Fußes ihre Aufträge in der Götter- und Menschenwelt besorgte, aber auch der Führer der Toten hinab in den Hades. Zwischen Oben und Unten, Göttertag und Totennacht, war er ständig unterwegs, ein freundlich ernster Vermittler der Gegensätze, dessen geschmeidig beflügelte Gestalt man sich verbunden dachte mit gewandtem witzigem Geiste und der denn auch als Erfinder der kombinatorischen Künste, der Schreib- und Rechenkunst galt, wozu gehörte, daß er der Schutzgeist des völkerverbindenden Handels war. Der freundlich witzige und sogar listige Hermesgeist, der *Mittlergeist* katexochen, wird also hier zum Bilde des Ausgleichs zwischen dem Oben und Unten, der göttlichen Freiheit und der materiellen Gebundenheit, in dem die Existenz des Menschen, aber als Kehrseite zugleich auch die vexatorische Zweideutigkeit, das »Tâm« seines problematischen Wesens beruht. Als die vollendete Inkarnation des vermittelnden, witzig-zweideutigen Hermesgeistes aber erscheint die von Thomas Mann eingehend und amüsant erörterte Ministerschaft Josephs und sein Wirtschaftssystem. Wie er hier Volksfürsorge mit geschäftlichem Vorteil für Pharao vereinigt, den Armen wohltut und zugleich die Reichen von der Krone abhängig macht, den Grundbesitz aufhebt und zugleich bewahrt, eine Art Sozialisierung des Besitzes mit einer ausgesprochen liberalistischen, das Eigentümerrecht erhaltenden Wirtschaftspolitik verbindet – das wird beschrieben als eine überraschende Mischung, auf die der Begriff »tâm« paßt und die von den Ägyptern »durchaus als schelmisch und als Manifestation einer verschlagenen Mittlergottheit empfunden wurde«. (V, 1766)[37]

Überall werden die Motive und Ereignisse von Josephs Geschichte unter dem Gesichtspunkt der Menschenidee gesehen, die sich in ihm darstellt, und empfangen so ihrerseits ein neues Leben, das über die bloßen historischen Fakten hinaus nicht nur ins Psychologische, sondern ins Symbolische vordringt.

Sein Dasein, sein Wirken und seine Wirkung waren nach dem Gleichnis, das er selbst im Schönen Gespräch dem Vater gegenüber gebrauchte, wie die des Baumes, dessen Wipfel im Lichte wehen, ohne daß man doch der »kotigen Wurzel« vergessen darf, aus der dieser hervorgewachsen. Joseph mochte »wachsen wie an einer Quelle« in Potiphars Haus, weil »seine Seele Wurzeln [hatte] woher die Quellen kommen«. (IV, 111) Das heißt, er nahm sich, lebens- und leibesfreundlich wie er war, der Notdurftsdinge des Lebens an, deren sein Herr sich nicht annehmen konnte. Gerade auch in diesem Zusammenhange muß man die feine Symbolik beachten, mit der sowohl das Wesen Potiphars wie auch, in anderer Weise, das Pharaos demjenigen Josephs gegenübergestellt ist. Auch hier, wie überall in diesem Werke, erweitert und vertieft sich das, was zunächst nur als Meisterstück realistischer Psychologie erscheint, unmerklich ins Symbolische. Zu des Eunuchen Existenz, die von den Wurzeln des Lebens gewaltsam abgeschnitten war, gehört es, daß »er sich keiner Sache annahm«, wie denn auch sein Dienst als Truppenoberst nur ein Titel, eine Form war; eine sach- und lebensleere, »formale« Existenz eines »Kämmerers des Lichts«, deren Verhältnis zum »Leben« von äußerster Unsicherheit und Empfindlichkeit war. Aber »Lebenstüchtigkeit« in einem anderen Sinne geht auch dem jungen Amenhotep IV. ab, und es war, so sagt seine resolute Mutter, die Königin Teje, »eine hohe, ängstliche Not mit dem Kinde«. (IV, 235) Schwärmerisch hingegeben der religiösen Spekulation, der Lehre Atons, des väterlichen Lichtes, wurzelt er nicht fest im Boden der Wirklichkeit und kehrt nicht gern zurück zu seinen Geschäften im »mütterlichen Reich der Schwärze«. Zu den Dingen des Bodens, der Fruchtbarkeit, der Nahrung hat er keine Beziehung, so poetisch er immer die wärmende, lebenspendende Sonne besingen mag – und man beachte, wie heiter ironisch, ja komisch sich im Munde des ekstatischen jungen Schwärmers der berühmte »Sonnenhymnus« (der in den Gräbern von Tell Amarna gefunden wurde) ausnimmt:[38] »Du schaffst, wovon die Mücken leben, desgleichen die Flöhe, der Wurm und der Sproß des Wurms . . . aber wenn ich an das Mäuslein denke in seinem Loch . . . so gehen die Augen mir über. Und gar nicht darf ich ans Küchlein denken, das schon in der Schale piept, aus der es herausbricht, wenn Er es vollkommen gemacht hat – da kommt es heraus aus dem Ei und piept, soviel es kann . . .«. (V, 1458) Aber nicht vermag er die wirtschaftlichen Träume von den Kühen und den Garben zu deuten. Denn ihm fehlt die »wissende Sympathie des Naturgesegneten mit dem organischen Leben« (wie es in Thomas Manns Essay »Goethe und Tolstoi« heißt), die Joseph besitzt, dem Pharaos rätselhafte Träume sich ins erdhaft Natürliche auflösen. Auf diese entscheidende Stunde seines Lebens aber deutet bereits jene frühe hin, wo der Jüngling dem Vater »prophetisch« Auskunft gibt, ob die Spätregen rechtzeitig einsetzen werden; »und meine Nase riecht es mit Sicherheit, daß, ehe der Nissanmonat abgenommen hat um ein Viertel, die Erde wird schwanger werden durch das Manneswasser des Himmels, und wird dampfen und dünsten vor Lust, wie ich es rieche« (IV, 113), und man habe ein Ohr für die quellende Wollust der Worte, mit denen der Knabe das Phänomen der Fruchtbarkeit beschreibt, dessen Herr und Meister er werden sollte als der große Wirtschaftsminister Ägyptens, so daß er selbst wurde »wie der Himmel, der gibt, und wie der Nil, der ernährt« (V, 1583), der *Ernährer*, welches ein Name des Lebens war, in dem der Segen der Tiefe, der Segen der mütterlich nährenden Erde mit vollen Tönen anklingt. Und Josephs Gedanken spielen nicht zufällig zum einsamen Gott seiner Väter hinüber, wenn er den Wurzellosen, Lebensfremden, Potiphar und Pharao, mit Werken der Lebensnotdurft dienend behilflich ist. Deutlich stellt der Dichter die symbolische Beziehung her, die zwischen dem Dienste Josephs an seinen irdischen Herren und dem an Gott dem Herrn bestand, an Ihm, dem Außerweltlichen und Außermenschlichen, der seinen Bund mit dem Menschen geschlossen hatte um seiner Verwirklichung, seiner Lebendigkeit, der Notdurft seiner Nur-Geistigkeit willen.

Aber es gibt auch ein anderes Gegenbild zu Josephs natürlich-ruhiger Verwurzelung im fruchtbaren Mutterboden der Tiefe. Es ist *Juda,* dessen in diesem Zusammenhang Erwähnung geschehen muß. Ebenso fern wie Potiphar und Echnaton steht er von Josephs Mitte, aber in entgegengesetzter Richtung. Mit einem Tiefblick sondergleichen hat Thomas Mann die Thamar-Episode, die wir oben vorerst nur im Zusammenhang der Segenslenkung betrachtet haben, für die Gestaltung von Judas Charakter ausgewertet. Was für ein Mensch war der, der so leicht der Verführung einer Hierodule zum Opfer fallen konnte? Und er macht Juda, den Erben des Segens und Träger des geistigen Heils der Welt, zu einem tragisch am Leben Leidenden – an einem Leben, das nicht Segen, sondern Fluch der Tiefe bedeutet. Er war ein Heimgesuchter Astartes, der büßte »in einer der Höllen, die's gibt, der Geschlechtshölle«. (V, 1548) Und wenn von ihm gesagt wird, daß er der unerbittlichen Göttin nicht heiteren Herzens die Opfer seiner geschlechtlichen Leidenschaft brachte, weil sein Geist mit seiner Lust in Widerstreit lag, so könnte es scheinen, als habe Thomas Mann in Judas Gestalt die Personifikation jener philosophischen Lehre geschaffen, die ihn in der Jugend ergriffen und niemals losgelassen hat[39], von Schopenhauers Metaphysik des Willens, oder, was hier dasselbe bedeutet, der Triebe, Inbegriff der dunkeln, »unbewußten« Naturnotwendigkeit des triebhaften Lebens, die ruhelose, im Geschlecht kulminierende Begierde und als solche die ewige Quelle des Leidens, das »Rad des Ixion«. Schopenhauer wußte von Möglichkeiten der Erlösung aus dem Zugriff dieser Gewalt; in der ästhetischen Sphäre »interesseloser Kunst« und in der religiösen des Heiligen, der den

Willen überwindet, indem er ihn verneint. Es kommt uns hier jedoch nicht auf die Einzelheiten der Schopenhauerschen Lehre an. Wir haben Judas Gestalt im Auge, geschmiedet auf das »Rad des Ixion«, wie sie der Dichter darstellt, und »einen Leidenszug um die feinen Nüstern«. Hier ist nichts ausgesprochen in nüchtern feststellenden Worten. Aber es scheint, als habe die Deutung des Dichters nicht zufällig Juda, den Segenserben, zu einem Menschen gemacht, der der *Erlösung* bedürftiger war als irgendein anderer der Jaakobssöhne. In ihm, aus dessen Stamme der, den die Welt als Erlöser empfangen, hervorgehen sollte, läßt Thomas Mann stärker als in irgendeiner andern Gestalt des Romans die Erlösungssehnsucht anklingen.

Fassen wir von diesem Gesichtspunkt nochmals das Problem der Segenslenkung ins Auge, so erhält die Tatsache, daß nicht Joseph, so prädestiniert er immer erschien, sondern Juda der Erbe war, eine vertiefte Bedeutung. Denn Joseph besaß, was Juda leidend entbehrte, und nicht er steht auf dem menschengeschichtlichen Wege der Erlöserreligion, sondern Juda, der dem Zwange der Natur Unterworfene und Erlösungsbedürftige.

Geht von Judas Qual zu Josephs Anfechtung durch Potiphars Weib der Blick hinüber, so wird ersichtlich, wie auch seine berühmte Keuschheit durchscheinend wird für den Sinn der in ihm exemplarisch gewordenen Menschenidee. In dieser Anfechtung entscheidet es sich ja, daß er auch des Wipfels nicht vergaß über der Wurzel, des Vatersegens nicht über dem Muttersegen. Wie er, so sehr er äußerlich zum Ägypter wurde, doch niemals des geistigen Gottes seiner Väter vergaß, so ist es nun auch dieser, der Vatergeist, der im letzten Augenblick den Sieg in ihm davonträgt über den Körper. Das Bild des Vatergeistes steigt in ihm empor als »ein Denk- und Mahnbild, das Bild des Vaters in einem weiteren und allgemeineren Verstande – Jaakobs Züge vermischten sich darin mit Potiphars Vaterzügen, Mont-kaw, dem bescheidenen Verstorbenen, ähnelte es in einem damit, und viel gewaltigere Züge noch trug es alles in allem und über diese Ähnlichkeiten hinaus«. (V, 1259) In der Versuchung durch Mut-em-enet hatte sich Joseph das Scheol-Symbol der Versündigung an Gott verkörpert; aber Versündigung an Gott war zuletzt identisch mit der Bedrohung des Geistes durch die Notdurft des Leibes, die als solche »gefordert ist und doch verwehrt, geboten, aber verflucht« (V, 923) – die feine Begriffsbestimmung der »Sünde«, wie sie der Abrahamsstamm verstand, bemüht wie er war um die unbegreifliche Zweideutigkeit, das Geheimnis des Menschenwesens in seiner Freiheit und seinem Zwange. »Sünde« wird hier Ausdruck der ambivalenten Menschennatur, nämlich sowohl der Gefährdung wie der daraus entspringenden Aufgabe des Menschen, darüber zu wachen, daß der Segen der Tiefe ihm nicht zum Fluche der Tiefe werde. Und ist es nicht die »Rolle« des im gnostischen Seelenlied symbolisch personifizierten Geistes, die ihrer selbst unbewußte, triebhafte »Welt der Seele« mit dem Wissen von sich selbst zu durchdringen, das »Es«, das sie darstellt, zum »Ich« zu erweitern oder zu erhellen?

Nicht zufällig bieten sich Begriffe der Freud'schen Psychoanalyse an, da es gilt, die in Joseph lebendig gewordene Humanitätsidee zu beschreiben. Daß Thomas Mann, der Schüler Schopenhauers, der Metaphysiker der Krankheit, der Psychologe des mythischen Denkens, an Freuds Lehre das lebhafteste Interesse haben mußte, nimmt nicht wunder. Worauf es uns hier ankommt, sind jedoch nicht so sehr einzelne Beziehungen seines Werkes zu dieser Lehre (wie er sie selbst in der Festrede »Freud und die Zukunft« [1936] namhaft macht), als ein umfassenderer und allgemeinerer Zusammenhang, der, wie uns scheint, ein besonderes Licht auf die Bedeutung des Joseph-Romans für die Problematik unserer einer »neuen Humanität« hochbedürftigen Zeit wirft. Über diesen Zusammenhang, und das ist über die Frage, wie Thomas Mann selbst die Freud'sche Lehre verstand, klärt vor allem der Aufsatz »Die Stellung Freuds in der modernen Geistesgeschichte« (1929) auf. Mit Recht schreibt er dieser Lehre eine weit über ihre therapeutische Leistung hinausreichende Bedeutung zu. War es die sachlich streng begrenzte Aufgabe und Arbeit Freuds, das »unbewußte Seelenleben« zum Zwecke der Heilung der in ihm wurzelnden neurotischen Störungen bewußt zu machen, so statuierte er damit in der Tat, ohne es selbst zu wissen und zu wollen, eine Auffassung des Menschenwesens, die gewissermaßen in stummer Polemik den »irrationalen« Lebens-, Blut-, Trieb- und Rassenphilosophien gegenübersteht, deren »Gefahr für die Humanität« Thomas Mann in dieser Zeit und in seinem Lande ja furchtbar heraufkommen sah. Aber – so fragt auch er – steht wirklich die Freud'sche Lehre diesen anti-intellektuellen, geistfeindlichen, das Unbewußte, Instinkthafte, Triebdynamische auf den Schild hebenden Denkrichtungen *entgegen?* Gehört die Psychoanalyse nicht selbst in das Gebiet dieses »chthonisch«-materiellen Interesses, da ja eben das Triebleben der alleinige Gegenstand ihrer Forschung und dazu der ausschließliche Erklärungsgrund für die Störungen des menschlichen Gefühlslebens ist? Aber Freud hat einmal

gesagt: »Wo Es war, soll Ich werden«. Ein ethisches »Soll«
ist hier über die therapeutische Lehre gestellt, das ihren auf
den ersten Blick materialistischen Charakter geradezu in
einen idealistischen umwandelt. »Unverkennbar, unver-
wechselbar ist sein ›Interesse‹ für den Trieb nicht geistver-
leugnende und naturkonservative Liebedienerei vor diesem, sondern es dient dem in der Zukunft revolutionär
erschauten Siege der Vernunft und des Geistes« (X, 276 f.);
es dient einem »Humanismus, der zu den Mächten der
Unterwelt, des Unbewußten, des ›Es‹ in einem keckeren,
freieren und heitereren Verhältnis stehen wird« (IX, 1500)
als aller frühere Humanismus.

Das *Wissen* um die Natur des Menschen, das »Bescheid-
wissen mit den Verstecktheiten und Machenschaften der
Seele« (ebd.) ist, weit entfernt, ihr Verbundensein mit
dem Geiste zu verhindern, ein Vehikel auf dem Wege zu
einer Humanität, von der man mit den Worten des Seelenromans sagen kann, daß sie »ein echtes Eingehen des
Geistes in die Welt der Seele« darstellt. Und Freuds Lehre
von dem Bewußtmachen des Unbewußten erscheint als
der nüchterne Grund, über dem der gnostische Roman
der Seele gedichtet und gedeutet ist, der seinerseits die
Voraussetzungen des »der Freud'schen Welt befreunde-
ten« Joseph-Romans enthält. Und zu Josephs unpathe-
tisch heiterer Humanität geht unser Blick hinüber, zu ihr,
deren Gepräge durch das Wort bezeichnet ist, das er
selbst belehrend zu Echnaton sagt: »Das musterhaft Überlieferte kommt aus der Tiefe und ist, was uns bindet. Aber
das Ich ist von Gott und ist des Geistes, der ist frei. Dies
aber ist gesittetes Leben, daß sich das Bindend-Muster-
hafte des Grundes mit der Gottesfreiheit des Ich erfülle,

und ist keine Menschengesittung ohne das eine und ohne das andere.« (V, 1422)

»Der Mensch ist Herr der Gegensätze, sie sind durch ihn, und also ist er vornehmer als sie.« Diese Worte stehen im »Zauberberg«, (III, 685) der nicht nur im zeitlichen Sinne der unmittelbare Vorgänger des Joseph-Romans ist. Es ist Hans Castrop, sein »schlichter Held«, der in der entscheidenden Stunde seines inneren Lebens, verloren und abgeschieden in der Einöde hochgebirglicher Schneewüste, so seinen Traum vom Menschen träumt. In diesem Traum werden die antithetisch-dialektischen Begriffe Natur und Geist, Leben und Tod, wie sie das Denken herstellt, überwunden in der geheimnisvollen, sich der Erkenntnis zuletzt entziehenden Synthese, die der Mensch selbst »ist«, er, der Herr der Gegensätze. Für Hans Castrop aber, den schlichten Lebenszivilisten, der doch auch mit dem Tode Bescheid weiß, bedeutet es dies: daß der Mensch zwar »dem Tode Treue halten soll in seinem Herzen, ihm aber um der Liebe und Güte [der Aufgaben des Lebens] willen keine Herrschaft einräumen über seine Gedanken«. (ebd. 686)

Ja, von dem jungen Hamburger Ingenieur Hans Castorp geht die Linie zu Joseph, dessen »rasche Anpassung an die sonnige Unterwelt Ägyptenlandes« (V, 1509) wohl an die ähnlich rasche Anpassung Hans Castorps an die sonnige Toten- und Krankenwelt des Hochgebirgssanatoriums gemahnt. Josephs Weg war durch eine symbolische Unterwelt, ein Reich der Auflösung, des Geschlechts und des Todes gegangen, und seine »Auferstehung« aus ihr war zuletzt die Gewinnung eines Lebens im Zeichen einer Humanität, die das Wissen um die dunklen Wurzelgründe der menschlichen Existenz in sich aufgenommen hat. Josephs

Humanität, sein »Witz und seine Freundlichkeit« war, so heißt es ausdrücklich, derart, daß in ihr »Frömmigkeit zum Tode getönt und durchwärmt ist von Freundlichkeit zum Leben, diese aber vertieft und aufgewertet von jener«. (V, 1508)

SCHLUSSKAPITEL

Humanität

Thomas Mann hat das Problem seines Bibelromans gelegentlich in die nüchtern modernistischen Worte gefaßt, daß er den Mythus ins Humane umfunktioniert habe. (An K. Kerényi 7. 9. 41; [XI, 658]) Es ist ein Ausdruck, gegen den Einspruch erhoben werden muß, gerade weil er in seiner Bündigkeit geeignet ist, zum Ausgangspunkt und Schlagwort der Interpretation zu werden und, wie es auszusprechen erlaubt sein mag, dem literarischen Jargon unserer Zeit allzu mundgerecht zu sein. Denn diese Worte, so treffend sie erscheinen, verstellen und verkürzen die so überaus komplizierte, geschichtete Sinnstruktur des Werkes, und nur insofern sind sie nützlich, als sie dazu nötigen, die Begriffe bzw. die durch sie bezeichneten Phänomene nochmals zu bedenken und in ihrem Verhältnis zueinander zu klären. Das gilt vor allem für den Begriff des Humanen selbst.

Unsere Analyse hat versucht, die in der Dichtung kunstvoll verschlungenen Schichten auseinanderzulegen, nämlich die Schicht, die das Verhältnis Josephs zum Mythus ausmacht, von derjenigen abzuheben, in der das Verhältnis des Mythus zu Joseph sichtbar wird. Es konnte gezeigt werden, wie in der ersten das Verhältnis humoristisch aufgelöst, d. h. Josephs mythische Göttlichkeit entlarvt wird, in der zweiten, darunterliegenden aber es sich in einem anderen symbolischen Sinn wiederherstellt, das »Tâm« der

Zweideutigkeit also sich auch in der Ideenstruktur erhält. Eben deshalb ist die Rede, daß der Mythus ins Humane umfunktioniert wird, inadäquat, und es sind dafür die Worte der Dichtung selbst wieder einzusetzen, daß der Mythus das Kleid des Geheimnisses ist. Sie sind es, die Aufschluß darüber geben, wie es mit dem Mythus gemeint ist, welche »Funktion« des »Humanen« er nicht nur im Roman und für Joseph selbst, sondern – in der Deutung Thomas Manns – in der Geschichte des Menschen und des Menschengeistes hat. Der Mythus von den »Menschensöhnen«, den Menschen, die Götter und als Götter wieder Menschen werden, ist das Bild oder Kleid des Geheimnisses, das der Mensch ist: Natur und Geist, Tier und Gott, das Wesen des Doppelsegens, der die Idee seiner Humanität ist.

Wenige Jahre, bevor der Joseph-Roman konzipiert wurde, hatte Thomas Mann den Essay »Goethe und Tolstoi« (1922) veröffentlicht und ihm den Untertitel »Zum Problem der Humanität« gegeben. Siebzehn Jahre später, mitten in der Entstehungszeit der Tetralogie, zwischen dem dritten und vierten Bande, erschien der Goethe-Roman »Lotte in Weimar« (1939). Und in ihm wendet Riemer im großen Gespräch mit der Hofrätin Kestner den Jakobssegen der Schrift auf Goethe an: »Es handelt sich um den Doppelsegen des Geistes und der Natur, welcher, wohl überlegt, der Segen ... des Menschengeschlechts überhaupt ist.« (II, 440) – Die Daten, Namen und Begriffe zeigen den Zusammenhang an, in den Joseph und Goethe hier gestellt sind, und der der Zusammenhang des Ideenmusters ist, das Thomas Manns symbolischer Romankunst seit je zugrunde gelegen hatte. Das Problem der Humanität bedeutet in dem Essay das der großen »Natursöhne«, Goe-

the und Tolstoi, in ihrem Gegensatz zu den großen »Geistessöhnen«, Schiller und Dostojewski. Der Essay aber war
die theoretische Ausgestaltung der kleinen Schiller-Novelle
von 1905, »Schwere Stunde«, in der der kranke, mit seinem
Werke ringende Dichter an den »anderen« denkt, »den
Hellen, Tastseligen, Sinnlichen, Göttlich-Unbewußten . . .
in Weimar«, den er − ein höherer Tonio Kröger − »mit
sehnsüchtiger Feindschaft liebte«. (VIII, 377)

Die Schiller-Goethe-Antithetik ist für Thomas Mann
seitdem paradigmatisch für die Natur- und Geist-Proble-
matik gewesen. Und sowohl Schillers eigene, am Problem
der Natur orientierte Unterscheidung des naiven und sentimentalischen Dichters wie in noch stärkerem Grade Mereschkowskis ähnlich gerichtete Gegenüberstellung von
Tolstoi und Dostojewski ist in »Goethe und Tolstoi« von
Thomas Mann zu den großen Typen der Natur- und Gei-
steskinder ausgestaltet worden. Was Schiller für die Arten
der Dichtung bzw. der Dichter in bezug auf diese festgestellt hatte: »Der Dichter *ist* entweder Natur, oder er wird
sie *suchen*. Jenes macht den naiven, dieses den sentimentalischen Dichter« (Säk. Ausg., XII, 187) − das gestaltet Thomas Mann zu Persönlichkeits- und Lebensbildern aus, indem er nicht so sehr die Dichtungen seiner vier großen
Dichter als ihre Seinsform selbst, ihre und anderer Äuße-
rungen und Beobachtungen darüber zum Material nimmt.
Die Sentimentaliker aber, definiert dadurch, daß sie sich, im
Gegensatz zu den Naiven, der Trennung von Geist und
Natur bewußt sind, dienen Thomas Mann doch weniger
oder mehr nur als Gegensatz und Folie zu ihnen, den hohen
Begünstigten, »die kaum Anlaß [hatten], sich nach Natur zu
sehnen − sie selbst waren Natur« (IX, 73), wobei nun Natur

sich ihm als Inbegriff des Chthonisch-Antäischen darstellt, als die »Allmutter«, die »ihre begünstigten Kinder liebt«. Wenn er später, und da sich der Gegensatz von Natur und Geist ihm verband mit dem von Gesundheit und Krankheit, ja auch aristokratischem Herrenbewußtsein und Lebensnot, mit Hinsicht auf Dostojewski und Nietzsche bekannte, daß seine »Ehrfurcht« vor den Geistessöhnen, »den Vertrauten der Hölle, den großen Religiösen und Kranken im Grunde weit tiefer« war als die vor den »Söhnen des Lichts«, den »Göttlichen und Gesegneten« (Dostojewski – mit Maßen. IX, 657), so ist doch kein Zweifel, daß die Idee der Humanität ihm nicht aus der Geistessohn- sondern der Naturkindschaft hervorwuchs. Und den Namen Goethe und Tolstoi fügte er den der Humanität hinzu. In diesem Essay hatte er, das große wie immer unterschiedliche Künstlertum beider vorausgesetzt, vor allem die Naturkomponente ihrer Persönlichkeiten ins Auge gefaßt und die immerhin unvergleichbaren Dichter unter diesem Gesichtspunkt zusammengesehen und als verwandt betrachtet. Was aber die Synthese von Natur und Geist betraf – das Streben der Naturkinder zum Geist, das er, von Schiller abweichend, bei den »naiven Genies« ebenso voraussetzt wie bei den sentimentalischen das Streben des Geistes zur Natur –, so mußte Tolstoi vor Goethe zurückstehen. Da »ist es geschehen um eine Verwandtschaft, die vordem durch eine mythische Intimität entzücken konnte« (IX, 234), und Tolstois Gottsuchertum, Moralismus und Pazifismus erschienen Thomas Mann als »im Absurden und Halbwilden tragisch steckengebliebener Vergeistigungsdrang, das ehrwürdig hilflose Ringen eines kindhaften Barbaren um das Wahre und Menschliche«, »groß und kläglich zugleich« (X, ebd.), der nun freilich nicht mit Goethes hochhumanistischer »majestätischer Kultur« vergleichbar war.

Es ist das Riemer-Gespräch im Goethe-Roman, in dem die Humanitätsidee, »die hohe Begegnung von Geist und Natur« (IX, 138), in Goethes Gestalt verkörpert ist, oder besser auch hier noch beschrieben und definiert wird: »das Phänomen des großen Geistes, der zugleich der Liebling und Vertraute der Natur ist«. (II, 441) Riemer wendet den Josephs-Segen auf Goethe an – und wenn Thomas Mann damit die biblische Figur und Goethe unter dem Aspekt der Humanität aufeinander bezieht, ja bei der Einschaltung des Goethe-Romans das Gefühl hatte, »das Unterbrochene eigentlich nicht verlassen zu haben«[40], so sind es dennoch zwei sehr verschiedene Inkarnationen dieser Idee, und gewaltig steigt das Bild Goethes über das Josephs empor. Sie sind geschieden durch das Moment der Größe, des großen Dichtertums und Schöpfertums, und das Geheimnis des Menschenwesens, gesteigert zum Geheimnis der »absoluten Kunst«, wie Riemer sagt – das ist Thomas Manns Goethe, während Thomas Manns Joseph nicht mehr, aber auch nicht weniger als der Mensch ist.

Im Begriff der Humanität und deutlicher noch in dem des Humanen ist vordergründiger als die Idee des Menschenwesens als solchen der ethisch-pragmatische Sinn enthalten, die Humanität, die dem Menschen als Aufgabe daraus erwächst, daß er nicht nur Mensch, sondern auch Mitmensch ist. Die Entstehungszeit der Joseph-Tetralogie fällt in der denkerischen Entwicklung Thomas Manns mit der seiner wachsenden Anteilnahme an dem politischen Geschehen der Zeit zusammen. Er gab am Ende des ersten

Weltkrieges den Standpunkt des »Unpolitischen« auf, trat heraus aus der Isolierung, dem Elfenbeinturm des ästhetisch-literarischen »Geistes«, in das »Leben« und suchte, wie man weiß, mit Wort und Schrift dem aufkommenden deutschen Unheil zu steuern. Immer wieder sprach er es in den dunklen Jahrzehnten aus, daß eine rein individualistische Humanität die »Totalität des Humanen« (Problem der Freiheit, XI, 964) nicht erfülle, daß auch das Politische und Soziale Teilgebiete des Menschlichen seien. Und immer wieder wies er in diesen Zusammenhängen auf Goethe hin, auf das Entsagungsmotiv der »Wanderjahre«, »die Selbstüberwindung der individualistischen Humanität«, die Wilhelm Meister, der in den »Lehrjahren«, Beruf und Pflichtenkreis verlassend, ausgezogen war, sich selbst auszubilden, dazu führt, sich am Ende in eine Gemeinschaft kommunistischer Art einzufügen und als Arzt in ihr tätig zu sein. Thomas Mann pries des alten Goethe »Lebensfreundschaft«, seine »Gutwilligkeit«, an den Weltdingen, der »lebendigen Zeit« und ihren technischen Fortschritten teilzunehmen; er nennt das Goethes demokratisches Wesen und sieht den »höchsten Ausdruck aller Demokratie« noch in den Versen der höchsten ethischen Humanität: Edel sei der Mensch / Hilfreich und gut!, und hebt absichtsvoll die Verse hervor: »Unermüdet schaff' er / Das Nützliche, Rechte . . .« (Goethe und die Demokratie. IX, 781)

Es bedarf kaum des Hinweises, daß Joseph, der »Mensch«, deutlich auch diese, die Wilhelm Meister'sche Entwicklung zum mitmenschlich Humanen durchmißt. Seine Besonderheit und Erwähltheit hatte ihn in hochmütiger Isolierung von den Brüdern gehalten. Aber als Dienst ihm auferlegt wird, mochte er diesen noch so sehr um seiner eigenen Zwecke willen erfüllen, wandelt sich allmählich seine Einstellung zu den Menschen. Er, der in der Überzeugung gelebt hatte, daß alle Menschen ihn mehr lieben müßten als sich selbst, weiß schließlich Potiphar und später Echnaton gegenüber doch nicht mehr zu unterscheiden, ob er um seinet- oder ihretwillen ihnen dient. So schließt er mit Mont-kaw einen Bund im Zeichen des Liebesdienstes an seinem Herrn Potiphar, so sagt er aus aufrichtigem Herzen zur Königin Teje: »Mir ist das Herz voll von dem Wunsche, ihm zu dienen und ihm zu helfen, wie ich's vermag . . .« (V, 1471) Und es ist gerade deshalb, weil es so ganz unbetont und wie beiläufig ist, zu beachten, wie im Zuge der »Menschwerdung« Josephs die einst von ihm als mythisch gedeuteten Ereignisse seines Lebens, Brunnen und Grube, am Ende sich ihm im Lichte seiner Entwicklung zu menschlicher, ethischer »Reife« zeigen: daß die Grube, in die ihn die Brüder geworfen und ohne die er freilich nicht nach Ägypten gelangt und zu weltlicher Macht und Größe gekommen wäre, allererst und im menschlichen Vordergrunde des Lebens verdiente Strafe gewesen und es in der Tat »so damals nicht weiter ging«. ». . . was für ein Grünschnabel war ich! Ein unsäglicher Grünschnabel, voll sträflichem Vertrauen und blinder Zumutung. Es ist eine Schande, wie spät manche Leute zur Reife gelangen! Gesetzt, daß ich reif bin jetzt. Vielleicht braucht es zum Reifwerden ein ganzes Leben.« (V, 1589) Da erhält unmerklich der Name des Lebens, der Ernährer, der zu Beginn des letzten Bandes noch im mythischen Licht des Tiefensegens schillert und auf göttliches Muster hinweisen mochte, den reinen und unzweideutigen Sinn des »Nützlichen, Rechten«, des nicht mehr göttlichen, sondern praktischen

Segenbringertums im Dienste vieler Völker und Menschen. Und pointiert im Sinne des ethisch Humanen sind ganz zum Schluß Josephs Worte zu seinen alten Brüdern, die nach Jaakobs gewaltiger Beisetzung sich ein wenig vor seiner eventuellen Rache fürchten: ». . . und Gott hat's freilich zum Guten gefügt, daß ich viel Volks ernährte und so noch etwas zur Reife kam.« ». . . Und nun soll ich Pharaos Macht, nur weil sie mein ist, brauchen, um mich zu rächen für drei Tage Brunnenzucht, und wieder böse machen, was Gott gut gemacht? Daß ich nicht lache!« (V, 1822)

Erst damit, daß die Frage nach dem »Geheimnis des Menschenwesens« im vollen Sinne des Humanen aufgelöst ist, fließt auch die Heiterkeit, die den Ernährer-Band immer mehr erfüllt, aus einer tieferen Schicht des Menschlichen her als nur der der Entgöttlichung Josephs, erhält der Humor eine noch bestimmtere Funktion »in der schönen Geschichte und Gotteserfindung von Joseph und seinen Brüdern«. Auch Heiterkeit ist ein spezifisch Menschliches und den Menschen Auszeichnendes so wie der Geist, und »das Beste, was Gott uns gab . . . die innigste Auskunft vor dem verwickelten, fragwürdigen Leben«, so weiß es Joseph nun selbst. »Gott gab sie unserem Geist, daß wir selbst dieses, das strenge Leben, mögen damit zum Lächeln bringen.« (V, 1597) Sie ist, so darf man wohl auch von dieser Seite her das alte Problem Thomas Manns, wie sich der Geist zum Leben verhält, beantwortet finden, die gottverliehene Gabe des Menschen, mit dem Leben fertig zu werden, ja es zu einem humanen Leben recht eigentlich erst zu machen. Das Leben an sich, meint Joseph, stellt Fragen, die man »im Ernst nicht beantworten« kann: z. B. »daß mich die Brüder zerrissen und mich in die Grube warfen und daß sie nun sollen vor mir stehen, das ist Leben«. Und wenn er weiter sagt: »Nur in Heiterkeit kann sich der Menschengeist aufheben über sie, daß er vielleicht mit innigem Spaß über das Antwortlose Gott selbst, den gewaltigen Antwortlosen, zum Lächeln bringe« (ebd.) – so ist damit implizite auch eine Bestimmung des Humors ausgesprochen, die diesen nicht nur als Darstellungsmittel, sondern auch als einen Sinnaspekt der Joseph-Tetralogie erscheinen läßt, als einen hohen Ausdruck des Humanen, das das Thema des »humoristischen Menschheitsromans« ist.

Anmerkungen

[1] Thomas Mann ist dabei geleitet von der Bibelexegese der sogenannten panbabylonischen Schule, über die Näheres weiter unten im Text und Anm. 5. Diese sieht hinter der Wiederholung identischer Berichte im AT mythisch-schematische Stilisierungsabsichten ihrer Redaktoren wirksam. Den Beleg für die »Schwester«-Geschichten fand er in Alfred Jeremias, Das Alte Testament im Lichte des Alten Orients, 3. Aufl. 1916, S. 310 ff.

[2] Vgl. dazu auch Ernst Cassirer, Philosophie der symbolischen Formen II: Das mythische Denken. Berlin 1925. Über das mythische Zeitbewußtsein heißt es dort: »Auch hier hält die Scheidung der Zeit in scharf gesonderte Stufen, in Vergangenheit, Gegenwart und Zukunft gewissermaßen nicht stand; sondern immer wieder unterliegt das Bewußtsein der Tendenz und der Lockung, die Unterschiede zu nivellieren, ja sie zuletzt in reine Identität umschlagen zu lassen.« (S. 140) Und wenn Cassirer einen Leibnizschen Ausdruck, daß das »Jetzt« *chargé du passé et gros de l'avenir* sei, auf das mythische Zeitbewußtsein anwendet (S. 141), so ist damit in der Tat die Denkform Jaakobs und Josephs prägnant beschrieben, wie sie Thomas Mann darstellt. Doch scheint dieser Cassirers Werk damals nicht gekannt zu haben.

[3] Vgl. Anm. 7.

[4] Diese Überlieferung stammt nicht aus der Bibel, sondern aus der in Talmud und Midraschim aufbewahrten Sagenliteratur der Juden. Eine Zusammenstellung dieser Sagen gibt die Sammlung »Die Sagen der Juden«, hrsg. von M. J. bin Gorion, 1. Aufl. 1918-19 (nach der Th. Mann gearbeitet hat). Hier heißt es: »Der Herr wollte Isaak Gnade bezeugen und schickte einen Engel dem Eliezer voran, daß die Straße ihm entgegenhüpfte und er in drei Stunden sie zurücklegte« (Bd. II, S. 328). Hier sei auch vermerkt, daß u. a. die oben erwähnte, von Th. Mann zur

grotesk-humoristischen Erniedrigung Jaakobs ausgestaltete Erzählung von Esaus Sohn Eliphas gleichfalls nicht der Bibel, sondern der Sagenliteratur entstammt. (Bd. II, S. 397)

5 Die Hauptvertreter dieser Schule, die, soweit ich sehe, nur in Deutschland besteht bzw. bestanden hat, sind Hugo Winckler und Alfred Jeremias. Winckler, einer der ersten Erforscher der sumerisch-babylonischen Kultur aus den Keilschriften, hat die Astralmythologie der Babylonier als Ausgangspunkt eines über die ganze Welt verbreiteten mythischen Vorstellungssystems nachzuweisen gesucht. Alfred Jeremias hat seine Forschung vor allem dem Nachweis der mythologischen Einheit des Alten Orients, inbegriffen das Alte Testament, gewidmet. Dies geschieht unter dem Gesichtspunkt, die israelitische Geschichtsschreibung als geleitet von der Erlösererwartung nachzuweisen, und zwar durch Aufdeckung der mythischen Motive, die nicht nur in den Geschichten selbst, sondern auch in dem Stil, d. i. den Motivworten des Alten Testaments, verborgen sind. Seine Hauptwerke sind »Handbuch der Altorientalischen Geisteskultur (12. A. 1929) und das bereits in Anm. 1 genannte »Das Alte Testament im Lichte des Alten Orients«, von denen, wie Archivstudien ergeben haben, nur dieses (3. A. 1916) von Thomas Mann, und als seine wichtigste Quelle, benutzt worden ist. Mit welcher Souveränität er sich aber diese – von der traditionellen Geschichtsschreibung und auch von rabbinischer Seite heftig angegriffene – Forschung zunutze gemacht hat, wird sich im Laufe unserer Interpretation zeigen.

6 Diese sogenannte Migrationshypothese verdankte Thomas Mann neben Jeremias dem gleichfalls für ihn wichtig gewordenen älteren Werk von Julius Braun »Naturgeschichte der Sage – Rückführung aller religiösen Ideen, Sagen, Systeme auf ihren gemeinsamen Stammbaum«. 2 Bde. 1864/65. Brauns (verfehlte) Hypothese nimmt Ägypten als Ursprung aller Mythologie an. Jeder noch so entlegene Mythus ist ihm für das ägyptische Urbild transparent. So wird hinter der Jaakob-Esau-Konstellation das Set-Osiris-Schema erkannt, das stiftende Urgeschehen. (Nach Manfred Dierks, Studien zu Mythos und Psychologie bei Thomas Mann. Bern 1972, bes. S. 246 f.)

7 Ernst Cassirer, Das mythische Denken, a.a.O. S. 97.

8 »Der tiefste religiöse Gedanke«, heißt es bei Jeremias, »der mit der altorientalischen Religion, aus der die Abrahamsreligion in

einer Neuschöpfung emporstieg, verbunden war, war der Tammuz-Gedanke: Tammuz stirbt und steigt als Bringer der neuen Zeit aus der Unterwelt hervor. Dieser Gedanke enthält die Keime des biblischen Auferstehungsglaubens«. (a.a.O. S. 341) Die Tammuz- und Osirismotive der Joseph-Geschichte sind von Jeremias besonders hervorgehoben. Mit dieser Auffassung setzt sich kritisch ablehnend u. a. J. Horowitz, »Die Joseph-Erzählung« (1921) auseinander.

9 Jeremias, Das Alte Testament, a.a.O. S. 669 (Hebräisches Motivregister).

10 Anup (Anubis) war ein ägyptischer Totengott, der darum die Gestalt oder auch nur den Kopf eines Schakals hatte, weil dieses Tier nachts am Wüstenrande, wo die Gräber liegen, umherhuscht. Anubis wurde besonders volkstümlich, weil er in die Osiris-Sage hineingezogen worden war. Nach älterer Überlieferung war er der vierte Sohn des Rê und von diesem hinabgeschickt, um den zerstückelten Osiris zu bestatten. Nach einer von Plutarch (De Iside et Osiride) erzählten Sage war er der Sohn des Osiris, den dieser versehentlich mit der Nephthys gezeugt hatte in der Meinung, daß sie die Isis sei. Das Motiv der Dunkelheit, das Thomas Mann benutzt, um diese Verwechslung zu begründen – »Sie war die Unrechte. Die Nacht war schuld« (IV, 289) – hat Th. Mann dem Werke Brauns entnommen und es dann auf die Hochzeit Jaakobs mit Lea übertragen.

Mit dem Anubis floß leicht ein anderer Totengott, der Apuat, zusammen, der der »Öffner der Wege« heißt, weil er als Kampfgenosse des Osiris diesem in der Schlacht voranschritt; und mit dem Namen »Ap-uat« antwortet in Jaakobs Traum der Schakalköpfige auf dessen Anruf. Th. Mann hat aber diesen Tiergott kombiniert mit einem anderen Führer ins Totenreich, und die Körpergestalt und -haltung, sitzend auf einem Stein, deuten darauf hin: mit Hermes Psychopompos (was freilich erst durch den Briefwechsel mit Karl Kerényi [20. 2. 34]) wirklich verständlich wurde. Der Dichter hat ihn »genau in der Pose des Hermes von Lysipp in Neapel auf einen Stein gesetzt«, und die auch von Kerényi nicht verstandenen Worte, die der Schöngestaltige mit dem Schakalkopf sagt: »Ich werde meinen Kopf schon noch los«, erklärt Th. Mann als »fast einen Riesenspaß«, den er sich mit dem Hintergedanken »an die Carrière eines Gottes« gemacht hat: daß »dieser Anup, jetzt noch halb tierisch und satyrhaft, . . . der zukünftige Hermes Psychopompos« ist. (*Fast* ein Riesenspaß deutet wohl an, daß, wie M. Dierks [a.a.O. S. 220 f.] nachgewiesen hat, Th. Mann hier einer – sachlich falschen – Anregung Brauns gefolgt sei. Kerényi glaubte dagegen den griechischen Gott nicht mit dem ägyptischen zusammenwerfen zu können.) (1. 3. 34) – Die Hermes-Anspielung nun, die auch im »Manne auf dem Felde« wiederkehrt, deutet schon hin auf das Hermes-Muster, das allmählich hinter Joseph sich abzeichnet.

11 Dieser Satz stellt eine Paraphrase des sumerisch-babylonischen Kreislaufdenkens dar, das in A. Jeremias' »Handbuch« eingehend an der Kosmologie, Astrologie, Raum- und Zeitauffassung der Sumerer dargelegt wird. Der Grundsatz dieses Denkens ist »Was oben ist, ist unten«, d. h. der als dreistöckig gedachten Struktur der unteren, irdischen Welt (Himmel, Erde, Wasser) entspricht eine ebensolche himmlische. Der gesamte aus dem Oberen und Unteren bestehende Kosmos wurde als ein sich drehender Raum vorgestellt, eine aus der Anschauung des Auf- und Untergangs der Gestirne hervorgehende Vorstellung. Diese Vorstellung, verbunden mit der der Entsprechung, liegt der Annahme zugrunde, daß die göttlichen Bewohner des Himmels, die dort als Sterne gedacht wurden (z. B. Ischtar, Nergal) »auf die Erde« kommen, und das bedeutete: Menschen werden konnten, um dann wieder ihre göttliche Gestalt anzunehmen. Die orientalische Kreislauflehre lebt in den Worten Joh. 3, 15: »Und niemand steigt in den Himmel hinauf denn der vom Himmel herniedergekommen ist, nämlich der Menschensohn, der im Himmel ist.«

12 Nach jüdischer Sage, in der Auslegung des Rabbi Eliezer, erscheint Joseph der Engel Gabriel, dessen Gestalt Th. Mann Hermes-Züge einzeichnet. (Sagen . . . Bd. III, 67)

13 Daß die angeführten wie auch die übrigen Lieder des Kapitels »Im Adonishain« Versionen der von der Forschung aufgefundenen Tammuz-Lieder (z. T. unter Beibehaltung des Wortlauts) sind, bedarf der Erwähnung nicht. Th. Mann hat sie dem Buche Dmitri Mereschkowskis, »Die Geheimnisse des Ostens, Berlin 1924, entnommen.

14 Ausgestaltet ist die Sage von Henoch-Metatron in Sefer Hekhaloth (Sagen . . I). Ursprünglich hatte Th. Mann ein ganzes Kapitel Henoch geplant. Ein Fragment findet sich jetzt in VIII, 951 f.

[15] S. Jeremias, Das Alte Testament, a.a.O. S. 330 ff. über das Motivwort bôr.

[16] Das Ischtarmotiv des bunten Rocks (Jeremias, Das Alte Testament, S. 312) verbindet Th. Mann mit dem Bekleidungsmotiv der Henochsage.

[17] Die Regierungszeiten der Könige Amenhotep III. und IV. sind durch den berühmten Fund der Tontafeln von Tel-Amarna (1888) sehr erhellt worden. Die Tontafeln enthielten vor allem Briefe in babylonischer Keilschrift von Beamten in den damals von Ägypten unterworfenen Ländern Syrien und Kanaan sowie solche asiatischer Vasallenkönige an den Pharao oder dessen Bevollmächtigte. Ein besonders einflußreicher und mächtiger dieser Kommissare unter Amenhotep IV. war ein gewisser Janhamu, der mit dem Sitze im Nildelta, dem Lande Gosen, als eine Art Vizekönig Palästina regierte. Hugo Winckler hat diesen Namen als kanaanitisch nachgewiesen und zweifelt nicht, daß man in diesem Mann den biblischen Joseph zu erkennen habe. Für diese Hypothese fand er den inneren Grund in der Absicht der biblischen Erzählungen, die Entwicklung der monotheistischen Religion zu zeigen, und das legt die Annahme nahe, daß mit dem Pharao der Joseph-Geschichte der monotheistische Reformator Amenhotep IV., Echnaton, gemeint sei. (H. Winckler, Abraham als Babylonier, Joseph als Ägypter, 1903) – Die Nachforschung im Züricher Thomas Mann-Archiv hat gezeigt, daß Th. Mann das Buch Wincklers nicht kannte. Er hat sich auf A. Erman, Aegypten und aegyptisches Leben im Altertum (Neu bearb. v. H. Ranke, Tübingen 1923) und wieder Jeremias gestützt, die beide den Janhamu in Verbindung mit Joseph erwähnen. (Vgl. H. Lehnert, Thomas Manns Vorstudien zur Joseph-tetralogie, Jahrb. d. Dt. Schillergesellschaft VII, 517. Im Folgenden als Lehnert, Vorstudien zitiert.)

[18] Der Name Osarsiph taucht in der späteren ägyptischen Überlieferung bei dem Priester Manetho von Heliopolis (um 280 v. Chr.) auf, von dessen Schriften über die Geschichte Ägyptens Bruchstücke bei Josephus erhalten sind. In einem dieser Berichte, der Erinnerungen an die Auszugsgeschichten wiedergibt, werden die Gestalten Moses und Josephs miteinander vermengt und der ursprünglich Mose zugeschriebene Name Osarsiph auch auf Joseph übertragen. Die mythologische Forschung hat nun diesen Namen als ursprünglich Joseph zugehörig erkennen wollen. Danach hat die ägyptische Überlieferung

die Silbe »Jos« durch den Osirisnamen (Osir = Osar) ersetzt, die zweite Silbe (seph = siph) wurde als hebräisches Wort für Schilf, Binsen festgestellt (daher wohl der Zusammenhang mit Mose). (M. Güdemann, Religionsgeschichtliche Studien, 1876; dazu J. Horowitz, Die Josepherzählung, 1921, S. 120 f; Jeremias, Das Alte Testament . . . S. 351.) Th. Mann hat übrigens mit J. Horowitz, der ihm seine Schrift zugesandt hatte, über die Namen Janhamu und Osarsiph korrespondiert. (11. VI. 27)

19 Ein hübsches Beispiel für die Verbindung der orientalischen Astralmythen mit jüdischen Religionsvorstellungen ist die Geschichte des Ischtar- oder Jungfrausternes. Einer der gefallenen Engel, die sich mit den Töchtern der Menschen versündigten, Semhazai, begehrte eine Jungfrau namens Ischtar. Diese aber wollte ihn nur erhören, wenn er sie den wahrhaften Namen Gottes auszusprechen lehrte, durch den man in den Himmel fahren konnte. Samhazai lehrte sie den Namen, den sie ausrief, und als sie zum Himmel fuhr, versetzte sie Gott zum Lohn in den Stern der Jungfrau und benannte diesen Ischtar. (Sagen . . I, 314) Th. Mann erzählt diese Geschichte als eine der »Schnurren und Histörchen«, die Joseph von Eliezer lernte, wie denn die Bedeutung der Eliezer-Gestalt darin besteht, die Verbindung der jüdischen Patriarchenwelt mit der babylonischen Kultur- und Mythentradition zu repräsentieren.

20 Die Scheol (hebr.) − Vorstellung gilt bei Jeremias als Beweis für den Bodensatz altorientalischen Volksglaubens in der hebräischen Weltanschauung, deren Eschatologie eine Unterwelt an sich nicht kannte. − Im übrigen hat das Joseph-Material des Thomas Mann-Archivs vor allem J. J. Bachofens chthonische Mythologie und Mutterrechtsarchäologie als wichtige Anregung für die Scheol-Beschreibung Ägyptens gezeigt. Eingehend berichtet Lehnert über Th. Manns Benutzung der ausgewählten Werke Bachofens: Urreligion und antike Symbole. Hg. von C. A. Bernoulli, Leipzig 1926; Der Mythos von Orient und Okzident. Mit einer Einleitung von A. Baeumler hg. von M. Schröter, München 1926. (Lehnert, Vorstudien S. 486 ff.) Politisch-geistesgeschichtlich setzte sich Th. Mann mit der Baeumler'schen Einleitung, ihrem Kult der chthonischen Romantik, der ihn dann ja auch in die erste Nazi-Garnitur beförderte, schon in der »Pariser Rechenschaft« (1926) höchst kritisch auseinander.

[21] Th. Mann folgt hier einer Interpretation von Horowitz, Josepherzählung, S. 86 ff.

[22] Das Motiv der Dattelpalmbefruchtung entnahm Th. Mann Mereschkowski, Geheimnisse des Ostens. Vgl. Lehnert, Vorstudien, S. 501.

[23] Das Kapitel »Huij und Tuij« beruht deutlich auf der Geschlechts- und Geschichtsmetaphysik Bachofens. Der Theoretiker des Mutterrechts erkannte als Prinzip des Menschheitsfortschritts die Auseinandersetzung (konservativer) matriarchalischer mit (progressiven) patriarchalischen Kultursystemen, die ihren Reflex in der Mythologie fand. Huij und Tuij gehören einem »mutterrechtlichen Äon« an (dem »tellurischen«, in dem z. B. Geschwisterehe vorherrschte). In der Unterhaltung der rückständigen Alten (die wir im Text nicht im einzelnen wiedergeben können) persifliert Th. Mann die – nach Bachofen – ihrer Kulturstufe entsprechende »Sumpfsymbolik«. Sie nennen sich mit Namen von Sumpftieren, Sumpfbiber, Unke, Pinguin und Lurch, und sprechen von Zeugung und Geburt, die »sich verschränken und eines sein (könnten), wie es allenfalls in den Sümpfen ist und in der Schwärze des Flußschlamms . . .« (IV, 862) Dierks a.a.O. S. 187.

[24] In dem sogenannten Totenbuch (Book of the Dead, hg. v. E. A. Wallis Budge) wird das Totengericht des Osiris ausführlich beschrieben. Osiris, umgeben von Hor, Anup, Thot, Fabeltieren und den zweiundvierzig schrecklichen Richtern, befindet darüber, ob der vor ihn geführte Tote gerecht gewesen und in die Unterwelt aufgenommen werden kann, nachdem Hor und Anup sein Herz gewogen und Thot das Resultat aufgeschrieben hat. (S. auch die Hinweise auf das Totengericht im Kapitel »Huij und Tuij«)

[25] S. Der junge Joseph, 2. Hauptstück: Wie Abraham Gott entdeckte. (IV, 425). Näheres dazu S. 131 f. dieser Arbeit.

[26] Die Quelle für die Serach-Episode ist Sefer Hajaschar (Horowitz, Die Josepherzählung, S. 131). Auch ein von bin Gorion herausgegebener altjüdischer Roman »Joseph u. s. Brüder« (Fft. a. M. 1917), den Th. Mann besaß, erzählt die Episode (Lehnert, S. 474).

[27] Ich gebe hier eine verkürzte Darstellung der Humoranalyse in »Der Humor bei Thomas Mann«.

[28] Buch der Jubiläen 19, 10 - 27. Hier spricht Abraham zu Re-

bekka: »Meine Tochter, bewahre meinen Sohn Jaakob; denn er wird an meiner Statt auf der Erde sein und zum Segen unter den Menschenkindern und allem Samen Sems zum Ruhme.«

29 Vgl. »Die Geschichte Dina's« (IV, 152 ff.).

30 »Der Garten Eden ist noch vor der Welt erschaffen worden; alle seine Anlagen und seine Pflanzungen und auch das Gewölbe über ihm und auch der Boden unter ihm, alles war schon da . . .« (Sagen d. Juden I, 58).

31 Ein Grundgedanke der Gnosis ist die Überwindung des Dualismus zwischen Gott und Welt durch den Kreislaufgedanken. Dieser Kreislauf wird vollzogen gedacht durch Mittelwesen, die von Gott kommen, in die Welt niedersteigen und wieder nach oben zu Gott zurückkehren. Mit dieser Vermittlungsidee verbanden sich Spekulationen über den »Urmenschen«, und zwar unter Einbeziehung von Mythen der Assyrer (Adonis), Phrygier (Attis), Ägypter (Osiris) und Chaldäer (Adamas). Wichtig für das Verständnis des »Romans der Seele« ist die Adamsauffassung der Chaldäer. Danach ist der aus Erde geformte Adam des jüdischen Schöpfungsmythus nicht Gottes Ebenbild, sondern das eines anderen göttlichen Menschen, des »großen Menschen«, der in sich die beiden »Urprinzipien«, den väterlichen Geist und die mütterliche Urmaterie, vereinigt. Aber Geist und Materie können sich nur durch ein Drittes, die Seele, die selber von oben her, aus dem Geiste stammt, verbinden. Diese geht im irdischen Menschenleibe die Verbindung mit dem toten Stoffe ein und begibt sich dadurch in Gefangenschaft. – Dies ist berichtet nach S. H. Leisegang, »Die Gnosis« (1924), und wir führten es an, weil es den weiteren Hintergrund der Bedeutung zeigt, den diese gnostischen Spekulationen für Thomas Manns Metaphysik des Menschen, wie man sagen kann, gehabt haben. Nach Ausweis des Archivs hat allerdings Th. Mann keine umfangreicheren Werke über die Gnosis studiert, um seinen »Roman der Seele« zu komponieren, sondern stützte sich auf wenige Seiten eines Aufsatzes des Orientalisten H. H. Schaeder, den dieser ihm gesandt hatte; »Die islamische Lehre vom vollkommenen Menschen, ihre Herkunft und ihre dichterische Gestaltung« (1926), aus dem sich im »Roman der Seele« wörtliche Zitate finden. (Vgl. Lehnert, Vorstudien, S. 507).

32 Von dem Neid der Engel auf den Menschen wird an verschie-

denen Stellen der Midrasch-Literatur berichtet. Es heißt da: »Es waren die Engel voll Eifersucht auf den Menschen und sprachen zu dem Herrn: O Herr aller Welten, was ist der Mensch, daß du sein gedenkest? Und der Herr sprach zu ihnen: Wie ihr mich im Himmel preiset, so rühmt er mich als den Einzigen auf Erden.« (Sagen . I) Bekannt sind die Worte jedoch erst geworden, weil sie in Psalm 8, 4 vorkommen. Doch haben sie hier nicht mehr den Sinn der Eifersucht, sondern, da sie nicht den Engeln, sondern dem Menschen in den Mund gelegt sind, den der Demut vor Gott und der Dankbarkeit, daß er den Menschen so groß gemacht.

[33] Besonders war es den jüdischen Propagandisten in Alexandria angelegen, Melchisedek als einen vor-abrahamitischen Monotheisten nichtjüdischer Rasse darzustellen, um für den Judaismus Proselyten zu machen. (The Jewish Encyclopedia, Bd. VIII, 1904)

[34] Der Ausdruck aus: Sagen d. Juden I, 79.

[35] Erst ein sich im Thomas Mann-Archiv befindliches Buch erhellt diese Zusammenhänge bzw. gibt Aufschluß über die Herkunft von Thomas Manns Spekulationen: Oskar Goldberg, Die Wirklichkeit der Hebräer. Einleitung in das System des Pentateuch, Bd. I. Berlin 1925. Hier ist die Rede von einer transzendenten Zone biologischer Zentren, Weltmächte, nach deren Gesetz alles Leben sich richtet. In ein Reich immaterieller Geistigkeit aufzusteigen, hindert diese Mächte ihr Ehrgeiz. Sie wollen Macht, Manifestation in belebter Materie. Miteinander konkurrierend kolonisierten sie auch einst die Erde, indem sie sich Völker gründeten. So besaß jedes »artreine« Volk sein »Abstammungszentrum« und nannte es Gott. In die Konkurrenz trat auch das »biologische Zentrum« IHWH (Jahve) ein, doch zu spät: es blieb ihm nur das Hebräervölkchen, dessen ursprünglichen Gott, den Widder er zu verdrängen vermochte. Volksgott werden, einen Körper bekommen konnte IHWH jetzt nur noch durch einen geistigen Bund zu gegenseitiger Hilfeleistung, denn Abstammungszentrum der Hebräer war er ja nun einmal nicht. Es war jetzt Sache des Bundesvolkes, ihm genug Materialität zu verschaffen, also zu einem Gottes-Volks-Leib zu werden. – So weit Goldberg (nach M. Dierks) und seine einigermaßen absurde Theorie der Biologisierung des Abrahambundes. Thomas Mann hat sie benutzt, aber sich

an anderer Stelle mit schärfster Kritik über diese (obwohl jüdische) in die nazistische Ideologie gehörige Theorie geäußert: Er nennt die »Wirklichkeit der Hebräer« »antihumanistisch, anti-universalistisch, nationalistisch, religiös-technizistisch« (Leiden an Deutschland. XII, 743).

36 *»tâm* ist ein Motivwort, ein sogenanntes Gegensinnwort, das Ja bzw. Nein, Licht bzw. Finsternis, Leben bzw. Tod bedeutet« (Jeremias, Das Alte Testament . . . S. 316).

37 Th. Mann hat hier, worüber er selbst aufgeklärt hat, ein wenig Roosevelts New Deal nachgeahmt. »Ist es die Maske doch eines amerikanischen Hermes und hochgewandten Boten der Klugheit, dessen New Deal in Josephs magischer Wirtschaftsadministration unverkennbar ist.« (Sechzehn Jahre. XI, 679 f.)

38 Sonnenlieder wurden in Gräbern von Tel-Amarna gefunden. Der berühmte Hymnus, der die Unterlage für Thomas Manns Version bildet, stammt aus dem Grabe des Priesters Eje. (A. Erman, Die Religion der Ägypter, 1934, S. 111 f.)

39 Vgl. den Essay »Schopenhauer«.

40 Aus einem Brief von Thomas Mann an mich vom 31. 1. 46.

DIE MOSE*-ERZÄHLUNG »DAS GESETZ«

auf dem Hintergrund der Überlieferung und der
religionswissenschaftlichen Forschung

* Die Schreibung Mose (Mosche) ist hebräisch, die Schreibung
Moses griechisch. Während im deutschen Sprachgebrauch
»Moses« üblich ist (und auch von Thomas Mann benutzt
wurde, wenn er seine Erzählung erwähnte), wird in der Religionswissenschaft und meistens auch in der neueren Dichtung,
so im »Gesetz« die hebräische Form angewandt. Deshalb wird
sie auch in der folgenden Abhandlung benutzt, und zwar mit
der auch von Thomas Mann geführten Genitivbildung »Mose's«, um Verwechselungen mit dem Nominativ Moses zu ver-
meiden. Doch wenn es sich um Zitate – z. B. aus Schillers und
Goethes Aufsätzen – handelt, mußte die griechische Form, die
im 18. und 19. Jahrhundert üblich war, gesetzt werden. Die aus
diesem Grunde im Folgenden auftretenden verschiedenen
Schreibweisen bedeuten also keine Inkonsequenz.

1. KAPITEL

Der Text und die Forschung
Allgemeine Probleme

Es wurde in der Einleitung schon darauf hingewiesen, daß wir uns für die Mose-Erzählung einer völlig anderen Methode der Interpretation bedienen müssen als für den Joseph-Roman; und, wie sich zeigen wird, klärt erst diese Methode selbst über die besondere, aus dem Rahmen der mehr oder weniger traditionellen literarischen Gattungen herausfallende Art und Form dieses Werkes auf.

Diese Besonderheit drängt sich schon auf, wenn wir uns anschicken, die Begebenheiten nachzuzeichnen, die dieser Erzählung zugrunde liegen. Sollen wir die »biblischen Geschichten« erzählen, damit der Leser orientiert werde, wie ihn die Darstellung der Begebenheiten orientiert, die beispielsweise hinter Gerhart Hauptmanns »Webern« oder Puschkins »Boris Godunow« gestanden haben, ja wie wir selbst noch den biblischen Stoff des Joseph-Romans, wie er in ihm dargestellt wird, referieren konnten? Bei der Mose-Erzählung verhält es sich dagegen so, daß wir den Bibeltext nur nachzulesen brauchen. Damit ist gesagt, daß nicht der Inhalt der Erzählung, sondern die Probleme, die er, oder genauer der Bibeltext selbst stellen, das Thema der Interpretation sein müssen. Probleme aber, die nicht dem naiven noch so bibelfesten Bibelleser, sondern dem Bibelforscher gestellt werden. – »Das Gesetz« interpretieren heißt deshalb, sich vorgängig mit dem Bibeltext selbst befassen, der Inhalt und Problem von Thomas Manns Erzählung ist.

Kaum ein Teil des Alten Testaments hat der Bibelkritik kompliziertere und interessantere philologische und religionshistorische Fragen gestellt als die fünf Bücher Mose, und mehr noch als das erste – die Geschichte der Patriarchen, die ganz und gar Sage ist – die weiteren vier Bücher: Exodus, Leviticus, Numeri und Deuteronomium, die die Geschichte des großen Religionsstifters erzählen. Schon dem Laien kann bei der Lektüre dieser vier Bücher die Ungleichartigkeit ihrer Berichte auffallen. Erzählungen, deren Stoff sehr alt, archaisch-mythischer Art, zu sein scheint, wechseln mit außerordentlich lebensnahen, rational-praktischen Inhalten, Anweisungen, Geboten und Verboten für das soziale und religiös-kultische Leben, deren Kern der Dekalog, die Zehn Gebote Gottes, sind. Ein kurzer Überblick sei zunächst über Inhalt und Anordnung der vier Bücher gegeben.

Die ersten zwanzig Kapitel des Buches Exodus erzählen fortlaufend die urvertrauten Geschichten: die Bedrängnis der Frondienst leistenden, sich beständig mehrenden Kinder Israel in Ägypten unter dem Pharao, »der von Joseph nichts wußte«; dessen Maßnahmen, sie zu »dämpfen«, und zwar durch Tötung aller männlichen Neugeburt; die Geburt Mose's, seine Aussetzung im Kästlein aus Rohr im »Schilf am Ufer des Wassers« und Auffindung durch Pharaos Tochter, die ihn später, nachdem er von seinen Eltern (Amram und Jochebed) großgezogen, als Sohn annimmt. Sodann das Töten des ägyptischen Fronvogts, der einen Hebräer schlug; Mose's Flucht in die Wüste zu den Midianitern, wo er bei deren Priester Jethro (oder Reguel) als Hirte dient, dessen Tochter Zippora zur Frau nimmt und von ihr zwei Söhne bekommt; es folgt die Erscheinung des

Herrn im brennenden Busch am Berge Horeb und der Auftrag an Mose, seine Stammesbrüder aus Ägypten zu führen, in das Land, wo Milch und Honig fließt, Kanaan, den alten Wohnsitz der Väter; die Rückkehr nach Ägypten und die vergeblichen Versuche, mit Hilfe seines Bruders Aaron, der eine leichtere Zunge hat als Mose, den Pharao zur Entlassung der Hebräer zu bewegen, unter der Vorgabe, er möge sie für drei Tage in die Wüste zu Opferfesten ziehen lassen; die Strafe der von Gott gesandten Plagen, gipfelnd in der Tötung der ägyptischen Erstgeburt in der Nacht des Passahfestes, der Auszug, die Verfolgung durch die Ägypter, die Passage durchs Rote Meer und das Versinken der Verfolger; das Leben in der Wüste Sin, Murren der Kinder Israel und Ernährung mit Manna und Wachteln, erste Rechtsprechung Mose's und, auf Rat des zu ihm gestoßenen Schwiegervaters Jethro, Einsetzung von Richtern; endlich die Erscheinung des Herrn auf dem Berge Sinai (gleich Horeb), Stiftung des Bundes Gottes mit Israel und Verkündigung der Zehn Gebote (Exodus 20). Erst in Exodus 31 erfolgt Mose's Besteigung des Sinai zur Empfangnahme der »mit dem Finger Gottes geschriebenen« beiden Gesetzestafeln; darauf die Szene des goldenen Kalbes, Mose's zorniges Zertrümmern der Tafeln, abermalige Bergbesteigung zwecks Versöhnung des Herrn und Rückkehr mit neuen Tafeln. – Dies ist der eigentliche, erzählerisch zusammenhängende und dem Menschheitsbewußtsein vor allem vertraute Kern der Geschichte Mose's, bestehend in der Befreiung, dem Bund mit Gott und der Gesetzgebung. Weitere Erzählstücke, die die Schilderung des vierzig Jahre währenden Lebens und Umherziehens in der Wüste weiterführen und die Kämpfe mit den ihrem Zuge entgegenstehenden Stämmen berichten, sind in die folgenden Bücher, vor allem Numeri, eingestreut. Numeri enthält die Geschichten von der Aussendung der Kundschafter, von der gegen Mose und Aaron aufsässigen Rotte Korah, von der Aufstachelung Bileams durch die Moabiter und seiner ihn warnenden Eselin, aber auch von der Aufsässigkeit Mirjams und Aarons gegen Mose und der Verzeihung Gottes auf Mose's Fürbitte sowie schon das, was man das stellvertretende, ihm von Gott auferlegte Opfer Mose's nennen kann: mit allen, die mehr als zwanzig Jahre alt sind, außer Josua und Kaleb, nicht selbst mehr das gelobte Land betreten zu dürfen um des kleingläubigen »Murrens« der Kinder Israel willen. – Das Deuteronomium ist als das Testament Mose's bezeichnet worden, in dem er vor seinem Tode auf dem Berge Nebo, zu Füßen das Land der Verheißung, dem Volke noch einmal darstellt, was der Herr an ihm getan und wie schlecht es dies ihm gedankt hat, sodann letzte Anordnungen für die bevorstehende Landnahme trifft und die Führung an seinen Diener Josua, den Gott dazu ausersehen, übergibt.

Diese aus den vier Büchern herausgelösten Stücke der Geschichte lesen sich nun aber nicht in zusammenhängender Folge. Sie sind von Exodus 21 an, unmittelbar nach dem das Zehngebot enthaltenden 20. Kapitel, unterbrochen durch die gewaltige Anzahl der Vorschriften, die das soziale, ethische und kultische Leben der Israeliten bis ins Einzelne regeln und formen sollen. Schon in Exodus 34 stoßen wir dabei auf die Wiederholung des Dekalogs, und Leviticus besteht ganz und gar aus Geboten, wobei die Verbindung zu Mose durch die stereotype, jedes Kapitel einleitende Formel »Und der Herr redete mit Mose und sprach« aufrechterhalten ist. Schon dem Laienleser entgehen, wie gesagt, die Unterschiede von Aussage und Stil der erzählenden und der gesetzlichen Teile der vier Bücher nicht, ohne daß damit freilich der Eindruck eines völligen Bruchs, eines Nichtzusammengehörens hervorgerufen würde. Begebenheiten, Religionsstiftung und Gesetzgebung sind miteinander verknüpft sowohl in der Gestalt Mose's wie in dem Wort des Herrn. Aber gerade dieser gewissermaßen paradoxe Eindruck des Pentateuch ist nun zum Ausgangspunkt der Bibelkritik, ja ihres Streitgesprächs über seine Struktur nicht nur, sondern auch über die Mose-Auffassung selbst geworden.

Der Panteteuch hat eine lange, sich über fünfhundert Jahre erstreckende Entstehungsgeschichte, wobei zunächst mitzuteilen ist, daß die Entstehungszeit der fünf Bücher Mose insgesamt um eine ähnliche Anzahl von Jahrhunderten von der mosaischen Zeit selbst entfernt ist, die man in die Regierung Ramses II. und Merneptahs (13. Jahrh. v. Chr.) legen zu können glaubt. Daß die Entstehungszeit so lang war, konnte erst festgestellt werden auf Grund der Mitte des 19. Jahrhunderts – von den Religionswissenschaftlern Graf, Kuenen und Wellhausen – gemachten Entdeckung über die späte Niederschrift eben der gesetzlichen Teile des Pentateuch im 5. Jahrhundert v. Chr., stammend aus dem Judentum nach der babylonischen Gefangenschaft und als Priesterkodex (P) bezeichnet. Etwa fünfhundert Jahre älter, um 1000 bis 800 zur Zeit Davids entstanden, sind die beiden Quellen für die erzählerischen Teile. Ihre Unterscheidung als Jahwist (J) und Elohist (E) – von Wellhausen auch als Jehovist (JE) zusammengefaßt – erfolgte auf Grund der verschiedenen Benennung des Gottesnamens als Jahwe und Elohim, wodurch man schon zu Anfang des 19. Jahrhunderts erstmals auf die Quellen- oder Erzählerunterschiede aufmerksam wurde. Diese sogenannte literarkritische Forschung, die im 19. Jahrhundert die Pentateuchforschung beherrschte, aber heute keineswegs mehr von allen Religionswissenschaftlern als letztlich entscheidend für das historische und religionsgeschichtliche Verständnis des Mosaismus betrachtet wird, würde an sich auch für die Problematik unseres Themas nicht von Belang sein. Denn die Dichter brauchen sich um die philologische Aufschlüsselung des Textes ja nicht zu kümmern, und auch Thomas Mann tat dies natürlich nicht. Aber abgesehen davon, daß in der Darstellung der Textbeschaffenheit, die – übrigens weithin bekannt gewordene – Quellenerörterung nicht fehlen sollte, hat sie doch auch weitere Auswirkungen, die mehr oder weniger direkt unser Thema berühren. Denn nicht ohne Zusammenhang mit ihr stehen die historische und die religionshistorische Betrachtungsweise der Mose-Bücher, ja, die Auffassung der Mose-Gestalt, als das letztlich Entscheidende, selbst.

Julius Wellhausen, der für die literarkritische »Urkundenhypothese« maßgebend geworden ist, hat aus der späten Entstehungszeit des Priesterkodex geschlossen, daß die Gesetzgebung das Produkt der geistigen Entwicklung Israels, nicht ihr Ausgangspunkt sei (Israelitische u. jüdische Geschichte, 1894). Der Dekalog in seiner älteren Form (die nach Wellhausen der 2. Dekalog Exodus 34 darstellt) setze schon kanaanäische Verhältnisse voraus und könne daher nicht als die Tat des Mose angesehen werden. Diese Meinung hat Ernst Blochs heiligen Zorn so erregt, daß er Wellhausen »den antisemitischen Epigonen der Bibelkritik« nennt (Das Prinzip Hoffnung, 1959, S. 1452). Nun ist Wellhausens 1894 publizierte Auffassung sogleich heftiger Kritik begegnet und hat sich schon bei Anhängern seiner Schule nicht mehr völlig erhalten. Von ihnen hat u. a. der protestantische Alttestamentler Emil Kautzsch zu bedenken gegeben, »daß man kaum die Gesetze von Mose abgeleitet haben würde, wenn nicht die Erinnerung an ihn als den eigentlichen Urheber der religiösen Ordnung vorhanden gewesen wäre« (Bibl. Theologie d. Alten Testaments, 1911, S. 42). In Parenthese sei aber hier hinzugefügt, daß einer Forschung wie der Wellhausens doch wohl Voraussetzungslosigkeit und keine Voreingenommenheit irgendwelcher Art zuzubilligen ist. Eine von R. Smend (Das Mosebild von Heinrich Ewald bis Martin Noth, 1959) zitierte Stelle aus Wellhausens »Prolegomena zur Geschichte Israels« zeigt, daß im Grunde nur der Stil des späten Priesterkodex ihn dazu führte, Mose die Gesetzgeberschaft abzuerkennen, während dem von den älteren Quellen J und E geschilderten Mose, dem Retter seines Volkes aus Ägypten, dem Manne der Tat, seine Bewunderung gilt: »hier ist alles lebendig und im Fluß; wie Jahwe selber so arbeitet auch der Mann Gottes im lebendigen Stoff praktisch, in keiner Weise theoretisch, geschichtlich, nicht literarisch«. Das Gesetzeswerk des Priesterkodex aber »hat sich losgelöst von seinem Urheber und seiner Zeit; selber unlebendig hat es das Leben auch aus Mose und aus dem Volke, ja aus der Gottheit selber ausgestrichen«. So dürfte kein Antisemit sprechen.

Wir haben aber diesen kurz skizzierten Streit über die mosaische Herkunft der Gesetzesteile des Pentateuch nur deshalb vorgeführt, weil wir zeigen wollten, welche Konsequenzen die rein literarkritische Analyse des Textes gewinnen konnte. Doch führt die Wellhausensche These auf weitere, noch prinzipiellere Fragen der Mose-Forschung. Das Problem des Dekalogs ist nur ein Teilproblem des Fragenkomplexes, der sich um die *Geschichtlichkeit* Mose's dreht. – Die Forschung unterscheidet dabei zweierlei: die Geschichte des Auszugs und der Wüstenwanderung bis zur Landnahme Kanaans und die Gestalt und Rolle Mose's selbst. Annähernde Gewißheit besteht über die Geschichtlichkeit der ägyptischen und der anschließenden Vorgänge. Als erstes Indiz für ihre Datierung diente seit je die Angabe der beiden Städtenamen Pithom und Ramses Exodus 1, 11: »denn man bauete dem Pharao die Städte Pithom und Ramses zu Vorratshäusern«. Die Städte konnten dem Pharao Ramses II. (ca. 1295-1229), einem der größten Bauherren aller Zeiten, zugeordnet werden, und er wird allgemein als der Pharao der Bedrückung, der »Fron«, angesehen – »und man setzte Fronvögte über sie, die sie mit schweren Diensten drücken sollten« – er selbst oder, wahrscheinlicher noch, sein Nachfolger Merneptah (1229-1215) als der Pharao des Auszugs, der also ins Ende des 13. Jahrhunderts zu legen ist. Das einzige außerbiblische, archäologische Zeugnis für einen solchen Zusammenhang ist der 1896 von Flinders Petrie gefundene Gedenkstein des Merneptah, auf dem zum ersten Mal in der Geschichte der Name Israel erscheint und der deshalb die Israel-Stele genannt wird. Ein anderer archäologischer Fund, die 1887 entdeckten, aus der Zeit des Königs Amenophis IV. stammenden, an diesen von syrischen und kanaanäischen Kleinfürsten gerichteten Tel-Amarna-Briefe, hat den Namen eines nomadischen Stammes Habiru = Hebräer auftauchen lassen, also höchstens zwei Generationen vor der Zeit des Auszugs. Diese Anhaltspunkte für die Datierung der Anwesenheit der Hebräer in Ägypten und des Auszugs machen – wie Elias Auerbach in »Wüste und Gelobtes Land«, I, 1932, nachweist – die berühmte Angabe Exodus 12, 40, daß die Kinder Israel vierhundertdreißig Jahre in Ägypten gewohnt hätten, historisch ungültig.

Den Historikern des jüdischen Altertums konnten für diese Anfänge solche spärlichen Hinweise auf die Geschichtlichkeit, ja die nähere Datierung der ägyptischen Fron und des Auszugs genügen. (Auch Eduard Meyer stützt sich in seinem maßgebenden Werk »Die Israeliten und ihre Nachbarstämme«, 1906, auf die Habiru-Angabe der Amarna-Briefe, während andere wiederum – so Martin Noth [Geschichte Israels, 1950] – sie nicht mit den Israeliten in Verbindung bringen wollten.) Für die Geschichtlichkeit von Mose selbst aber standen bisher nicht einmal solche Indizien zur Verfügung, und weit radikaler noch als Wellhausen wollte etwa Noth Mose fast ganz aus den »Büchern Mose« herauseskamotieren, auf Grund der merkwürdigen und sehr umstrittenen Überlegung, daß die überlieferten Begebenheiten auch ohne ihn zu denken seien. Was etwa die zentralen Vorgänge am Sinai betrifft, so hat, lesen wir in Noths »Geschichte Israels«, S. 118, »Mose damit geschichtlich nichts zu tun gehabt. Ihn als Organisator und Gesetzgeber Israels zu bezeichnen, ist danach geschichtlich nicht haltbar.« (Vgl. hierzu die eingehende widerlegende Kritik von Eva Osswald, »Das Bild des Mose in d. krit. alttestamentlichen Wissenschaft seit J. Wellhausen«, Berlin 1963, S. 254-284). Aber diese extreme Negation der Geschichtlichkeit, ja der Funktion der großen Gestalt, auf deren Namen die jüdische Religion gegründet ist, steht doch nahezu isoliert in der Mose-Forschung da. Daß an der Geschichtlichkeit der Person des Mose nicht zu zweifeln sei, davon erklären sich gerade auch rein weltliche Historiker wie Max Weber überzeugt. Wenn auch keine echt historischen Indizien für sein Leben aufzubringen sind, es »keine direkten literarischen Quellen gibt, aus denen der Mosaismus auch nur so zu erkennen wäre wie das Evangelium aus den Evangelien« (Wellhausen, Israelitische und jüdische Geschichte, S. 17), so ist das fast überall gleichlautende Argument eben dies Werk, die Tat selbst, die nicht ohne Urheber gedacht werden kann, und nicht zuletzt die Tatsache, *daß* die Religionsgründung und die Gesetzgebung an den »Mann Mose« geknüpft ist. Rudolf Kittel argumentiert in seiner grundlegenden »Geschichte des Volkes Israel« (1933) mit der Idee der Persönlichkeit, die »gefordert wird, um aus Israel in Ägypten eine Nation zu machen ... Die religiöse Neubildung läßt sich noch weniger von einer eigenartig gotterfüllten Persönlichkeit lösen« (S. 379).

Von dieser Auffassung des »Rückschlusses« (Smend) ist auch das schöne Buch von Paul Volz, Mose und sein Werk (²1932) getragen, von der Erkenntnis, daß »nach den geschichtlichen Analogien aller Zeiten nur ein Genius ersten Ranges, ein charismatischer Führer, am Ursprung einer Erscheinung wie die alttestamentliche Religion, einer der mächtigsten Ströme der Menschengeschichte, gestanden haben kann.« (S. 17) Der protestantische Religionswissenschaftler steht darin dem großen jüdischen, Martin Buber, nahe, der in seinem »Moses« (²1952), sich ausdrücklich gegen einen Hauptvertreter der Nichtgeschichtlichkeit,

Eduard Meyer, wendend, es unternimmt, Mose als eine konkrete Individualität darzustellen.

Nun sind aber Geschichtlichkeit und Nichtgeschichtlichkeit in Hinsicht auf einen Text wie den Pentateuch im Grunde keine sich kontradiktorisch ausschließenden Alternativen. Das tritt hervor in den wichtigen Werken zur Mose-Forschung, die die Mose-Geschichten als *Sagen* auffassen und analysieren, mit Hermann Gunkel (Moses, 1912), Eduard Meyer (Die Israeliten und ihre Nachbarstämme, 1906) und Hugo Greßmann (Mose und seine Zeit, 1913) als Hauptvertretern, von deren Büchern vor allem Greßmanns ein Standardwerk der Mose-Forschung geblieben ist. Greßmann geht davon aus, daß es in der mosaischen Zeit noch keine »Geschichtserzählungen« gegeben hat, weil diese erst in staatlich organisierten, politisch denkenden Völkern entstehen können, was für Israel erst mit dem Beginn des Königtums einsetzt. Die Geschichte Mose's ist aber in besonderem Maße sagenhaft, umrankt von Zauber und Wundern. »Klingen seine Schicksale nicht wie ein Märchen aus längst entschwundenen Tagen? Seine Wiege bekränzt das Schilf des Nilstroms; die Pracht des Königspalastes umstrahlt seine Jugend. Als er zum Manne gereift ist, steigt er auf dem Sinai zum Himmel empor, redet mit der Gottheit von Mund zu Mund, bringt die Tafeln der ewigen Weisheit herab ... überall sprudeln die Quellen, die sein Zauberstab dem Felsen entlockt ... Vor ihm wandelt die Wolken- und Feuersäule und zeigt sicher den Pfad durch das gespaltene Meer und die weglose Wüste usw.« (S. 360 f.) – so zählt Greßmann im Märchenstil der »biblischen Geschichte für Kinder« auf. Auch die Erzählungen, in denen die märchenhaften Elemente zurücktreten, haben

Sagencharakter, weil eben »politische Gesichtspunkte« fehlen und sich nirgends ein Einblick in zeitgeschichtliche Verhältnisse findet. Z. B.: wie gelang es Israel, sich der ägyptischen Fron zu entziehen? Die Wunder und Plagen, von denen die Überlieferung voll ist, können dem Historiker nicht genügen. Dennoch ist ein Hinweis auf Geschichtlichkeit gerade in der Sage enthalten. Es ist allgemein in der Sagenforschung angenommen, daß die Sage einen historischen Kern hat. Die Sage nennt, im Unterschied zum Märchen, Personen und Orte mit Namen, und auch wenn diese nicht als geschichtlich identifiziert sind, müssen sie auf etwas, das existiert hat, hindeuten. Die in Exodus 15, 23, 25 genannten Quellen Mara und Massa, die Orte Kadesch und Rephidim z. B., die nie identifiziert werden konnten, sind zweifellos vorhanden gewesen. Derselbe »Rückschluß« muß auf Mose gemacht werden. Die Sage, formuliert Greßmann, beansprucht im Unterschied zum Märchen, wahrscheinlich zu sein. Dennoch ist für Greßmann mit der Tatsache, daß Mose gelebt haben muß, weil eine Sage von ihm erzählt, wenig gewonnen. Zu einer genaueren Annäherung an einen geschichtlichen Kern sucht er durch Unterscheidung typischer und individueller Motive zu kommen: alle märchenhaften Elemente sind typisch, so etwa – wie wir noch näher erörtern werden – die Geburtssage. Kulturelle und lokale Motive sind dagegen individuell: »Die Sagen, die in Ägypten spielen, sind mit anderem Kolorit getönt als die Sagen vom Sinai und von Kadesch« (364). – Während es Greßmann nun aber weniger auf den historischen Wert der Sagen als auf die Analyse des Sagenmaterials selbst, die Unterscheidung älterer und jüngerer Sagenschichten ankommt, macht vor allem Martin Buber mit dem Begriff der »Geschichtssage« Ernst. Er definiert in seinem Mose-Buch die Geschichtssage als spontane Form einer volkstümlichen mündlichen Bewahrung »historischer«, d. h. für den Stamm lebenswichtiger Ereignisse. So ist z. B. aus der Erzählung vom brennenden Dornbusch als »ein wesentlich geschichtlicher Vorgang« dies zu entnehmen, »daß die am Sinai versammelten Stämme Worte ihres Führers Mose als die Botschaft ihres Gottes vernahmen, der . . . einen Bund zwischen sich und ihrer Gemeinschaft stiftete«, während die vieldiskutierte Frage, ob der Sinai ein Vulkan war, weder geschichtlich feststellbar noch relevant ist. (Moses, [2]1952, S. 17, 19).

An diesen allgemeinen und prinzipiellen Fragestellungen zum Charakter des Bibel- und speziell des Pentateuchtextes, wie es die seiner Geschichtlichkeit ist, wird deutlich, daß sie alle über den Text selbst nicht hinausgelangen können, außer in der Weise der Hypothese – jedenfalls solange die palästinensisch-syrische Archäologie »stumm« ist, wie M. Noth sagt, d. h. im wesentlichen nur materielle Überreste, keine beschrifteten wie die ägyptische und babylonisch-assyrische Archäologie zutage fördern konnte. »Für die Geschichte Israels ist die Quelle allein das Zeugnis des Alten Testaments«. (Geschichte Israels, S. 40). Damit ist gerade das ausgesprochen, was wir als methodischen Gesichtspunkt für die Beurteilung einer bibelhistorischen Dichtung anfangs hervorhoben: daß der Bibeltext in bezug auf ihr Verhältnis zur Wirklichkeit Quelle der »Wirklichkeit« und »Wirklichkeit« zugleich ist. Das trifft aber in gewisser Weise auf die Forschung selbst schon zu; und wenn diese sich nun mit den Einzelproblemen des Textes befaßt, mit Mose's Ägyptertum, mit der Wüstenwanderung, der Jahwefrage, dem Dekalog u. a. m., so beschäftigt sie die Frage nach der Geschichtlichkeit nicht mehr; nur das, was das »Zeugnis« über das Zeugnis selbst enthüllt, ist thematisch, Exegese ist alles, und wir sehen denn auch nichts als die Stellen des Textes selbst zum Belege angeführt.

Wir haben bisher die Probleme der Mose-Forschung, die die Beschaffenheit des Textes allgemein betrafen, darzustellen versucht – notgedrungen kurz und unzulänglich, weil es hier ja nicht auf einen Forschungsbericht ankommt, sondern nur auf den Hintergrund für die Diskussion einer bibelstofflichen Dichtung. Diese allgemeinen Forschungsprobleme, die Analyse der Erzählerquellen, der Sagenschichten und das der Geschichtlichkeit sind nun natürlicherweise für die Interpretation der Dichtung selbst von geringem Belang. Sie durften aber in Hinsicht auf die Einzelprobleme nicht völlig fehlen, und darüber hinaus wird sich zeigen, daß zum Verständnis unserer Mose-Erzählung und ihres Stils die Kenntnis dieser Problematik nicht ganz überflüssig ist. Aber weit wichtiger sind nun freilich die schon erwähnten sachlichen Einzelprobleme, die der Text der Bibelkritik aufgegeben hat und die als so oder so behandelter Stoff auch in die Erzählung Thomas Manns eingehen. Dabei wird dann erst die Kenntnis der bibelkritischen Behandlung und Beurteilung der Probleme auch erkennen lassen, welche Auffassung der Dichter sich zu eigen gemacht, welche wissenschaftlichen Quellen und Informationen er benutzt hat. Wiederum drängt sich dabei die Besonderheit des biblischen Stoffes auf, indem Bibeltext und Bibelforschung zusammen den Stoff der Dichtung bilden, ein Umstand, der für die Kommentierung die Trennung dieser beiden Elemente fordert. Es wäre jedoch untunlich, die Einzelprobleme der Forschung für sich und ohne Zusammenhang mit der Erzählung darzulegen, nicht bloß, weil sie erst in bezug auf diese für uns Interesse haben, sondern auch, weil »Das Gesetz« selbst eine Art von Kommentar des Bibeltextes ist. Wir führen also die Darstellung der Forschung in der Weise fort, daß wir sie in Verbindung mit der Erzählung erörtern, d. h. diese in ihren sachlichen Hintergründen kommentieren. Damit ist für die Erzählung selbst freilich nicht genug getan. Es bleibt, ihre Eigenart, ihre Stellung im Werke Thomas Manns und in der Zeit ihrer Entstehung sowie ihre stilistische und gattungsmäßige Form zu bestimmen.

2. KAPITEL

Die Einzelprobleme der Forschung
und »Das Gesetz«

1. Die Geburtssage und das Ägyptertum Mose's

Vertraut wie der Leser mit der Geschichte von Mose's
Geburt, Aussetzung im Binsenkörbchen und Rettung
durch Pharaos Tochter ist, wird er über nichts so verwun-
dert und vielleicht sogar schockiert sein wie über die »Version« dieser Begebenheiten bei Thomas Mann. Da gibt es
nicht die Exodus 1 erzählte Vorgeschichte: vom Pharao,
der die neugeborenen Söhne der Kinder Israel töten läßt,
weil er die Mehrung des Fronvolkes fürchtet, von der
Geburt Mose's als Sohn eines Mannes und einer Tochter
vom Stamme Levi (Exodus 2, 1), – die erst im Geschlechts-
register Exodus 6, 20 mit ihren bekannten Namen Amram
und Jochebed aufgeführt werden. Das rettende »Kästlein
aus Rohr« im Schilfe des Nilufers mitsamt der Prinzessin
kommt freilich vor; aber es sind die Frauen der Prinzessin
selbst, die das Knäblein hineinlegen und das Kästlein »im
Schilf am Rande des Wassers« verbergen. »Da fanden sie's
dann und riefen: ›O Wunder, ein Findling und Schilfknabe,
ein ausgesetztes Kindlein!‹ Wie in alten Mären ist es, genau
wie mit Sargon, den Akki, der Wasserschöpfer, im Schilfe
fand und aufzog in der Güte seines Herzens. Immer wieder
kommt dergleichen vor.« (VIII, S. 812) Natürlich ist der
Leser denn auch bereits orientiert über die Voraussetzung

zu dieser kleinen List, die so sehr von der Zwangslage abweicht, die die Bibel erzählt. Noch abweichender ist diese Voraussetzung: Mose ist das Kind der Prinzessin selbst, erzeugt in einer »Lüsternheits«-Stunde mit einem hebräischen Sklaven, den die Sonnentochter zu diesem Zweck in einen Pavillon befohlen und nachher hatte erschlagen lassen.

Diese von Thomas Mann in dreißig Zeilen erzählte Geburtsgeschichte des Mose ist zwar schockierend, zugleich aber höchst hintergründig. Dahinter steht das Problem der »Geburtssage« und damit auch das des Ägyptertums Mose's; und es ist kein Zufall, daß der Dichter aus der echten Geburtssage eine leicht ironisch getönte fingierte macht. – Die Geburtssage, von E. Meyer und H. Greßmann als die einzige echte Sage der Mose-Geschichte bezeichnet, ist sofort erkennbar als ein traditioneller Mythus, der großen historischen Gestalten des Altertums angedichtet wurde. Er ist von folgendem Typus: ein mächtiger Herrscher trachtet dem neugeborenen Kinde, von dem ihm nach Schicksalsspruch Gefahren drohen, nach dem Leben; das Kind wird in einem Kasten im Wasser ausgesetzt, auf wunderbare Weise errettet und erfüllt, herangewachsen, das Geschick, dem es entzogen werden sollte. In der Regel ist das Kind göttlichen Ursprungs und der Sohn der Tochter des Herrschers. Es ist bemerkenswert, daß, während der Bibeltext nichts von einer Verkündigung enthält, der erste Historiker des Judentums Flavius Josephus (1. Jhrh. n. Chr.) in seinem Werk »Jüdische Altertümer« die Geburt Mose's schon unter solchen Aspekt rückt. Dem Pharao, berichtet er, sei geweissagt worden, es werde aus hebräischem Blut ein Knabe geboren werden, der, wenn er erwachsen sei, die Herrschaft der Ägypter vernichten, die Israeliter hingegen mächtig machen werde. Josephus verstärkt den Verkündigungs- und damit den göttlichen Charakter noch dadurch, daß er Gott selbst dem Amram im Traum erscheinen und ihm die Geburt des Helden, seine wunderbare Rettung, Erziehung und künftige Befreiertat verheißen läßt. Es sind aber auch andere Geburtssagen in eine Ähnlichkeitsbeziehung zu derjenigen Mose's gesetzt worden, so vor allem die des ersten assyrisch-babylonischen Königs Sargon von Agade (Akkad), die diesem als Icherzählung in den Mund gelegt ist. Wir finden sie bei Greßmann und in S. Freuds Buch »Der Mann Moses« (1939) berichtet, nach dessen Wortlaut sie hier wiedergegeben sei als die Stelle, wo Thomas Mann sie, wie aus dem Zitat hervorgeht, gefunden hat. »Sargon, der mächtige König, König von Agade, bin ich. Meine Mutter war eine Vestalin (andere Version: war arm), meinen Vater kannte ich nicht. In meiner Stadt Azupiranu, am Ufer des Euphrat gelegen, wurde mit mir schwanger die Mutter, die Vestalin. Im Verborgenen gebar sie mich. Sie legte mich in ein Kästchen von Schilfrohr, verschloß mit Erdpech meine Türe und ließ mich nieder in den Strom, welcher mich nicht ertränkte. Der Strom führte mich zu Akki, dem Wasserschöpfer. Akki, der Wasserschöpfer, als seinen eigenen Sohn zog er mich auf.« Daß Sargon vom Wasserschöpfer als Gärtner aufgezogen wird, bis die Göttin Istar zu ihm in Liebe entbrennt und ihn zum König macht, hat mit der Ruhmesgeschichte Sargons, aber an sich nichts mehr mit der Geburtssage Mose's zu tun. Doch ist von einer Forschungsrichtung auch die Göttin Istar als Retterin und Adoptivmutter noch auf die ägyptische Prinzessin bezogen

worden, und zwar von der panbabylonischen – die Haupt-
quelle Thomas Manns für den »Joseph« (wie oben dargelegt), und er fand bei A. Jeremias, Das Alte Testament im
Lichte des Alten Orients (3. A. 1916) diese Version der
Sargonsage, die die Beziehung zu Mose noch enger knüpft.

Es ist nicht zu verhehlen, daß Thomas Mann sich über
die Geburtssage ein wenig lustig macht, und zwar gerade
dadurch, daß er nicht nur die Aussetzung im Kästchen als
List der Prinzessin lächelnd enthüllt, sondern auch der
vergleichenden Sagenforschung, der »mythischen Stilisierung« gewissermaßen augenzwinkernd abwinkt. Indem er
die biblische sowohl wie die mythologisch stilisierte Geburtsgeschichte ironisiert, entmythisiert und rationalisiert
er schon diesen berühmten Beginn der Geschichte Mose's;
es wird sich zeigen, welche Bedeutung das für seine Mose-
Auffassung überhaupt hat. Aber er macht Ernst mit jener
Geburtssagentheorie, die annimmt, daß die Adoptivmut-
terschaft der Prinzessin auf ihre echte Mutterschaft schließen lasse (E. Meyer) – was wohl der Rezensent (E. Korrodi)
seinerzeit nicht wußte, als er schrieb, es sei zu erwarten
gewesen, daß Thomas Mann sozusagen aus eigener Initiative »schon vor dem Binsenkörbchen der Legende: Aha!
sagte« (Neue Zür. Ztg. 21. X. 1944). Der drastische Ernst
freilich, den Thomas Mann mit der Theorie macht, ist seine
Initiative. Wenn eine Version der Theorie die Annahme ist,
daß Mose's legitimer Vater Amram, als ein höherer Hofbe-
amter, eine Liebschaft mit der Prinzessin (der in den jüdischen Sagen der Name Bithja gegeben worden ist) gehabt
haben könne, so fand sich doch nirgends ein Hinweis auf
die »Unordentlichkeit« der Geburt, die Thomas Mann ihr
zuschreibt, die auch sozusagen a priori als seine Erfindung

zu erkennen ist. Wir werden sehen, welche Funktion sie in seiner Gesamtkonzeption hat.

Im jetzigen Zusammenhang aber ist die halbägyptische Herkunft von Thomas Manns Mose bedeutsam für das nicht mehr mythologische, sondern bereits religionsgeschichtliche Problem des Ägyptertums Mose's bzw. des Anteils, den Ägypten nicht nur an seiner Lebensgeschichte, sondern an der von ihm gegründeten Religion hat. Das nun ist eine schon im 18. Jahrhundert erörterte Frage, in der sich erstaunlicherweise zwischen Schiller und Siegmund Freud Berührungspunkte ergeben. – In wie enge Verbindung die Israeliten mit Ägypten gebracht worden waren, bezeugt die Josephgeschichte der Genesis, die diese abschließt und an die die eigentlichen mosaischen Bücher unmittelbar anschließen. Für Joseph in Ägypten hatte man schwache geschichtliche Spuren nachweisen zu können geglaubt, wie das, wir erwähnten es bereits, auch – und weit deutlicher – für den ägyptischen Aufenthalt der Israeliten, nicht aber für die Person Mose's selbst, möglich gewesen war. Hier konnten bisher nur die Bibelerzählung und eben der Name Mose als Indizien verwendet werden.

Die Prinzessin ist es, die ihn Mose nennt: »und es ward ihr Sohn, und hieß ihn Mose; denn sie sprach: Ich habe ihn aus dem Wasser gezogen« (Exodus 2, 10). Daß diese hebräische Namenserklärung Volksetymologie wie die meisten solcher Etymologien der Bibel, philologisch nicht haltbar und der Name ägyptisch ist und wahrscheinlich Sohn oder Kind bedeutet, steht fest. Vermutlich liegt ihm das ägyptische mesu = Kind zugrunde, das gewöhnlich in Verbindung mit einem Gottesnamen, z. B. Thot-Mose = Thutmose, Ra-mose = Ramses u. ä., gebraucht wurde (Jüd.

Lexikon Bd. 4, 1930). Es ist sehr hübsch, wie Thomas Mann sich über die falsche Etymologie des Bibeltextes und damit die Prinzessin als Namensgeberin »gelehrt« hinwegsetzt – »Es ist unsinnig, einer ägyptischen Prinzessin eine Ableitung des Namens aus dem Hebräischen zuzuschreiben«, hatte Freud, Thomas Manns Gewährsmann in diesem Punkte, argumentiert – und die Namensgebung den Zieheltern, wozu er von seinen Voraussetzungen aus die legitimen biblischen Eltern Amram und Jochebed machen mußte, zuschreibt. Bei Freud konnte Thomas Mann lesen, daß »der Vater des Mose seinem Sohn sicherlich einen mit Ptah oder Amon zusammengesetzten Namen gegeben habe, der Gottesname dann im täglichen Leben nach und nach ausfiel, bis der Knabe einfach Mose gerufen wurde« (S. 11). Dieser Satz nimmt sich bei Thomas Mann so aus: »Den Gottesnamen nun ließen Amram und Jochebed lieber aus und nannten den Knaben kurzweg Mose. So war er ein ›Sohn‹ ganz einfach. Fragte sich eben nur wessen.« Von der Zitat- und Montagetechnik Thomas Manns ist später noch zu sprechen. Hier sei nur darauf aufmerksam gemacht, wie durch das eine kleine Wort »lieber« die etwas prekäre Situation momentartig beleuchtet wird, in die des Dichters Mutwille seinen Mose nebst seinen Zieheltern versetzt. Was etwa – nach der Meinung Freuds bzw. des Forschers J. H. Breasted, den er in diesem Zusammenhang zitiert – in ägyptischen Familien gang und gäbe war, ist für die hebräische Familie mit gewissen Tabus behaftet: mit einem ägyptischen Gottesnamen will sie ihren Pflegesohn denn doch nicht herumlaufen lassen. Und umgekehrt dient der unbestimmte, aber vertrauliche Name »Sohn«, mit dem ein jedes Elternpaar den seinen anreden kann, dazu, allen Verhältnissen gerecht zu werden. Das spiegelt ein wenig die hypothetischen Feststellungen der Forschung wider, weist aber zugleich hin auf den Sinn, den der Dichter mit der halbjüdischen Herkunft verbindet, wie später gezeigt werden wird.

Freud nun hatte aus dem ägyptischen Namen die zweifellos naive und von der Forschung genugsam belächelte Folgerung gezogen, daß Mose überhaupt ein Ägypter, und zwar ein sehr vornehmer, gewesen sei – was ihm und seinem Schüler O. Rank, der in der Schrift »Der Mythus von der Geburt des Helden«, 1905, die Geburtssage auf psychoanalytischer Grundlage erforscht hatte, dadurch gesichert schien, daß immer »der Held das Kind vornehmster Eltern, meist ein Königssohn« ist (S. 15). Freud aber glaubte dieser »Tatsache« als Grundlage für seine religionswissenschaftliche These zu bedürfen, daß die mosaische Jahwe-Religion eine direkte Fortbildung jenes ersten Versuchs eines Monotheismus sei, der Amenophis IV., Echnaton, zum Urheber hat, der Sonnen- oder Aton-Religion, die sich dann gegen die alte Amon-Religion der Vielgötterei und der Tierverehrung nicht durchsetzen konnte. Mose, »der vielleicht Thotmes hieß«, meint Freud, habe Echnaton nahegestanden, sei ein überzeugter Anhänger der Aton-Religion gewesen und habe dann in seiner Enttäuschung über deren Scheitern einen semitischen Volksstamm in der Grenzprovinz, mit dem er vielleicht als Statthalter in Berührung gekommen war, zu seinem Volke erwählt, um die Idee Echnatons an ihm zu realisieren.

Freud hätte dieser Hypothese und romanhaften Ausmalung von Mose's Ägyptertum nun freilich nicht bedurft, um auf einen Einfluß des Aton-Monotheismus auf die

Jahwe- Religion zu schließen. Diese These war nicht neu. Sie war schon längst vor Freuds Buch (1939) von Forschern wie O. Brugsch (Steinschrift und Bibelwort, 1891), H. M. Wiener (The Religion of Moses, 1919), F. Dornseiff (Antikes zum A. T., 1935) vertreten; der letzte teilt sogar die Hypothese Freuds von Mose's vornehmer ägyptischer Herkunft, obwohl ja die biblische Angabe, daß Mose als Adoptivsohn der Prinzessin am ägyptischen Hofe aufwuchs, schon genügt, um es wahrscheinlich zu machen, daß er ägyptische Religion und Religionskämpfe kennengelernt hat. – Bereits zu einer Zeit aber, wo man noch nichts von der Echnaton-Religion wußte, nämlich vor der 1822 durch Champollion erfolgten Entzifferung der Hieroglyphen, hat man auf einen Einfluß ägyptischer Lehren auf Mose und die Ausbildung der Jahwe-Religion spekuliert, hingewiesen darauf durch Apostelgeschichte 7, 22, daß »Mose ward gelehret in aller Weisheit der Ägypter«, wie auch durch den griechisch schreibenden ägyptischen Priester und Geschichtsschreiber Manetho (3. Jahrh. v. Chr.), der dasselbe aussagte. »Mit einem Worte: bey den aus Ägypten gekommenen Hebräern war alles ägyptisch, von den goldenen und silbernen Geschirren, die sie heimlich mit auf den Weg nahmen, bis zur Weisheit ihres Führers und Gesetzgebers« – lesen wir in einer von dem an der Universität Jena lehrenden Kantianer und Freimaurer Carl L. Reinhold verfaßten, jedoch unter dem Pseudonym Br. Decius herausgegebenen Schrift: »Die Hebräischen Mysterien oder die älteste religiöse Freymaurerey« (Lpzg. 1788, S. 32). Diese Schrift hatte Reinholds Kollegen Schiller zu seiner Abhandlung »Die Sendung Moses«, 1790, angeregt. Auf sie gestützt, berichtet er von ältesten Mysterien in Heliopolis,

»wo die erste Idee von der Einheit des höchsten Wesens zuerst in einem menschlichen Gehirne vorgestellt wurde«. Ja, er kennt durch Manetho den Namen dieses höchsten und einzigen Wesens, Jahu oder Jao, »der mit dem hebräischen Jehovah fast gleichlautend auch vermutlich von demselben Inhalte ist« und nimmt an, daß Mose diese Gottheit, die Lehre von der Einheit des Weltschöpfers »aus den Mysterien der Isis herausbrachte« und, um seinen Jao später dem aus Ägypten geführten, rohen und unwissenden »Sklavenpöbel« seines Volkes plausibel zu machen, ihn zu ihrem Nationalgott, dem Gott der Väter machte. Reinhold und Schiller wußten, wie gesagt, noch nichts von der Aton-Religion, die gerade in Heliopolis, der Sonnenstadt, hebräisch On genannt, ihre Hauptkultstätte hatte; aber sie kombinieren und argumentieren auf Grund des ihnen bekannten, heute veralteten Materials sehr ähnlich wie die modernen Vertreter des ägyptischen Einflusses auf die mosaische Religionsgründung.

Wir hatten diese Linie der Forschung verfolgt, weil das ägyptische Mose-Problem Thomas Manns und sein Studium von Freuds »Mann Moses« uns darauf führte. Was aber nun die monotheistische Jahwe-Religion und ihre Ableitung aus der Aton-Religion durch Mose betrifft, so finden wir gerade dies nicht besonders betont in der Mose-Erzählung. Es sind, wie wir sehen werden, andere Begriffe und Eigenschaften Gottes, die für die Erzählung zentral sind, und die Verbindung dieser Eigenschaften mit der halbägyptischen Herkunft Mose's, die Thomas Mann herstellt, hat nichts mit den religionshistorischen Kombinationen der Forscher und Interpreten von Schiller bis Freud zu tun. Mit dieser Feststellung ist es jedoch nicht getan. Die

Frage jedenfalls kann gestellt werden, wie es kommen mag, daß gerade diese wichtige und berühmte ägyptisch-jüdische Beziehung in einer Mose-Dichtung nicht berührt ist. Wobei auch verraten werden kann, daß sich in dem Exemplar von Freuds »Der Mann Moses und die monotheistische Religion« das Thomas Mann besessen und stark benutzt hat, sogar die zentralen Stellen über die Echnaton-Mose-Beziehung angestrichen finden. Ein Teil der Antwort ergibt sich daraus, daß ein Jahr vor dem »Gesetz« mit dem Bande »Der Ernährer« (1943) die Joseph-Tetralogie vollendet worden war. Denn es war eben Joseph, der in die Epoche der 18. Dynastie des 14. Jahrhunderts v. Chr. versetzt worden war. Es wurde oben, in der Joseph-Abhandlung, dargelegt, daß Thomas Mann sich dabei auf eine Hypothese der panbabylonischen Schule stützte, die einen in den Amarna-Briefen genannten Statthalter in Gosen mit dem Namen Janhanu mit Joseph identifizieren wollte (s. oben S. 62 und Anm. 17). Diese Annahme kollidiert also mit der These Freuds, daß Mose Echnaton nahegestanden habe. Und obschon »Das Gesetz« völlig unabhängig von den Joseph-Romanen ist, konnte der Dichter, wenn er Joseph mit Echnaton in Verbindung brachte, nicht auch Mose in diese Zeit versetzen. Wir können sagen, daß der historisch-wissenschaftliche Geist, der bei der Gestaltung beider bibelhistorischer Dichtungen am Werke war, dies schon an sich verbot. Denn beide zeugen davon, wie genau die dichterische Ausgestaltung von der jeweiligen bibelkritischen Forschung oder Forschungshypothese gelenkt war, auf die Thomas Mann einerseits die Joseph-Romane, andererseits die Mose-Erzählung stützte. Für seine Mose-Auffassung stellte sich Thomas Mann nicht mehr auf den Boden des Panbabylonismus. Sondern er ordnet sie ganz und gar in die autochthone jüdische Religionsgeschichte ein. Und gerade seine drastische Behandlung von Mose's Ägyptertum steht, wie wir sehen werden, unter diesem Aspekt. Das besagt: die Theorie der ägyptischen Herkunft des monotheistischen Gottesbegriffes benutzt er nicht. Die Gestaltung des Jahwe-Problems folgt der sogenannten Keniter- oder Midianiterhypothese, die von der Mehrzahl der Forscher vertreten wird.

2. Jahwe

Schwerlich wird der Bibelleser ein Problem in der Erzählung von Mose's Berufung aus dem brennenden Dornbusch am Berge Horeb in Midian sehen (Exodus 3, 1 ff.): wie er als Schwiegersohn Jethros, des Priesters von Midian, dessen Schafe hütet, sie »hinter die Wüste« trieb und an den Berg Gottes Horeb kam, Gott aus dem Busch ihn rief, daß er hinzutreten solle, und weiter sprach: »Ich bin der Gott deines Vaters, der Gott Abrahams, der Gott Isaaks und der Gott Jakobs«, ihm dann verkündet, daß er die Kinder Israel aus Ägypten führen solle, Mose aber zaghaft ist – »Wer bin ich, daß ich zu Pharao gehe, und führe die Kinder Israel aus Ägypten?« –, des Beistandes Gottes versichert wird, doch abermals unsicher fragt: »Siehe, wenn ich zu den Kindern Israel komme, und spreche zu ihnen: Der Gott eurer Väter hat mich zu euch gesandt, und sie mir sagen werden: Wie heißt sein Name? was soll ich ihnen sagen?« (V. 13). Gott antwortet darauf mit der berühmten Definition seines Namens: *Ich werde sein, der ich sein werde* (auch *Ich bin, der Ich bin* übersetzt). Also sollst du zu den Kindern Israel sagen: *Ich werde sein* hat mich zu euch gesandt (V. 14). Und nochmals im folgenden Vers: »Also sollst du zu den Kindern Israel sagen: Der Herr, eurer Väter Gott, der Gott Abrahams, der Gott Isaaks, der Gott Jakobs, hat mich zu euch gesandt. Das ist mein Name ewiglich, dabei soll man mein gedenken für und für.« Nochmals wiederholt, wie Mose zu den Ältesten in Israel sprechen solle: Der Herr, eurer Väter Gott, ist mir erschienen . . . und hat gesagt usw. Es folgt der Auftrag, mit den Ältesten zum Könige in Ägypten zu gehen und zu fordern, daß er das Volk Israel drei Tagereisen in die Wüste ziehen lasse, zu »opfern dem Herrn, unserm Gott« (V. 18).

Von diesem mehr oder weniger vertrauten Text wird der Leser kaum eine Verbindung zu der Darstellung der Offenbarungsszene herstellen können, die er bei Thomas Mann liest: »Bei den Midianitern . . . machte er die Bekanntschaft eines Gottes, den man nicht sehen konnte, der aber dich sah; eines Bergbewohners, der zugleich unsichtbar auf einer tragbaren Lade saß . . . wo er durch Schüttel-Lose Orakel erteilte. Den Kindern Midians war dieses Numen, Jahwe genannt, ein Gott unter anderen; sie dachten sich nicht viel bei seinem Dienst, den sie nur zur Sicherheit und für alle Fälle mitversahen . . . Mose dagegen . . . war tief beeindruckt von der Unsichtbarkeit Jahwe's; er fand, daß kein sichtbarer Gott es an Heiligkeit mit einem unsichtbaren aufnehmen könne . . . In langen, schweren und heftigen Überlegungen . . . gelangte er zu der Überzeugung, daß Jahwe kein anderer sei als El 'eljon, der Einzig-Höchste, El-ro'i, der Gott, der mich sieht – als Er, der immer schon ›El Schaddai‹, ›der Gott des Berges‹ geheißen, als El'olam, der Gott der Welt und der Ewigkeiten – mit einem Wort,

kein anderer als Abrahams, Jizchaks und Jakobs Gott, der
Gott der Väter . . .« (VIII, 809) Daß hier eine bibelkritische
Informationsquelle zugrunde liegt, erkennt man sogleich.
Der Text von Exodus 3, zumal in der Lutherübersetzung,
die auch Thomas Mann benutzt hat, läßt den harmlosen
Leser nicht auf den Gedanken kommen, daß es mit Gottes
Offenbarungsworten: »Ich bin der Gott Abrahams, der
Gott Isaaks und der Gott Jakobs« eine besondere Bewandtnis haben könnte, die damit zusammenhinge, daß sie Mose
im Lande Midian ertönen. Auch achtet der deutsche oder,
allgemeiner, der nicht Hebräisch lesende Bibelleser kaum
darauf, daß die Bezeichnung Gott und der Herr abwech-
seln, daß es z. B. 3, 15 heißt: »*Der Herr,* eurer Väter
Gott . . .« Nur die Stelle Exodus 6, 3 beim zweiten Gespräch Gottes mit Mose, läßt vielleicht aufhorchen: »Ich
bin der Herr, und bin erschienen Abraham, Isaak und
Jakob als der allmächtige Gott; aber mein Name: *Herr* ist
ihnen nicht offenbar worden.« In der Tat steht Herr in der
Lutherübersetzung immer dort, wo es hebräisch Jahwe
heißt (wobei jedoch Herr nicht die direkte Übersetzung
von Jahwe, sondern des später für Jahwe üblich gewordenen Adon oder Adonaj ist, auf das kyrios, dominus, Herr,
Lord usw. zurückgehen), Gott aber für die anderen, mit El
(Elohim) zusammengesetzten Namen wie El 'eljon, El
Schaddai. Der Name Jahwe als der ausgesprochene Eigen-
name für den Bundesgott Israels wird Mose zugeschrieben.
Das bedeutet nicht, daß er nicht auch schon in der Genesis
aufträte und mit dem Namen Gott abwechselte, wenn auch
seltener. Doch auch hier lesen wir etwa: »Da aber der Herr
sah, daß Lea unwert war, machte er sie fruchtbar . . .«
(Genesis 29, 31) und wiederum 35, 1: »Und Gott sprach zu

Jakob . . .« Dies ist, wie oben dargelegt, auf die beiden Erzählerquellen, den Jahwisten, der den Namen Jahwe auch in den Vätergeschichten braucht, und den Elohisten zurückzuführen, dem die El-Namen zugeschrieben werden. Wir sagten schon, daß diese Unterscheidung nach Erzählern nicht von allen Forschern, so z. B. nicht von Buber, angenommen wird, während die Unterscheidung der Gottesnamen selbst als Faktum besteht.

Dies nur zur Erläuterung der beiden Bezeichnungen Herr und Gott des Luthertextes. Doch auch sie geben an sich noch keinen Aufschluß darüber, was es mit der Tatsache auf sich hat, daß Mose die Stimme des Vätergottes im Lande Midian hört. Der Text sagt nichts oder scheint doch nichts darüber auszusagen, daß — wie es aus der Stelle bei Thomas Mann hervorgeht — der Gott, der aus dem Dornbusch vom Berge Horeb spricht, erst als der Vätergott erkannt werden müsse, es also nicht von vornherein selbstverständlich ist, daß er es ist. Die Forschung hat jedoch gerade dies als das große Problem von Exodus 3 festgestellt und unterschiedlich beurteilt, ihm aber eben deshalb so große Bedeutung zugemessen, weil dieses Kapitel die erste Stufe zur Begründung der jüdischen Religion, des Bundes Gottes mit Israel als seinem auserwählten Volk ist, der dann in Exodus 6 geschlossen — »Auch habe ich meinen Bund mit ihnen aufgerichtet, daß ich ihnen geben will das Land Kanaan . . .« und »Werdet ihr nun meiner Stimme gehorchen, und meinen Bund halten, so sollt ihr mein Eigentum sein vor allen Völkern« (19, 5) — und nach dem Auszug am Sinai durch die Gesetzgebung Exodus 20 weiter ausgebaut und im Bundesbuch Exodus 24 niedergelegt wird. Ausgangspunkte dieses Problems waren einerseits der Name

Jahwe und die Lokalisierung im Lande Midian, andererseits gewisse Widersprüche des Textes.

Der Name Jahwe ist nicht hebräisch, sondern wahrscheinlich eine arabische Etymologie, die Midianiter sind vermutlich Araber gewesen, und Jahwe dürfte ein Midianitergott gewesen sein, stellt z. B. Greßmann fest, ein Gott, (Mose u. s. Zeit, S. 37) der ein Vulkangott oder auch ein Baumgott gewesen sein kann, worauf die Lokalisierung am Horeb, der als identisch mit dem Sinai festgestellt wurde, und im Dornbusch hinweist. Der Sinai erscheint ja auch in der Szene vor der Bergbesteigung Mose's (Exodus 19, 18) zum Empfang der Zehn Gebote als feuerspeiend und rauchend. Die jüdischen Forscher wenden sich mehr oder weniger gegen diese »Keniter- oder Midianiterhypothese« (die Keniter waren ein zu den Midianitern gehörender Nomadenstamm): Elias Auerbach mit der Begründung, daß, selbst wenn in Midian ein Gott mit Namen Jahwe verehrt worden war und Mose aus diesem Kult gewisse Ritualien übernommen habe, dieser midianitische Jahwe doch niemals eine geschichtlich wirkende Macht gewesen, sondern dies erst durch Mose und Israel geworden sei (Wüste und Gelobtes Land, S. 63). Buber lehnt die Keniterhypothese ganz ab, da es nicht die geringsten Indizien dafür gebe, daß jemals ein Gott dieses Namens in jener Gegend verehrt worden sei. Von Jahwes Verknüpfung mit dem Sinai wissen wir durch nichts anderes als die Bibel selbst (Buber, Moses, S. 51). In der Tat entspricht Bubers Auffassung, der auch diejenige des protestantischen Theologen Volz nahesteht, der Verwunderung des Bibellesers, daß aus dem 3. Exoduskapitel auf einen midianitischen Gott geschlossen werden konnte.

Doch hat nicht allein die Lokalisierung zu dieser Hypothese geführt; auch das große Namensproblem selbst, die doppelte Nennung als Vätergott und als »Ich werde sein der ich sein werde«, als Gott und der Herr, hat die Vermutung getrennter und wieder gleichgesetzter Gottheiten entstehen lassen. Die schwierigste Stelle ist Mose's Erkundigung nach dem Namen (3, 13), seine Annahme, daß die Kinder Israel, wenn er zu ihnen sprechen werde: »Der Gott eurer Väter hat mich zu euch gesandt«, nach dem Namen dieses Gottes fragen werden. War also der Vätergott namenlos? Greßmann folgerte, daß er nicht namenlos gewesen sein kann, da die Israeliten sonst nicht darauf gekommen sein würden, daß ein Gott einen Namen haben muß. Dieser Widerspruch der Erzählung erkläre sich dadurch, daß dem Erzähler alles darauf angekommen sei, die Gottheit des Sinai als identisch mit dem Gott der Väter hinzustellen, Mosezeit und Patriarchenzeit zu verknüpfen (S. 34). Elias Auerbach hat in seinem »Moses« (1953) auf den Widerspruch der Verse 3, 14 und 15 aufmerksam gemacht. V. 15 enthält die klare Antwort und Bezeichnung des Vätergottes als Jahwe: »Jahwe (der Herr) eurer Väter Gott . . .«, V. 14, »die unklare und gewundene« des »Ich werde sein . . .«, die als die erste die zweite unmöglich mache. Diese Schwierigkeit führt Auerbach, der streng philologisch vorgeht, auf die beiden Erzähler J und E zurück, von denen der zweite in V. 15 die undeutliche Aussage von V. 14 berichtigen, ja gegen sie polemisieren wolle in dem Sinne: Jahwe, der Gott eurer Väter . . . *Dies* ist mein Name von Ewigkeit, und dies mein Gedenken (in der Übersetzung Auerbachs), und nicht Ehjeh (ich werde sein) oder eine andere dunkle Bezeichnung (S. 38). Auerbach stellt sich auf den Standpunkt der absoluten Identität von Jahwe und Vätergott, ohne die Midianiterhypothese heranzuziehen und auch der philosophischen Definition des Ich werde sein (oder Ich bin) besonderen Wert beizulegen. Im Resultat kommt diese Auffassung derjenigen Bubers gleich, der nicht quellenkritisch, sondern gefühlsmäßig exegetisch argumentiert, Mose habe im Horeb-Gott den Vätergott »wiedererkannt«. »Wie einst mit Jakob nach Ägypten (Genesis 46, 4), so ist Jahwe von Ägypten nach Midian gezogen – vielleicht gar mit ihm, Mose, selber. Genug, Mose erfährt, wer es ist, der ihm erscheint, er erkennt ihn wieder« (S. 54).

Angesichts dieser Auslegungen und Kontroversen der Bibelkritiker kann man gewiß auch dem Dichter das Recht der Auslegung zubilligen; keine faktische Realität setzt hier eine Grenze. Aber Thomas Manns Darstellung der Jahwe-Szene zeigt, daß er die Meinungen der Forschung gekannt, d. h. sie aus Auerbachs »Wüste und Gelobtes Land« bezogen hat. (Weder Bubers 1946 englisch, 1948 deutsch erschienenen »Moses« noch Auerbachs »Moses« von 1953 konnte er für »Das Gesetz« benutzen.) Aber es ist nun bezeichnend, daß er die gerade von Auerbach skeptisch betrachtete Keniterhypothese, einen midianitischen Jahwe, als Faktum darstellt. Denn dies hat zu tun mit seiner Auffassung und Gestaltung des Verhältnisses von Mose und Gott. – Sehr genau ist der Wortlaut bei Thomas Mann zu lesen, um schon aus den sich an den Bibeltext haltenden Aussagen die Richtung zu erkennen, in der sich seine Mose-Auffassung bewegt. Und noch ehe im folgenden Kapitel Idee und Form der Mose-Erzählung als Ganzes zur Darstellung kommen, wird sich in der Grundtext mit Forschung vergleichenden Betrachtung diese Richtung schon abzeichnen müssen. Wie denn bei dem ganzen Charakter dieser Erzählung die Grenzen der Betrachtungsweisen nicht mit völliger Schärfe gezogen werden können.

H. Greßmann – dessen Werk, soweit festzustellen war, Thomas Mann kaum zur Hand gehabt haben dürfte – hat bei der Analyse von Exodus 3 seinem sagenanalytischen Verfahren gemäß eine Berufungs- und eine Entdeckungssage unterschieden. Vom Standpunkt der Berufung ist Mose der vom schon bekannten Vätergott Entdeckte, der auserwählte Bote Jahwes an sein Volk (S. 40); vom Standpunkt der nach Greßmann älteren Schicht der Entdeckersage ist dagegen Mose als erster in ein Verhältnis zu Jahwe getreten. Die sagenanalytische Forschung Greßmanns unterscheidet nur und nimmt keine religiös-weltanschauliche Stellung des Für oder Wider ein. Aber der Entdeckersage immanent ist eine mehr aktive, schöpferische Funktion des Mose zunächst nur bei der Hervorbringung eines neuen Gottesbegriffs. Es würde zu weit von unserem Thema abführen, die Auffassungen der Forschung über die Gleichheiten und Unterschiede des Gottes der Patriarchen und des Gottes Mose's zu erörtern – mit den verschiedenen Namen ist es nicht getan. Daß es derselbe Gott ist, daß auch der Gott der Genesis schon ein einziger und bilderloser Gott war und Mose im Horeb-Gott ihn »wiedererkennen« und als erstes der Zehn Gebote diese Eigenschaft festsetzen konnte, ist, soweit ich sehe, die überwiegende Auffassung, die eben gerade in der Diskussion über Exodus 3 zum Ausdruck kommt, in der auch die Keniterhypothese letztlich aufgelöst wird (während die Vertreter des ägyptischen Einflusses auf den Jahwemonotheismus dieses Problem übergehen). Wieweit die Erzähler, Jahwist und Elohist, die

Eigenschaften des mosaischen, geschichtlich wirksam gewordenen Gottesbegriffs auf den Patriarchengott zurückübertragen haben, läßt sich nicht mit Sicherheit entscheiden und spielt auch in der Exegese keine wesentliche Rolle. Nur das ist wesentlich für die Entwicklung der jüdischen Religion, daß aus dem Stammes- oder Sippengott der Patriarchen, der mit Abraham einen Bund machte (Genesis 15, 18), in mosaischer Zeit der Gott Israels wurde, der mit dem ganzen Volk als dem von ihm auserwählten einen Bund machte, und zwar einen Bund zum Zwecke der Begründung eines Volkes, einer Nation. Aber es ist ein Volk, das entscheidend dadurch geprägt ist, daß es sich auch als ein Volk Gottes, ein heiliges Volk, ein goj kadosch, weiß: – »Und ihr sollt mir ein priesterlich Königreich und ein heiliges Volk sein« (Exodus 19, 6) – »eine Eidgenossenschaft zum alleinigen, bildlosen Dienste des Unsichtbaren«, wie die zusammenfassende Formel bei Thomas Mann heißt, der Begriff Eidgenossenschaft aber aus soziologischer Quelle stammt, nämlich aus dem 1. Kapitel von Max Webers »Das antike Judentum«, betitelt »Die israelitische Eidgenossenschaft und Jahwe«. – Die Horebszene, bei der wir noch halten, ist die erste wichtige Stufe dieser Entwicklung, und nicht umsonst knüpft sich an sie die Diskussion über Mose's Entdeckertum und seine Rolle bei der Namengebung. Daß Mose der Jahwes Bestimmungen und Gebote Empfangende ist – das ist die schlichte religiöse Form der Bibelerzählung, die in der Formel »Und Gott redete mit Mose und sprach« und in der Ichform der Gottesworte erscheint. In dieser Form des Grundtextes tritt das aktive, schöpferische Entdeckertum Mose's im Bewußtsein des gläubigen Lesers zurück.

Lesen wir Thomas Manns Darstellung der Horebszene genau, so ist mehreres auffällig und zu beachten. »In langen, schweren und heftigen Überlegungen, während er in der Wüste die Schafe des Bruders* seines midianitischen Weibes hütete, erschüttert von Eingebungen und Offenbarungen, die in einem gewissen Fall sogar sein Inneres verließen und als flammendes Außen-Gesicht, als wörtlich einschärfende Kundgebung und unausweichlicher Auftrag seine Seele heimsuchten, gelangte er zu der Überzeugung, daß Jahwe kein anderer sei, als El 'eljon, der Einzig-Höchste, El ro 'i . . . usw.« (VIII, 809) Dieser Satz, ein Kernsatz der Erzählung, verrät viel. Das wichtige, gewaltige, für die Mose-Geschichte zentrale Dornbuschkapitel ist in einem einzigen Relativsatz andeutend zusammengefaßt,

---

* Wenn Thomas Mann diesen Schwiegervater Mose's zu dessen Schwager, dem Bruder Zipporas, macht, so darf man das kaum als dichterische Freiheit, sondern muß es als Irrtum bezeichnen. Einmal scheint er von dem Ausdruck Schwäher des Luthertextes dazu verführt worden zu sein, der jedoch ursprünglich Schwiegervater bedeutet; zum anderen aber auch durch verschiedene Namensangaben im Text. Der Vater Zipporas heißt (Exodus 2, 18) Reguel, gleich darauf aber (Exodus 3, 1 und dann durchgehend) Jethro, stets der Priester von Midian genannt. Natürlich bedeutet das hebräische Wort in 3, 1 und weiterhin nicht Schwager im heutigen Sinne. Die zwei Namen Reguel und Jethro gehen auf die verschiedenen Erzähler zurück, Reguel auf den Jahwisten. In der Literatur wird der Vater Zipporas nur als Jethro geführt. Es ist schwer zu sagen, ob Thomas Mann das zwar gewußt, sich aber dennoch, vielleicht wegen der beiden Namen, dazu berechtigt gefühlt hat, aus dem Schwiegervater den Schwager zu machen, weil er es für das behäbig-kollegiale Verhältnis geeigneter fand, in das er Jethro zu Mose stellt. Doch halte ich die Irrtumsthese für wahrscheinlicher.

der seinerseits nur an eine Apposition im Satzgefüge ange-
knüpft ist, die selbst wiederum nur im Nebensatz steht
(wobei diese verschachtelte Beschreibung die symptomati-
sche, bedeutungsvolle Verschachtelung des Satzgefüges
Thomas Manns andeuten mag). Es ist deutlich, daß der
schlichte Hauptsatz »In langen, schweren, heftigen Überlegungen . . . gelangte er zu der Überzeugung« als Hauptsatz
die sinntragende Funktion hat, den Vorrang des absoluten
Schöpfer- und Entdeckertums Mose's ins Bewußtsein zu
heben. Die nebensätzliche – fast sind wir versucht »neben-
sächliche« zu sagen –, wenn auch stilistisch herrliche Erwähnung des Dornbuschs als flammendes Außengesicht,
Kundgebung und Auftrag wird durch das »sogar« ein-
schränkend und mehrdeutig nur als extreme Steigerung des
inneren Erkenntnisvorgangs durchsichtig gemacht, und
der Begriff Offenbarung, in den Plural gesetzt und mit
»Eingebungen« koordiniert, trägt deutlich den Sinn der
Erkenntnis aus eigenem schöpferischen Denken, nicht den
einer Offenbarung der Gottheit selbst. – Nun erhält freilich
kurz darauf die Dornbuschszene noch eine etwas eingehen-
dere Darstellung; aber auch ihre Form läßt erkennen, daß
sie sozusagen an den Rand geschoben, nicht als das für
Mose selbst Entscheidende interpretiert ist. Sie wird im
Konjunktiv der indirekten Rede gegeben, als Mitteilung
Mose's an das Volk: »Er benachrichtigte sie, daß der Gott
der Väter wiedergefunden sei, daß er sich ihm, Moscheh
ben 'Amram, zu erkennen gegeben habe am Berge Hor in
der Wüste Sin, aus einem Busch, der brannte und nicht
verbrannte, daß er Jahwe heiße, was zu verstehen sei als:
›Ich bin der ich bin, von Ewigkeit zu Ewigkeit‹ . . .; daß er
Lust habe zu ihrem Blut und unter Umständen einen Bund

der Erwählung aus allen Völkern mit ihm zu schließen bereit sei . . .« (VIII, 809) Aus Form und Stil geht deutlich hervor, daß die Horeb-Offenbarung von Mose als Mittel benutzt wird, das Volk dahin zu führen und zu bringen, wohin er es haben will, während er selbst sich sozusagen von der mitgeteilten Erscheinung mehr oder weniger distanziert; man beachte den Ausdruck »er benachrichtigte sie«. – Auch wenn später von den weiteren Unterredungen Mose's mit Jahwe bibelgerecht erzählt wird – »Mose hatte schwere Stunden mit dem Gott des Dornbusches unter vier Augen, wo er ihm vorhielt, wie er, Mose, gleich dagegen gewesen sei, daß ihm dies aufgetragen werde und gleich gebeten habe, wen immer sonst, nur ihn nicht zu senden«, (VIII, 824) – so läßt der Dichter auf eine fast listige Weise erkennen, daß es sich hier nur um Mose's eigene Skrupel und Zweifel an sich selbst handelt, daß nicht Gott als Außenperson redet, sondern »Gott tröstete und strafte ihn aus seinem Inneren und antwortete ihm von da, er solle sich seines Kleinmuts schämen«. (ebd.)

Soweit es das Verhältnis Mose's zu Jahwe betraf, hatten wir schon jetzt auf die Mose-Auffassung Thomas Manns einzugehen, die neben den Auffassungen der Religionsgeschichte ihr Recht hat, ja sich ihnen einfügt, und zwar auch dann, wenn sie im Gegensatz zu ihnen steht. Sie ist einer religiös bestimmten Auffassung wie der von Paul Volz konträr, der die prägende Anschauung des Alten Testaments vertritt, daß nicht Israel Jahwe zu seinem Gott erlesen, sondern Jahwe Israel: »Hier ist jede Autonomie des Menschen . . . abgelehnt« (Mose und sein Werk, S. 61); oder auch zu der Bubers, für den das Phänomen der Wolkensäule, die am Tage, und der Feuersäule, die nachts vor

dem Volk herging, der optische Ausdruck für das Urphänomen von Mose's Glauben an die Führung Gottes ist.
Aber es gibt eine Auffassung, deren Geist derjenigen Thomas Manns verwandt ist; und nicht zufällig nennt er Goethes Aufsatz »Israel in der Wüste« (in den »Noten und
Abhandlungen zum West-östlichen Divan«) neben Auerbachs und Freuds Büchern als die vorbereitende Lektüre
zum »Gesetz« (Entstehung des Doktor Faustus, XI, 154).
Goethe hat keine sehr günstige Auffassung von Mose, und
da diese zudem in ausgesprochenem Gegensatz zu der Thomas Manns steht (wir werden noch darauf zu sprechen
kommen), scheint von Verwandtschaft keine Rede zu sein.
Dennoch ist sie vorhanden; sie besteht in dem historisch
rationalen, unreligiösen Geist, in dem Goethe die Begebenheiten beurteilt und noch radikaler und eindeutiger als
Thomas Mann jegliche göttliche Einwirkung ausklammert.
Einmal nur werden Dornbusch und Wolkensäule skeptisch
und mißmutig erwähnt: »Der Herr, der aus einem brennenden Dornbusch Mosen berufen hatte, zieht nun vor der
Masse her in einem trüben Glutqualm, den man tags für
eine Wolkensäule, nachts als ein Feuermeteor ansprechen
kann« (ohne daß hier Goethe freilich umgekehrt die Säulen
als Naturphänomen erklärte, was ja nahegelegen hätte).
Der Zug Israels durch die Wüste wird als ein gewöhnlicher
Erobererzug beurteilt: »Die Grundsätze eines dergestalt
auswandernden Volkes sind kein Geheimnis, sie ruhen auf
dem Eroberungsrechte«. Und es scheint, als sei Thomas
Manns »blasphemische« bzw. entmythisierende Darstellung der Auszugsbegebenheiten von Goethe inspiriert
worden. Davon sogleich.

3. Die Plagen und der Auszug

Die Analyse der Horebszene auf dem Hintergrund der bibelkritischen Auslegungen hatte Thomas Manns Grundauffassung von einem Schöpfertum Mose's sichtbar werden lassen, das letztlich Gottes nicht bedürftig ist. Damit ist zwar weder Mose's noch Jahwes Problem in der Sicht Thomas Manns schon erschöpfend beschrieben, aber diese Grundauffassung mußte zunächst herausgestellt werden, um die weiteren Fakten der Erzählung in ihrem Verhältnis zu Bibeltext und Religionswissenschaft erläutern zu können.

Viel Kopfzerbrechen und sogar Mißmut haben bei der Forschung die Plagen erregt, das Druckmittel, mit dem Jahwe Mose und Aaron bei ihren Verhandlungen mit Pharao zu Hilfe kommt: die Verwandlung des Wassers in Blut, die Frösche, die Stechmücken, Pestilenz, schwarze Blattern, Hagel, Heuschrecken und Finsternis bis zur letzten, furchtbarsten und entscheidenden. »Die ägyptischen Wunder und der Auszug sind in der gegenwärtigen Fassung besonders unerfreulich zu lesen« (Greßmann, S. 66 f.). In der Tat hat »das Gewirr der Plagen« (Auerbach, Moses, S. 58) zunächst literarkritische Schwierigkeiten gemacht, die man nur durch die Annahme mehrerer Erzähler lösen zu können glaubte: übertriebene Häufung, Widersprüche wie z. B. der, daß an der Pest alles Vieh der Ägypter stirbt (Exodus 9, 6) und nachher nochmals vom Hagel erschlagen wird (9, 25); auch die wenig gerechte List Jahwes, Pharaos und seiner Knechte Herz eigens zu verhärten, um seine Zeichen unter ihnen tun zu können (10, 1), wurde erörtert und erklärt aus dem Wunsche der Erzähler, Jahwes die Kinder

Israel begünstigende Macht in gewaltig strahlendes Licht zu stellen. »Der gerechte Gott der Welt ist er nicht, sondern durchaus Partei« sagt Ed. Meyer (Israeliten, S. 11).

Vor allem aber gab der Charakter der letzten, den Widerstand Pharaos endgültig brechenden Plage, die Tötung der ägyptischen Erstgeburt, Anlaß zu exegetischer Bemühung. Diese Plage fällt aus dem Rahmen der übrigen heraus, die alle märchenhaft übertriebene Naturkatastrophen und dem natürlichen Charakter des Nillandes angepaßt sind. Diese aber ist übernatürlicher, unheimlich-dämonischer Art: Jahwe oder sein Würgengel – bei Luther Verderber genannt – gehen um in der Nacht des Passahfestes; denn er geht vorüber – so wird volksetymologisch das Wort erklärt – an den Häusern der Kinder Israel und tötet nur die ägyptische Erstgeburt; die Häuser sind bezeichnet durch das auf die Türpfosten mit Ysopbüscheln gestrichene Blut vom geschlachteten Lamm, der Speise des Festes, als Osterlamm zu diesem Zwecke gestiftet. Die Bibelkritik vermutet, daß diese letzte Plage literarisch die erste gewesen sei, der die anderen als vorbereitende und dramatisch retardierende vorangesetzt sind (Greßmann, S. 101). Nirgends jedoch, auch in der weltlich-historischen Forschung nicht, ist, soweit ich sehe, der Versuch gemacht worden, das dämonisch-göttliche Geschehen zu entmythisieren, es in die menschliche Sphäre hinabzuverlegen. Thomas Mann hat dies blasphemische Wagnis unternommen, aber, wie schon angedeutet, nicht ganz ohne sozusagen durch einen leisen Wink darauf gebracht zu sein, den ihm offenbar Goethe gegeben.

Goethe, der ebenso wie Schiller und Reinhold die Israeliten des Auszugs wenig wohlwollend beurteilt, beschreibt die Nacht des Passahfestes so: »Unter dem Schein eines allgemeinen Festes lockt man Gold- und Silbergeschirre den Nachbarn ab« – das bezieht sich auf 3, 22 und 12, 35, wonach Gott die Anweisung gegeben hat, von den Ägyptern, ein jeglich Weib von ihrer Nachbarin und Hausgenossin, silberne und goldene Gefäße und Kleider zu fordern – »und in dem Augenblick, da der Ägypter den Israeliten mit harmlosen Gastmahlen beschäftigt glaubt, wird eine umgekehrte ›Sizilianische Vesper‹ unternommen; der Fremde ermordet den Einheimischen, der Gast den Wirt, und, geleitet durch eine grausame Politik, erschlägt man nur den Erstgeborenen, um in einem Lande, wo die Erstgeburt so viele Rechte genießt, den Eigennutz der Nachgebornen zu beschäftigen und der augenblicklichen Rache durch eine eilige Flucht entgehen zu können. Der Kunstgriff gelingt, man stößt die Mörder aus, anstatt sie zu bestrafen.« – Weit wohlwollender, ja mit humoristischem Augenzwinkern des Verständnisses entgöttlicht Thomas Mann den unheimlichen Vorgang (den z. B. Buber merkwürdigerweise als eine »Kinderseuche« hinstellt, während der durch die Straßen der Residenzstadt die Stimme des Gewaltigen schallt.), und wenn er ihn »eine arge Vesper« nennt, so dürfte der Wink durch Goethe bestätigt sein, wie auch durch die Bemerkung, daß das Sterben, das Jahwe anstellte, manchem Zweitgeborenen zu Rechten verhalf, die ihm sonst vorenthalten geblieben wären. Denn diesen sonderbaren, von keinem Wort des Textes eingegebenen Schluß auf den Vorteil der Zweitgeborenen hat nur Goethe gemacht, der die Geschichte mit dem denkbar nüchternsten Blick betrachtet. Thomas Mann aber geht nicht nur wohlwollender, sondern auch feinsinniger als Goethe vor, indem er gerade den Bibeltext beim Worte nimmt, der nicht Jahwe selbst, sondern seinen »Würgeengel« fungieren läßt. Das ist ein jüngerer Ersatz für Jahwe, der in der ältesten Sage selbst als Würger gedacht ist (Greßmann, S. 103). Aber beide Versionen sind im Text zu finden: 12, 29 die alte Form »Und zur Mitternacht schlug der Herr alle Erstgeburt . . .«, die jüngere, Jahwe entlastende 12, 23, und zwar hier als Mose's Mitteilung an das Volk: »Denn der Herr wird umhergehen und die Ägypter plagen. Und wenn er das Blut sehen wird an der Überschwelle und an den zween Pfosten, wird er an der Tür vorübergehen, und den Verderber nicht in eure Häuser kommen lassen, zu plagen.« An diese Stelle hält sich Thomas Mann. Und die Blasphemie, die er sich erlaubt, wird gewissermaßen gemildert, indem dem Bibeltext selbst unterschoben wird, daß es vielleicht doch weniger göttlich-dämonisch zuging, der Würgengel der Auslegung größeren Spielraum läßt als wenn Jahwe selbst im Spiel wäre. Nun, es ist Thomas Manns Erfindung, als Jahwes Würgengel »eine stracke Jünglingsfigur« vorzustellen, Joschua, der die Rotte anführt, die das blutige Werk vollbringt. Die humoristische Entmythisierung dieser Erfindung besteht darin, daß Jahwe, zunächst – scheinbar bibelgetreu – als der belassen, der das Sterben der Erstgeborenen anstellte, im selben Atemzug wieder eliminiert wird. Wie bei Goethe, wird die Tötung den Hebräern selbst zugeschoben, aber mit einer so listig-humorvollen Auslegung des Textes, daß sie nur als erlaubte Version der Übertragung des Mordens von Jahwe auf den Würgengel erscheint. »Meine Freunde! Beim Auszuge aus Ägypten ist sowohl getötet wie auch gestohlen worden!«, (VIII, 829), so wird frei heraus und zugleich entschuldigend zugestanden. Und gerade in diesem Zugeständnis ist Thomas Manns Auslegung der Aktion Jahwes oder seines Würgengels als Legende enthalten, die das eigene Tun auf Gott abwälzt – durchaus im Gegensatz zu jeder bibelgerechten, religiösen oder jüdisch-nationalen Exegese, die in diesem Geschehen Jahwes Eintreten für sein Volk erkennt. Aber heimlich entschuldigt Thomas Mann die Selbsthilfe der Israeliten auch Goethe gegenüber; und indem er hinzufügt: »Nach Mose's festem Willen sollte es jedoch das letzte Mal gewesen sein«, weist er voraus auf den Sinn und Zweck, um derentwillen er noch einmal die Geschichte vom Auszug und von Mose erzählt.

Joschua in dieser Aktion und als Mose's treuer Gefolgsmann noch vor dem Auszug, – wie auch seine Ausgestaltung: »ein geradestehender, sehniger junger Mensch mit einem Krauskopf, vortretendem Adamsapfel und einem bestimmt eingezeichneten Faltenpaar zwischen seinen Brauen, der bei der ganzen Sache seinen eigenen Gesichtspunkt hatte: . . . den militärischen« (VIII, 818) – ist eine Erfindung des Dichters. Im Text tritt Joschua, Mose's späterer Nachfolger, dem statt seiner die Landnahme Kanaans beschieden war, zuerst unvermittelt in der Amalekiterschlacht bei Raphidim (Exodus 17, 9) auf, als Heerführer und Sieger, während Mose die Schlacht durch Heben und Senken seiner Hand dirigiert, nicht ohne daß Aaron und Hur ihm die Hände dabei stützten. Natürlich ist gerade diese Stelle der Keim zu der pointiert strategischen Rolle, die Thomas Mann dem Joschua an der Seite Mose's gibt und die wiederum mit seiner Gesamtauffassung Mose's zusammenhängt, die im nächsten Kapitel dargestellt wird.

4. Probleme der Wüstenwanderung

Von den eingreifenden Umstellungen, die Thomas Mann in der Reihenfolge der Begebenheiten nach dem Auszug (Exodus 13-20) vorgenommen hat, wird im nächsten Kapitel noch zu sprechen sein. Zunächst müssen noch einige Erklärungen zu Teilen der Darstellung gegeben werden, die sich nicht ohne weiteres aus dem Pentateuch ergeben, sondern auf andere Informationsquellen zurückgehen. Es handelt sich dabei weniger um geistig-religiöse Probleme, als um solche der geographisch-geschichtlichen Orientierung, die die Forschung in Zusammenhang mit der Bemühung um die geschichtliche Aufhellung des Wüstenzuges und der Landnahme Kanaans beschäftigt haben.

Nach dem gewissermaßen »pflichtschuldigen« Bericht über den Durchzug durchs Rote Meer (oder Schilfmeer), bei dem Mose »mit feierlicher Gebärde in Jahwe's Namen dem Ostwinde zu Hilfe gekommen« war, einer kurzen Darstellung des »Murrens«, des »Quellwunders« von Mara und der Speisung mit Manna (nach Exodus 15 u. 16), verweilt die Erzählung bei der Oase Kadesch und lokalisiert hier die Amalekiterschlacht. Dorthin, erzählt der Dichter, hat Joschua, der die Topographie im Kopfe hatte und die äußere Führung praktisch übernahm, gesteuert, und die Schlacht mit den Amalekitern war die natürliche Folge, weil diese die Besitzer der Oase waren und also herausgedrängt werden mußten. Über diese Fakten läßt uns die Bibel weitgehend im Stich. Der Text erwähnt den Ort Raphidim, wo die Israeliten lagern, mit Mose zanken, Gott »versuchen«, d. h. an ihm wegen Wassermangels zweifeln, Mose mit Gottes Beistand Wasser aus dem Felsen schlägt und der Ort um des Zankes und Gottversuchens willen Massa und Meriba genannt wurde; diese Namen hat die Forschung (Meyer, Greßmann, Auerbach) als Versuchs- oder Prüfungsquelle (Massa) und Rechtsquelle oder Pro- zeßwasser (Meriba) gedeutet. Diese Quellen aber sind bei Kadesch zu vermuten, einer überaus fruchtbaren Oase im nordöstlichen Teil der Sinai-Halbinsel, wahrscheinlich die heutige Oase Ain Qedes, und haben, nach Auerbach, von jeher ihre Namen gehabt, da an ihnen Recht gesprochen wurde. Schon weil die Mehrzahl der Mose-Erzählungen: die Quellsagen von Mara, Massa und Meriba, der Kampf mit den Amalekitern, der Besuch Jethros und die Einset- zung der Richter, die Wachteln, die Lade, das Stabwunder Aarons, Aarons und Mirjams Eifersucht, nach Kadesch gehören, ist zu schließen, daß die Israeliten sich dort lange Zeit, möglicherweise für die Dauer einer Generation, auf- gehalten haben und dabei aus Nomadensippen zu einem Volke wurden. Dies referiere ich nach Auerbachs »Wüste und Gelobtes Land«, das, wie schon erwähnt, die von Thomas Mann ausführlich exerpierte Quelle für die dorti- gen geographischen Verhältnisse war. Die Beschreibung der Oase in »Das Gesetz« ist wörtlich diesem Werk entnom- men. Aus der Annahme, die Israeliten seien in Kadesch vorübergehend seßhaft gewesen, ließe sich auch die vier- zigjährige Wüstenwanderung erklären, deren Unwahr- scheinlichkeit Goethe zu dem Aufsatz »Israel in der Wüste« veranlaßte. Goethe aber glaubte, auf Grund sorgfältiger Vergleiche der Erzählung mit dem in Numeri 33 angege- benen Stationenverzeichnis der Wanderung die vierzig Jahre auf zwei reduzieren zu können, und amüsanterweise dienen ihm diese zwei Jahre zur Ehrenrettung von Mose, dem er alle Führerfähigkeiten absprechen wollte, wenn man ihn wirklich hätte »vierzig Jahre ohne Sinn und Not mit einer ungeheuren Volksmasse auf einem so kleinen Raum im Angesicht seines großen Ziels herumtaumeln sehen«. Thomas Mann aber hielt sich in diesem Falle lieber an die moderne Forschung, die zwar nicht so emotional wie Goethe urteilt, aber im Grunde kaum weniger hypothetisch vorgehen kann.

Wo aber fand die Sinai-Offenbarung, der Empfang der Gesetzestafeln statt? Ja, auch die Frage, wo der Sinai (oder Horeb) zu lokalisieren sei, hat die Forschung beschäftigt. Er lag nicht, wie man zu denken gewohnt ist, im Süden der Sinai-Halbinsel, eine Angabe, die erst in nachchristlicher Zeit entstanden ist und nur bis 600 n. Chr. zurückreicht. Sie hat sich schon deshalb als unhaltbar erwiesen, weil es in dieser Gegend keine Vulkane gibt oder gegeben hat. »Im Osten von Kadesch, hinter der Wüste«, lesen wir im »Gesetz«, war der Berg zu sehen, bei dem Mose einst die Stimme Jahwes vernommen; und als er sich später anschickt, ihn im Angesicht des Volkes zu besteigen, handelt es sich um einen Auszug aus Kadesch in die Wüste in südlicher Richtung, d. h. in die Gegend von Akaba, das am Roten Meer liegt, an der Spitze des Golfs von Akaba, ebendort, wo man das Land Midian lokalisiert. Thomas Manns genaue Angaben, die dem Bibeltext widersprechen, beziehen sich auf die Feststellungen der Forschung, daß die Israeliten nicht auf kürzestem Wege durch das Schilfmeer von Gosen bis zum Sinai gezogen sein können − »diese wasserlose Granitwüste war immer für eine größere wandernde Masse absolut unzugänglich« (Auerbach, S. 65) −, sondern vom Schilfmeer direkt nach Kadesch, das im heutigen Negev südlich von Beer'sheba liegt, die als fruchtbar bekannte Zielstation, die nun Thomas Mann raffiniert in den Wander- und Eroberungsplan des strategischen Joschua einbaut. Er las bei Auerbach, daß wahrscheinlich zwischen dem Sinai und Kadesch eine kultische Beziehung bestanden habe, indem der Sinai der ursprüngliche Sitz Jahwes, des midianitischen Vulkangottes war, Kadesch (das Heiligtum bedeutet) seine sekundäre Kultstätte, wo Mose dem Volk seine Institutionen gab. Es ist zum mindesten erhellend, diese Forschungsauffassung zu kennen, wenn man die köstliche Darstellung von Mose's Erziehungswerk in Kadesch bei Thomas Mann liest und die schon erwähnten Umstellungen bemerkt, die er mit den Begebenheiten vorgenommen hat. Im Alten Testament schließen sich die sozialethischen und kultischen Gesetze an die Sinai-Besteigung und die ersten Tafeln an (Exodus 20), unterbrochen nur von den Szenen des goldenen Kalbes und der zweiten Tafeln. Thomas Mann, gestützt auf die um den Nachweis des Siedelns in Kadesch bemühte Forschung, läßt Mose hier und vor dem Empfang der Tafeln und Gottes weiteren Anweisungen den Gottesdienst mit Stiftshütte, Bundesbuch und Bundeslade einrichten und das Volk durch die Sittengesetze erziehen – eben die Gesetze, die den zweiten Teil von Exodus und das ganze Buch Leviticus füllen. Die inneren Gründe dafür kommen unten zur Sprache.

5. Die Schrift und das Gesetz

Widersprüchliche Stellen des Textes veranlaßten die Bibelkritiker, auch darüber nachzusinnen, ob Gott selbst oder
Mose die Gesetze auf die Tafeln geschrieben habe. Vor und
nach der Verkündigung des Dekalogs ist überhaupt von
einer Niederschrift nicht die Rede. »Und Gott redete alle
diese Worte«, heißt es in Exodus 20, 1. Erst in Exodus 24
– nach den ersten Gesetzteilen – ist von der Schrift die
Rede, und zwar in zwei sich widersprechenden Versen: »Da
schrieb Mose alle Worte des Herrn« (24, 4) und »Und der
Herr sprach zu Mose: komm herauf zu mir auf den Berg,
und bleib daselbst, daß ich dir gebe steinerne Tafeln und
Gesetze und Gebote, die ich geschrieben habe, die du sie
lehren sollst« (24, 2). Dann nochmals 31, 18: »Und da der
Herr ausgeredet hatte mit Mose auf dem Berge Sinai, gab er
ihm zwo Tafeln des Zeugnisses, die waren steinern und
geschrieben mit dem Finger Gottes.« Und nochmals be-
kräftigend im Kapitel vom goldenen Kalb 32, 16: »Und
Gott hatte sie selbst gemacht, und selber die Schrift darein
gegraben.« Derselbe Widerspruch erscheint noch einmal in
34, 1 und 34, 28 in bezug auf die neuen Tafeln, wo einmal
Gott Mose den Auftrag gibt, zwei Tafeln zu hauen, damit
»ich die Worte darauf schreibe, die in den ersten Tafeln
waren«, im späteren Vers aber von Mose steht: »Und er
schrieb auf die Tafeln die Worte des Bundes, die zehn
Worte.« – Unnötig zu sagen, daß hier wieder verschiedene
Erzählerfäden, ältere und jüngere Traditionen nebeneinander laufen. Die Stellen wurden nur vorgeführt, um zu
bezeugen, daß Thomas Manns Darstellung von Mose's
eigener Schriftarbeit nicht willkürlich ist, sondern er sich

die ihm gemäße Version aus dem Grundtext aussuchen konnte. Auch nimmt die Forschung die Stelle 34, 28 als älteste und echteste Tradition an, nach der Mose auf die mitgebrachten Tafeln das Zehngebot schreibt.

Aber nun ist im »Gesetz« nicht nur der Aufstieg Mose's in den rauchenden Gottesberg dichterisch ausgestaltet worden, auch die Schilderung seines Schreibens, als der Erfindung der Buchstabenschrift, wird man natürlich im Bibeltext nicht belegt finden. Dennoch ist sogleich erkennbar, daß auch hier ein echtes Forschungsproblem dahinter steht oder doch Historisches und Erfundenes verwoben sind. »Es wäre verlockend«, sagt der Ägyptologe Karl Sethe, »in der Person des großen Gesetzgebers des hebräischen Volkes den Erfinder des phönizischen (semitischen) Alphabets zu sehen, wie das der jüdische Geschichtsschreiber Eupolemos (2. Jahrh. v. Chr.) behauptet hat« (Vom Bilde zum Buchstaben, 1939, S. 55). In der Tat ist die semitische Schrift zwischen 1300 und 1000 v. Chr. aufgetreten, also in der Epoche, in die man Auszug und Landnahme Kanaans datiert. Sethe nimmt diese Mose betreffende Vermutung aber zurück auf Grund der Entdeckung der sogenannten »Sinai-Schrift« durch Flinders Petrie (1905) auf der Sinai-Halbinsel. Dies waren Denkmäler aus dem 18.-16. Jahrhundert mit Inschriften aus einer beschränkten Anzahl von Zeichen, die an ägyptische Hieroglyphen erinnerten und die man für semitische Konsonanten hielt und als Vorstufe zum phönizischen Alphabet erkennen wollte. War dies eine semitische Buchstabenschrift, so mußte sie also fünf- bis sechshundert Jahre älter sein als die Mose-Zeit. Auerbach aber ist der Meinung, daß die Sinai-Schrift noch keine semitische Konsonantenschrift ist, sondern eine Silbenschrift wie die ägyptische, wenn auch die Erfinder des Alphabets sie vielleicht gekannt und ihre hieroglyphenähnlichen Formen benutzt haben. Er schreibt die Erfindung des semitischen Konsonantenalphabets, das aus zweiundzwanzig Zeichen besteht, nicht den Phöniziern, sondern den Israeliten zu, die es mit nach Kanaan gebracht haben und »vermutlich als die Tat eines einzigen genialen Kopfes«.

Auch diese Kontroverse, bei der für Thomas Mann wiederum Auerbach entscheidend ist, sollte kurz vorgeführt werden, um den Hintergrund der Schrifterfindung seines Mose anzudeuten. Er spielt auf die Sinai-Inschriften an, wenn er erzählt, daß Mose »bei den Midianitern die Bekanntschaft eines dritten Bedeutungszaubers« – neben der Bildschrift Ägyptens und der babylonischen Keilschrift – gemacht hatte, der mit »Wüsten-Ungeschick den Bildern Ägyptens abgesehen war«, aber als Silbenschrift seinen Zwecken noch nicht Genüge tat. Man lese nach, wie er dann den »Bedeutungszauber« erfindet, den Kinder in wenigen Tagen lernen würden (ein kleines Montagezitat aus Auerbachs Buch), die Konsonanten, »unter Aussparung der Grundlaute, die sich von selbst aus ihnen ergaben« (VIII, 865), das hebräische vokallose Alphabet – und fast ist man überzeugt, daß Mose selbst, wie es die Forschung nicht ausschloß, der Erfinder der Schrift gewesen ist, aus der sich auf dem Wege über das Phönizische und das Griechische die allgemeine abendländische Schrift der Verständigung entwickelt hat, so wie aus dem Gottesbegriff Mose's die Weltreligion, aus dem Zehngebot das Sittengesetz, das »bündig Kurzgefaßte«, wie im »Gesetz« steht.

Das bündig Kurzgefaßte – auch dazu, d. h., zu der

Fassung, in der wir die Zehn Gebote bei Thomas Mann lesen, ist noch ein Wort zu sagen. Verglichen mit dem Luthertext ist die Form, in die Thomas Mann die Worte auf den Tafeln gießt, allerdings ganz bedeutend kurzgefaßter. Vergleichen wir mit der bekanntesten Stelle Exodus 20, so sind wenigstens sechs der Gebote weit wortreicher als wir sie im »Gesetz« lesen. So ist z. B. das Zweite Gebot: »Du sollst dir kein Bildnis noch irgend ein Gleichnis machen, weder des, das oben im Himmel, noch des, das unten auf Erden, oder des, das im Wasser unter der Erde ist« (Exodus 20, 4 und in Vers 5 und 6 noch weiter ausgeführt) in die sechs Worte gepreßt: Du sollst dir kein Gottesbild machen. Hier waltet keine dichterische Freiheit und ist die Form nicht nur von ästhetischen Gründen bestimmt. Sondern die auch im Bibeltext kurze Form des Sechsten, Siebten, Achten und Neunten Gebots: Du sollst nicht töten, Du sollst nicht ehebrechen usw. läßt auf die ursprünglich kurze Form auch der andern Gebote schließen, die durch spätere Zusätze erweitert sind, wie wiederum Auerbach in »Wüste und Gelobtes Land« (S. 71) und noch eingehender in seinem »Mose« mitteilt. Und eben die Fassung, die Auerbach als die ursprüngliche annimmt, ist die von Thomas Mann wiedergegebene, mit geringen stilistischen Abweichungen an ein paar Stellen. – In der Tat lebt ja naturgemäß im Bewußtsein der Menschheit die immer im ersten Satz der Gebote formulierte Kurzform. Nur »durch seine eherne Kürze konnte das gewaltige Dokument die Welt erobern« (Auerbach).

3. KAPITEL

»Das Gesetz«

Als »Wirklichkeits«-Hintergrund der Mose-Erzählung Thomas Manns sind bisher die Fakten und Probleme des Textes und der Religionsforschung dargestellt worden, die zur Erläuterung der Gestaltung durch den Dichter notwendig waren. Und es liegt in der Besonderheit des biblischen Stoffes, daß diese Kommentierung in weitem Umfang an Stelle einer Dokumentation stehen muß. Es konnte dabei nicht vermieden werden, daß manche Aspekte des Stoffes und der Auffassung der Erzählung sich schon bei diesen Erörterungen abzeichneten, eben weil erst die Probleme, die die Erzählung stellt, zur Untersuchung ihrer Quellen führen konnten. Aber die Eigenart der Dichtung, die spezifisch Thomas Mannsche Konzeption der Mose-Geschichte, ist damit noch keineswegs erfaßt und ausreichend beschrieben.

1. Entstehung und Auffassung

Auf die Konzeption selbst ist zunächst das Augenmerk zu richten, damit aber auf die Entstehungsgeschichte. Die Mose-Erzählung dürfte wohl die einzige Dichtung Thomas Manns sein, die ihre Entstehung einem äußeren Antrieb, einem »von außen kommenden Arbeitsvorschlag« verdankt, wie Thomas Mann in der »Entstehung des Doktor Faustus« berichtet. Er war 1943 in Amerika aufgefordert worden, eine kurze essayistische Einleitung zu einem Buche zu schreiben, das den Titel »The Ten Commandments« (Die Zehn Gebote) führen sollte und in dem zehn namhafte Schriftsteller »in dramatischen Erzählungen die verbrecherische Mißachtung des Sittengesetzes (in Nazideutschland), jedes einzelne der Zehn Gebote behandeln« sollten. Das Buch, zu dem u. a. Franz Werfel, Bruno Frank, Jules Romains, André Maurois und Sigrid Undset Beiträge lieferten, erschien 1943 unter dem angegebenen Titel mit dem Untertitel »Ten short Novels of Hitler's War against the Moral Code« in New York. Die erste dieser »Kurzgeschichten« war Thomas Manns Erzählung, die statt des gedachten Einleitungsessays entstanden war. In der englischen Fassung hatte sie den Titel »Thou shalt have not other gods before me«; »Das Gesetz« wurde sie erst in der ersten deutschen Ausgabe (Stockholm, 1944) betitelt. – Die Idee des Buches war »moralisch-polemisch«, und sie wurde noch durch ein Vorwort profiliert, das Hermann Rauschning zum Verfasser hat, der zuerst zum Kreis um Hitler gehörte, aber schon 1934 sich lossagte und im Ausland viel beachtete aufklärende Bücher über das Wesen des Nationalsozialismus schrieb, von denen vor allem »Die Revolution des Nihilismus« (Zürich, 1938) berühmt wurde. In diesem Vorwort gibt er eine »Unterhaltung mit Hitler« wieder, an der er bei einer Einladung in die Reichskanzlei mehr oder weniger als Zuhörer teilgenommen hatte: Goebbels war der Gesprächspartner. Hitler und Goebbels wetterten gegen die Zehn Gebote, das »teuflische Du sollst, Du sollst nicht«, gegen »diesen Fluch vom Sinai«, diese »Perversion unserer gesundesten Instinkte«. Übel dröhnten Nietzsches Lehren aus Hitlers Mund: »Der Tag wird kommen, wo ich gegen diese Gesetze eine neue Gesetzestafel aufrichten werde. Die Geschichte wird unsere Bewegung als die große Schlacht für die Befreiung der Menschheit vom Fluche des Berges Sinai erkennen . . . Wir kämpfen gegen den masochistischen Geist der Selbstquälerei, den Fluch der sogenannten Moral, die zum Idol gemacht ist, um die Schwachen vor den Starken zu schützen. Gegen die Zehn Gebote, gegen sie kämpfen wir.« (The Ten Comm., S. XIII, von mir übersetzt).

Thomas Manns Erzählung »Das Gesetz« war ein Politikum bei ihrer Entstehung; und in den Radioreden »Deutsche Hörer«, die er vom Oktober 1940 bis zum Mai 1945 von Amerika sendete, konnte er denen, die damals die Sendungen zu hören Gelegenheit und Mut hatten, von dem Buche erzählen, ihnen die letzten Worte Mose's vom »ABC des Menschenbenehmens« zurufen, die alten Tafeln vom Sinai wieder vor den deutschen Hörern aufrichten.

Es ist diese Entstehungsgeschichte, der moralisch-polemische, zeitgeschichtliche Zweck, die nicht nur den Gehalt, auch die Form und Struktur der Erzählung mitbedingen. Aber selbst wenn man von Entstehung und Zweck nichts weiß, gibt schon der Titel die Begrenzung des Stoffes an. Sie fällt zusammen mit den zentralen, in Exodus 1-20 und 32-34 erzählten Begebenheiten, jenen, die vor allem im Bewußtsein der abendländischen Menschheit leben und auf die sich auch die Probleme der Mose-Forschung im wesentlichen beziehen. Ihr Kern ist die religiöse und ethische Konstituierung des Volkes Israel. Sie ist das Thema von Thomas Manns Erzählung, die denn auch nicht bis zu Mose's Tod geführt ist noch auch die weiteren Geschichten des Wüstenzuges, von den Kundschaftern, von Bileam usw. berichtet. Sie ist Thema darüber hinaus auch in dem allgemeineren Sinne der Konstituierung des Sittengesetzes überhaupt. Und erst dieses Thema ist es, das nicht nur zum formenden Prinzip für Aufbau, Art und Stil dieser biblischen Erzählung geworden ist, sondern auch und in erster Linie die Deutung mitbestimmt, die der Dichter dem Werk und der Gestalt des Mose gibt. Mit ihr haben wir uns zunächst zu beschäftigen, um dann zu untersuchen, wie Ideengehalt und Form zusammenhängen.

Die Fakten und Elemente, die im vorigen Kapitel auf dem Hintergrund des Textes und der Forschung ins Auge gefaßt worden waren, müssen z. T. nun nochmals in ihrer Bedeutung und Funktion für die Erzählung selbst betrachtet werden. Zunächst die Geburtssage. Es wurde oben schon festgestellt, daß die zweifellos drastische Lösung des Problems, ob Mose »ein Ägypter war« (Freud), Thomas Manns Erfindung ist. Offenbar kam es ihm darauf an, Mose nicht als »reinrassigen« Juden, den Sohn des Amram und der Jochebed, hinzustellen, sondern als Halbjuden. Aber mehr noch kam es ihm darauf an, Mose's jüdisches »Blut« nicht edler, nämlich eben levitischer Herkunft sein zu lassen – beide biblisch legitimen Eltern gehören zu diesem vornehmsten Stamm Israels –, sondern der niedrigen eines Fronsklaven. Auf eine unreine Herkunft sah er es ab – und mag, falls er sie gekannt hat, deshalb die gleichfalls bestehende Hypothese, Mose sei der Sohn Amrams und der Prinzessin gewesen, nicht benutzt haben. Und wenn er zwar die ägyptische Königstochter zu seiner leiblichen Mutter macht, so nicht zu dem Zweck, die spätere Ausbildung des Gottesbegriffes aus ägyptischer Weisheit abzuleiten. Sondern die Unreinheit der Geburt wird gerade durch die »Lüsternheit« der Prinzessin verstärkt; und als listigwitziges Nebenresultat kann der zu verbergende Fehltritt Mose später als »Druckmittel« bei Pharao, seinem »Lüsternheitsgroßvater« dienen, weil »beide wußten, daß jeder es wisse«. Ja, Thomas Manns Exegese der Naturplagen versteigt sich gar zu der Annahme, daß »ihre Namen doch mehr oder weniger als schmuckhafte Umschreibungen für ein einziges Druckmittel anzusehen« (VIII, 826) waren, nämlich eben für dieses.

Es ist Scherz und Parodie verwoben in diese naturalistische Version von Mose's Geburtssage; aber es wird sich zeigen, daß diese und andere naturalistische Eingriffe in die Tradition auf den ernstesten Sinn bezogen sind und dies sich gerade in der humoristisch-parodistisch spielenden Erzählweise enthüllt. Die unreine Herkunft, die Geburt aus niederem Blut und niederem Trieb hat ihre pointierte, polar bestimmte Bedeutung, die im ganzen Duktus der Erzählung sich bestimmender noch erweist als jenes Polaritätsverhältnis, das gleich in den einleitenden Sätzen angegeben wird: daß Mose Ordnung, Gebot und Verbot liebte, weil seine Geburt unordentlich war, daß ihn nach dem Geistigen, Reinen und Heiligen, dem Unsichtbaren verlangte, weil er sinnenheiß war. Wenn Kritik erlaubt ist, so muß man sagen, daß diese Voraussetzungen im Gange der Erzählung nicht realisiert wurden und auch schon als solche nicht eben überzeugend, sozusagen bloße Behauptungen geblieben sind. Vielmehr erweist sich die Erfindung der Herkunft aus niederem Trieb und Blut, besser: die pointierte Betonung dieser Tatsache ungeachtet der Aussagen des Dichters selbst als eine symbolische Gegensetzung, und nicht als psychologische. Daß das *Blut* des Verscharrten in ihm stärker war als das lüsterne Mutterblut, ist ein Grundton in der Gestaltung von Mose's Wesen und Werk; und untergründig ist die Tatsache, daß es niederes Blut, Blut des »Pöbelvolks« war, verknüpft mit dem Werk der Reinigung, Formung, Ethisierung, die er an ihm vollbringt. Wir können unterlegen, daß die leibliche Elternschaft Amrams und Jochebeds, oder auch nur die Vaterschaft Amrams – obwohl auch hier und weit fragloser die These vom »Vaterblut« gültig wäre – die überall anklingende Assoziation des *Chthonisch-Materiehaften* nicht hervorrufen würde. Auf dies aber kommt es an. Und es ist aus dieser Verbindung der Idee der Materie mit der des Chthonischen, des Blutes, Fleisches, Triebes zu verstehen, daß nun gerade der Ausdruck Blut auf das Volk übertragen wird, das Mose »aus Ägypten führt«. Von ihm, dem Volk, ist fast stets die Rede als von dem Blut, dem Geblüt, dem Vaterblut, dem Fleisch, dem Rohstoff aus Fleisch und Blut, dem Pöbelvolk auch und Gehudel. Das Volk der Israeliten ist gleichsam zusammengefaßt zum Begriff der Materie als dem Gegensatz zum Geistigen. Deutlich genug ist der Begriff des Geistigen als Gegenbegriff zur Materie in dem Gottesbegriff verkörpert, den Mose aus Jahwe schafft. Im Begriff des Geistes verdichtet und begrenzt sich das religiöse Erlebnis und Wesen Gottes. Wir wiesen schon darauf hin, daß bei dem Gottesbegriff im »Gesetz« nicht die monotheistische Idee die entscheidende ist, die im Zentrum der jüdischen Gotteslehre steht und im Ersten Gebot: »Du sollst keine anderen Götter haben neben mir« manifestiert wird. Sondern es ist die Eigenschaft der Unsichtbarkeit, aus der heraus Thomas Manns Mose seinen Gottesbegriff erarbeitet. Diese Eigenschaft erscheint im Bibeltext erst in Deuteronomium 4, 12 – und zwar bezeichnenderweise als Worte Mose's in seiner

Testamentsrede an das Volk: »Und der Herr redete mit euch mitten aus dem Feuer. Die Stimme seiner Worte hörtet ihr; aber keine Gestalt sahet ihr außer der Stimme.« Die Unsichtbarkeit und Gestaltlosigkeit – sie sind die Eigenschaften Gottes, die für Thomas Manns Mose voller »Implikationen« sind, Implikationen des geistigen Wesens und der geistigen Wesenheit des Menschen, die das »Andere« ist seines materiellen Teils. Das Geistige ist unsichtbar und gestaltlos, d. i. nichtdinglich, und damit rein und frei von aller Erdenschwere der Materie. Ins Geistig-Nichtmaterielle deutet Mose die praktisch-politische Befreiung des Volkes hinein und um: »Gott – und Befreiung zur Heimkehr, der Unsichtbare – und die Abschüttelung des Joches der Fremde, das war ein und derselbe Gedanke für ihn.« (VIII, 810 f.)

Die »Handschrift«, die Denkform Thomas Manns verrät sich in dieser prägnant herausgemeißelten Definition des mosaischen Gottesbegriffes, seiner antithetischen Setzung zu dem Nichtgeistigen, Chthonisch-Materieverhafteten. Die Entstehung der Mose-Erzählung fällt, wie oben (S. 210) dargelegt, in die Zeit unmittelbar nach dem 1943 erfolgten Abschluß der Joseph-Romane, deren großes Thema, »das Geheimnis des Menschenwesens«, eng verschlungen ist mit dem anderen gewaltigen Thema, dem Gottesbegriff, der von Abraham »entdeckt«, von Jaakob weiter hervorgedacht und von Joseph in Ägypten als Leit- und Vaterbild bewahrt wird, das ihn vor den Anfechtungen »Scheols«, des Chtonisch-Unterweltlichen, der »Verführung« durch Potiphars Weib, bewahrt. Hier, in patriarchisch-mythischer Zeit und Welt, stellt sich das Hervordenken des jüdischen Gottes, des Vätergottes, noch als ein gewaltiges Ringen des geistigen Prinzips mit dem »musterhaft Bindenden der Tiefe« dar. Und »Wie Abraham Gott entdeckte« (Der junge Joseph, Kap. II) – das ist die Geschichte des Menschen-Ich, das sich in der Erkenntnis Gottes selbst erkennt, und umgekehrt – wobei das in der Joseph-Abhandlung (oben S. 130 ff.) dargelegte Gottesverständnis Abrahams im jetzigen Zusammenhang nochmals zur Sprache kommen und kurz zitiert werden muß. Was von Urvater Abrahams ersten Erkenntnisversuchen gesagt wird, daß er, Abraham, »die Eigenschaften Gottes mit Hilfe der eigenen Seelengröße ausmachte«, aber auch wieder »Ihn kraft Seiner erkannte« und ebendies »Urvaters Ich-Aussage verstärkte und erfüllte«, die Sinndeutung, die Thomas Mann dem Bunde Gottes mit Abraham gibt – das gilt auf eine rationalere Weise auch von Mose's Neuentdeckung des Vätergottes. Aber er entdeckt ihn, könnte man sagen, auf begriffliche Weise neu. Die aufdämmernde »Ich-Aussage« Abrahams ist bei Mose zur Erkenntnis von Prinzipien und Formulierung von Begriffen geworden, mit denen er Gott als die geistige Wesenheit erkennt, begreift und bestimmt; und darum kann er die Idee der Menschenwürde konzipieren, ja, das Volk aus einem »Blut« zu einer Menschheit und Menschengemeinschaft erziehen. Zwischen Abraham, dem Begründer, und Mose, dem Vollender des geistigen Gottesbegriffes, des »Bundes« mit Gott, bestehen auch im biblischen Werk Thomas Manns untergründige Beziehungen. Diese Beziehungen zwischen dem Josephwerk und dem »Gesetz« sind nicht direkt als solche beabsichtigt und gestaltet, aber sie stellen sich im Denken Thomas Manns her, dessen Grundthema von je das Schicksal des Geistes war.

Aus dieser, mit der Geburt gesetzten und auch gleich zu

Beginn intonierten Grundkonzeption von Mose's Verhältnis zum »Blut«, dem Volk, und zum Geistigen, zu Jahwe, ergibt sich nun das religiös etwas ambivalente Verhältnis Mose's zu Jahwe, das im vorigen Kapitel auf dem Hintergrund der Forschungsmeinungen schon berührt werden mußte. Auch darin gibt es vom Mose Thomas Manns zu seinem Abraham eine Verbindung. In dem soeben zitierten Zusammenhang des Abraham-Kapitels heißt es weiter, daß Abraham »gewissermaßen Gottes Vater war«, hieß doch Abiram »Vater des Erhabenen«. »Gottes gewaltige Eigenschaften waren zwar etwas sachlich Gegebenes außer Abraham, zugleich aber waren sie auch in ihm und von ihm; die Macht seiner eigenen Seele war in gewissen Augenblicken kaum von ihnen zu unterscheiden, verschränkte sich und verschmolz erkennend in eins mit ihnen, und das war der Ursprung des Bundes, den der Herr dann mit Abraham schloß . . .« In ähnlicher Verschränkung erscheint das Verhältnis Mose's zu Jahwe. »Wenn er ihnen verkündete, daß Jahwe, der Unsichtbare, Lust zu ihnen habe, so deutete er dem Gotte zu und trug in ihn hinein, was möglicherweise auch des Gottes war, zugleich aber mindestens auch sein Eigen.« (VIII, 810) Daß Gott »ihn strafte aus seinem Innern«, ihm antwortete aus seinem Innern, wird mehrfach gesagt und deutet an, daß Mose's Gesprächspartner hier nicht Gott, sondern Mose selber war. In Parenthese sei an dieser Stelle erwähnt, daß nicht zufällig im Zeitalter des Rationalismus Schiller vermutet hat, daß das Gespräch, »welches Moses mit der Erscheinung im brennenden Dornbusch hält, uns die Zweifel vorlegt, die er sich selbst aufgeworfen, und auch die Art und Weise, wie er sich solche beantwortet hat« (Die Sendung Moses). – Aber die denkerische Verschränkung von Gott und Ich ist, was Thomas Manns Gestaltung betrifft, bei Mose dennoch anderer Art als bei Abraham; und gerade in diesem Punkte ist Thomas Manns Exegese des Bibelberichts mit feinster Ambivalenz gestaltet. Daß Jahwe im Unterschied zu dem El Schaddaj Abrahams von vornherein als der Gott der Befreiung und der Volkwerdung auftritt und in Mose einen Mittler zwischen sich und dem Volk geschaffen hat, das bestimmt erst die Darstellung des Verhältnisses von Mose und Jahwe im »Gesetz«. Und man muß genau auf Formulierung und Tonfall achten, um zu verstehen, daß Mose in Jahwe sich das Mittel geschaffen hat, das Volk nach seinem Sinne zu führen und zu gestalten. Der Dichter konnte dabei durchaus bibelgetreu bleiben und Jahwe als den belassen, der »zu Mose redete und sprach«, und dennoch andeuten, daß Mose sich diese Fiktion eingesteht.

Wenn Mose den Willen Gottes ausführt, geschieht das in Wendungen, die Mose und Gott als identisch erscheinen lassen. Besonders ausgenützt hat Thomas Mann den Ausdruck »er allein hat zu deinen Vätern Lust gehabt« (Deut. 10, 15), um diese Identifikation kenntlich zu machen, etwa daß »seine eigene Lust zu dem Volk von der des Gottes gar nicht zu unterscheiden, sondern einerlei mit ihr war«, (VIII, 824) oder »es ist meine Lust, die du hast« (VIII, 855) sagt Jahwe zu ihm. Man spürt, daß hier die Quelle für den bald leiser bald stärker parodierenden Humor steckt, der die Gestaltung dieses Verhältnisses prägt. Er bricht stärker und damit enthüllender durch in den Mitteilungen und Anordnungen, die Mose dem Volke gibt. »Jahwe aber spreche: Auf meine Stimme hört vor allen Dingen, das ist: auf die meines Knechtes Mose . . .«, (VIII, 844) oder: »›Ich bin der Herr, euer Gott«, sagte er, auf die Gefahr hin, daß sie ihn wirklich selbst dafür hielten . . .« (VIII, 850) Das sind keine blasphemischen Scherze, sondern bedeutet weit eher ein Abhorchen des Bibeltextes auf den in ihm enthaltenen Sinn der Schöpfertat Mose's selbst hin, die Gottes nicht für sich, wohl aber für die Durchsetzung des Werkes beim Volk bedarf. »Gott verzeih mir die Sünde, manchmal wollte es mich bedünken, als sei dieser mosaische Gott nur der zurückgestrahlte Lichtglanz des Moses selbst, dem er so ähnlich sieht, ähnlich in Zorn und Liebe« – diese verwandte Auffassung, diejenige Heines, (»Geständnisse«) sei hier eingeschaltet, und von Heines Mose-Bild hat Thomas Mann in der »Entstehung des Doktor Faustus« gesagt, daß es ihn unbewußt beeinflußt habe. Und so wird denn im »Gesetz« Gott ganz aus dem Geschehen ausgeschlossen, wo es um notwendige Taten, die Initiative des handelnden Menschen geht: bei der Tötung der Erstgeburt, bei dem Erziehungswerk und der Niederschrift des Gesetzes.

Daß es aber einem rationalen Denken nahe liegt, den Akzent trotz der biblischen Einkleidung der Offenbarung auf die schöpferische Aktivität des Religionsgründers und Gesetzgebers zu legen, dafür ist nicht bloß Thomas Manns Gestaltung ein Beispiel. Schon Herder hatte in Skizzen zum Entwurf eines Lebens Mose's zur Dornbusch-Vision bemerkt, ob nicht die Erzählung das epische Relief einer feierlichen Entschließung sei, Israels Befreier zu sein, nach langem, einsamem Beratschlagen, Zweifeln und Kampf mit sich. Noch jetzt, deutet Herder die Gotteserscheinung metaphorisch, werden wir bei einem starken, inneren Triebe von Gott ausersehen. (SW, Suph. XXXII, 203). Vor allem aber könnte Schillers Interpretation als die theoretische

Zusammenfassung von Thomas Manns zweideutiger Auslegung des Gottesproblems gelten. Die Gottesoffenbarung bezeichnet Schiller schlechtweg als »den Plan, den Moses in der arabischen Wüste ausdachte«. »Er wollte«, führt Schiller aus, »das israelitische Volk aus Ägypten führen und ihm zum Besitz der Unabhängigkeit und einer Staatsverfassung in einem eigenen Lande helfen. Weil er aber die Schwierigkeiten recht gut kannte, die sich ihm bei diesem Unternehmen entgegenstellen würden, ... weil er voraussah, daß seine Beredsamkeit auf den zu Boden gedrückten Sklavensinn der Hebräer gar nicht wirken würde: so begriff er, daß er ihnen einen höheren, einen überirdischen Schutz ankündigen müsse, daß er sie gleichsam unter die Fahne eines göttlichen Feldherrn sammeln müsse. Er gibt ihnen also einen Gott, um sie fürs erste aus Ägypten zu befreien.« (Sendung Mose's). Hier ist nüchtern ausgesprochen, was Thomas Manns listig-humoristische Auslegung des Bibeltextes durchscheinen läßt.

Auch Goethe hatte das Ereignis des Auszugs jeglicher göttlichen Führung entkleidet, und auf die Beziehung der Passahereignisse und der Rolle Joschuas bei Thomas Mann zu Goethes böswilliger Darstellung ist oben hingewiesen worden. Merkwürdigerweise beraubt Goethe auch Mose selbst seiner Größe, nennt ihn zwar »einen starken trefflichen Mann«, der aber »roh« geblieben sei, nicht zum Denken und Überlegen geboren, bloß nach Tat gestrebt, sich zwar zum Tun und Herrschen berufen gefühlt habe, aber gänzlich ungeschickt dazu gewesen sei – und wenn Goethe diese Charakteristik höchstens unter der Voraussetzung zurücknehmen wollte, daß Mose die Israeliten nicht vierzig, sondern nur zwei Jahre in der Wüste habe herumtaumeln lassen – »Bloß durch die Verkürzung des Wegs und der Zeit, die er darauf zugebracht, haben wir alles Böse, was wir von ihm zu sagen gewagt, wieder ausgeglichen und ihn an seine rechte Stelle gehoben« – so kommt uns diese etwas gezwungene Rehabilitierung doch nicht sehr überzeugend vor, zumal sich die diesem Satze vorhergehende einzige Stelle, wo Mose immerhin eine gewisse Größe zugesprochen wird, so ausnimmt: »Und so gestehen wir gern, daß uns die Persönlichkeit Mosis, von dem ersten Meuchelmord an durch alle Grausamkeiten durch bis zum Verschwinden, ein höchst bedeutendes und würdiges Bild gibt von einem Manne, der durch seine Natur zum Größten getrieben ist.« (Israel in der Wüste) – Thomas Mann hatte Goethe unter den Autoren genannt, die er vorbereitend gelesen; und so entgegengesetzt sich seine Mose-Gestalt zu Goethes Auffassung darstellt, bei näherem Zusehen erscheinen auch hier wie im Falle der Erstgeburttötung Elemente von Goethes mißmutig kritischer Beurteilung ins liebevoll Positive gewendet, wobei dann wieder Humor am Werke ist, der sogar leise karikaturistische Einzeichnungen nicht scheut. Wir kommen damit zu Thomas Manns Gestaltung der Mose-Figur selbst.

Auf dem Buchdeckel der ersten deutschen Ausgabe von »Das Gesetz« (1944) ist – wie das bei Moses-Werken zu sein pflegt – Michelangelos Moses abgebildet. Gerade dies dürfte Thomas Manns Intention kaum entsprochen haben, wofür wir jedoch nicht auf Vermutungen angewiesen sind. Michelangelo war allerdings in seiner Vorstellung, aber nicht dessen »Moses«, sondern der Meister selbst. »Wahrscheinlich unter dem unbewußten Einfluß von Heines Moses-Bild gab ich meinem Helden die Züge – nicht etwa von

Michelangelos Moses, sondern von Michelangelo selbst, um ihn als mühevollen, im widerspenstigen menschlichen Rohstoff schwer und unter entmutigenden Niederlagen arbeitenden Künstler zu kennzeichnen« (Entstehung). Heine hat – in der Fortsetzung der oben angeführten Äußerung in den »Geständnissen« (aus seinen letzten Lebensjahren) – Mose einen großen Künstler genannt: »Er baute Menschenpyramiden, er meißelte Menschenobelisken, er nahm einen armen Hirtenstamm und schuf daraus ein Volk . . .« Freilich nur durch diesen Hinweis Thomas Manns kann man Züge Michelangelos in der Gestaltung von Mose's äußerer Erscheinung entdecken: als deutlichsten Hinweis die »Nase mit gebrochenem, flach eingetriebenem Knochen«, und die erfindende Ausmalung von Exodus 2, 12, daß der ägyptische Fronknecht, den er wegen der Mißhandlung des Hebräers zur Rede stellt und dann erschlägt, ihm vorher das Nasenbein eingeschlagen hatte, steht vielleicht in Beziehung zu dem Vorgang, durch den Michelangelo bei einem Streit mit einem Mitschüler im Garten der Medici seine Nase durch einen Faustschlag entstellt bekam (Hermann Grimm, Leben Michelangelo's, 5.A. 1879, Bd. I, S. 259). Vor allem aber ist es die Idee des Bildhauers, die ja in der Tat ganz besonders durch das Werk Michelangelos verkörpert zu sein scheint, die Vorstellung eines gewaltige Formen hervorbringenden Arbeitens im härtesten Material, vielleicht durch das häufig fast leitmotivisch gebrauchte Merkmal der zornig schüttelnden Fäuste plastisch grotesk versinnlicht, die die Kontur der Gestalt prägt und zur Veranschaulichung des Erziehungswerks dient. »Er sprengte mit dem Meißel an ihnen herum, daß die Stücke flogen . . .« (VIII, 850). Der Dichter ließ sich natürlich die berühmte Eigenschaft von Mose's schwerer Zunge, wegen der Jahwe ihm Aaron als Redner beigibt (Exodus 4, 10), nicht entgehen, ohne sie jedoch etwa naturalistisch als Stammeln oder Stottern wiederzugeben. »Ungeschickt zu jeder Unterhaltung, zu einem die Persönlichkeit begünstigenden, zusammenhängenden mündlichen Vortrag« tadelt der Klassiker Goethe. Thomas Mann aber nennt es ein »stockend gestautes Wesen« und fügt als realistisch-historisches Ingrediens hinzu, daß er drei Sprachen – Aramäisch, Ägyptisch, Midianitisch – durcheinanderbrachte. Wo aber Goethe Mose ausschließlich im Irdischen tätig sah und ihn dafür ungenügend ausgestattet fand, nicht zum Denken geboren, eben da korrigiert Thomas Mann gewissermaßen Goethe. Gerade weil er ein Denker und Grübler war, erfüllt von Geistigem, Heilig-Reinem, vom Künstlerauftrag der »Gestaltung« des Rohstoffs »in Gott«, konnte praktisches Denken nicht seine Sache sein, und Thomas Mann gibt ihm, die Andeutungen des Bibeltextes auszeichnend, Joschua, den strategischen Jüngling, bei. Immer wieder wird betont, daß bei der Herausführung aus Ägypten ihm nicht die Gewinnung des Gelobten Landes, wo Milch und Honig fließt, Zweck und Ziel sei, sondern der Auszug ins Freie als die Werkstatt, wo er »all dies ratlose, zwischen den Gesittungen schwankende Fleisch« meißeln könne zu »einer durch das Heilige und Reine bestimmten Volksgestalt« (VIII, 819). Und wenn man will, so kann man auch die Tatsache, daß die Erzählung mit der Gesetzgebung schließt, als Verkörperung dieses Sinnes verstehen, ja vielleicht sogar als eine Auslegung der Intention der Bibel selbst, die die Landnahme und praktische Staatwerdung Israels nicht mehr von Mose, sondern durch Joschua vollbringen läßt. »Und es stund hinfort kein Prophet in Israel auf wie Mose, den der Herr erkannt hätte von Angesicht zu Angesicht«, steht am Ende des Pentateuch, Deuteronomium 34, 10.

Wie aber verhält es sich mit dem Volke »in Wirklichkeit«? Was wir aus der Bibel erfahren, sind die Fakten der Mehrung der Fronarbeit der Kinder Israel in Ägypten und alsdann das Murren in der Wüste, wenn man Hunger und Durst litt und sich zurücksehnte nach den Fleischtöpfen Ägyptens, freilich auch nach bereits erfolgter Verkündigung der Zehn Gebote der Rückfall in den Baalsdienst des Goldenen Kalbs – »Es war kein Kalb, es war ein Stier, der richtige, ordinäre Fruchtbarkeitsstier der Völker der Welt«, (VIII, 869) heißt es, gestützt auf Auerbach, im »Gesetz« – bei dem Geschrei und »Singetanz« war und es zuchtlos zuging. Diese Hinweise des Bibeltextes konnten gewiß genügen zur Stilisierung des Volks zum »Blut« und »Fleisch«, zum »Gehudel« (ein Wort, das Schmutzig-Liederliches anklingen läßt, abgeleitet wie es ist von Hudelei, das nach Kluge liederliches Tun und Aussehen bedeutet), zur Materie also im Sinne des Chthonisch-Triebhaften, an bloße Leibesnotdurft Gebundenen. Aber weiteres Material für die Verfassung des Volkes kann man (worauf schon Schiller mit Bezug auf die Gesetze gegen Aussatz hingewiesen hat) den Gesetzesteilen des Pentateuch entnehmen. Oder genauer: nur der Dichter hat die Freiheit, so zu verfahren und in dieser Weise zu verknüpfen: »Wie es aussah in dem Gehudel . . . wie sehr Mose von vorn anfangen und ihnen das Früheste beibringen mußte, das merkte man den notdürftigen Vorschriften an, mit denen er daran herumzuwerken, zu meißeln und zu sprengen begann.«

(VIII, 847). Die notdürftigen Vorschriften sind die vor allem über Leviticus und Deuteronomium verstreuten Reinheits-, Keuschheits- und Speisegesetze, die allerdings ein sehr geeignetes Material für die Veranschaulichung der Verfassung des Gehudels abgeben. In der »Realität« des Alten Testaments beziehen sich diese Gesetze natürlich nicht auf die Verfassung des aus Ägypten auswandernden Volkes, sondern sie sind, aufgeschrieben erst in kanaanäischer Zeit, allgemeingründend, wobei sie schon die bestehende Institution des sakralen, d. i. auf Gott verpflichteten Verbandes der zwölf israelitischen Stämme in Kanaan zum Hintergrunde haben (M. Noth, Das Gesetz des Pentateuch, in »Studien zum A.T. 1957, S. 42 f., 58). Diese Gesetze haben (nach M. Noth) den Sinn, das Volk Jahwes von den Kulten und Sitten der Nachbarvölker aufs strengste zu sondern. So werden die Keuschheitsgesetze und Inzestverbote in Leviticus 18 eingeleitet durch den Hinweis auf Ägypten und Kanaan »Ihr sollt nicht tun nach den Werken des Landes Kanaan, darin ich euch führen will«. So beziehen sich auch jene abstrus erscheinenden Speise- und Schlachtgesetze für reine und unreine Tiere, die von den orthodoxen Juden noch heute eingehalten werden, auf solche Tiere, die in fremden Kulten heilig gehalten wurden; jede Beziehung auf diese sollte ausgeschaltet werden.

Man muß die Anwendung, die Thomas Mann von diesen Vorschriften macht, vergleichen etwa mit einem so braven, bibelgetreuen Mose-Roman wie dem Schalom Aschs (1953), in dem gleichfalls die Gesetzgebung als Mose's Werk berichtet wird, um den gestalterischen Witz zu erkennen, mit dem sie im »Gesetz« auf das Erziehungswerk bezogen sind. Zweifellos wird hier ein wenig Scherz mit diesem seltsamen Stück von Lebensvorschriften getrieben, die, aus den Umweltbedingungen des Alten Orients erwachsen, auf Grund der sakralen Konstitution des Volkes religiöses Ritual wurden. Man spürt das Amüsement des Dichters über Vorschriften wie diese aus dem Munde des Herrn, der Mose und Aaron aufträgt, den Kindern Israel mitzuteilen: »Alles was die Klauen spaltet und wiederkäuet unter den Tieren, das sollt ihr essen. Was aber wiederkäuet, und hat Klauen und spaltet sie doch nicht, als das Kamel, das ist euch unrein, und sollt's nicht essen« (Lev. 11, 3, 4), die Thomas Mann wörtlich zitiert, aber etwa hinzusetzt: »Wohl gemerkt, das gute Kamel ist nicht unrein als Gottes lebendig Geschöpf, aber als Speise schickt es sich nicht.« Oder er zitiert und paraphrasiert die Aufzählung des als Speise verbotenen Kleingetiers: das Wiesel, die Maus, die Kröte, der Igel, der Molch, die Eidechse usw. gleichsam mit amüsiertem Kopfschütteln darüber, daß jemand auf den Gedanken kommen könne, dergleichen zu essen: »Wer wird das Wiesel essen, die Maus, die Kröte oder den Igel? ... Wen ich noch einmal eine Blindschleiche essen sehe, mit dem will ich abfahren, daß er's nicht wiedertut.« (VIII, 849). – Drastisch komischer noch nehmen sich die Ehe- und Inzestgesetze und die Vorschriften für körperliche Reinlichkeit im Munde von Thomas Manns Mose oder gar Jahwe aus: »Nicht einmal bei deiner Tante sollst du liegen, das ist weder ihrer würdig noch deiner«, (VIII, 850) wo eben das der Moderne zugehörige Wort Tante (statt des biblischen »deiner Mutter Schwester«), aber auch das lächelnde »nicht einmal« den scherzhaften Effekt auslöst.

Blasphemie? Keineswegs. Auch der Begriff des Parodischen, den man – nach Thomas Manns eigenem Bekenntnis zu diesem »einzig noch möglichen« Erzählstil – gern und auch mehr oder weniger unbesehen anwendet, trifft nicht diesen Ton. Es wird ein wenig Scherz getrieben mit dem heilig kanonischen Gesetz, Scherz, der ausgelöst ist eben durch die Diskrepanz, die der unbefangene, nicht orthodox gebundene Betrachter zwischen dem heiligen, Gott dem Herrn selbst in den Mund gelegten Wort und der Sphäre empfindet, auf die es sich bezieht. Es ist, mit anderen Worten, Humor im Spiel – denn das, was Humor von Ironie, Satire und Parodie unterscheidet, steht hinter dieser drastischen Umsetzung der Ritualgesetze in die Praxis der Erziehung des »Pöbelvolks« (übrigens ein aus dem Bibeltext, z. B. Numeri 11, 4, stammender Ausdruck): der Ernst des Heiligen selbst, das für Thomas Manns Mose eins ist mit dem Reinen und Unsichtbar-Geistigen. »Lerne unterscheiden zwischen Reinheit und Unreinheit, sonst bestehst du nicht vor dem Unsichtbaren und bist nur Pöbel« (VIII, 848) ist etwa eingeschaltet in die Vorschriften für Sauberkeit.

Es bedarf kaum der Erwähnung, daß die Auswahl der über die Bücher Exodus, Leviticus und Deuteronomium verstreuten Gebote in einem sich steigernden Aufbau geordnet ist, aus der Sphäre des Leiblichen aufsteigend in die ethische, bis zum Gebot der Nächstenliebe (Leviticus 19, 18), dessen knapper Wortlaut im »Gesetz« zu einer kleinen Ethik des äußeren und inneren Verhaltens zum Mitmenschen ausgeformt ist. In der Anordnung dieses Gesetzes- und Erziehungskapitels innerhalb des Aufbaus der Erzählung ist Thomas Mann nicht dem Gang der Ereignisse und der Ordnung der Bibel gefolgt. Dort kommt der ausgedehnte Gesetzesteil erst nach der Verkündigung des Dekalogs, die breite, sich in die detailliertesten Anweisungen verzweigende Auslegung und Ausführung nach den bündigen zehn Worten. Thomas Mann verfährt in umgekehrter Ordnung, ansteigend – wie Mose zum Sinai – zum Höhepunkt, dem Zweck und Ziel dieser erzählerischen Unternehmung. Schon das ist eine entscheidende Umstellung; aber der Dichter greift noch weiter in die vorgegebene Ordnung ein, indem er eine kleine, erst in Numeri 12, 1-10 erzählte Szene, die als ein archaisches Stück sich erhalten hat, nicht nur vor die Sinai-Besteigung setzt, sondern sie sogar zu deren Anlaß macht, allerdings in einer höchst »persönlichen« Version, die im Vergleich mit der Bibel und den Überlegungen der Forschung über diese Stelle der Erläuterung bedarf.

Es handelt sich um Mirjams und Aarons Eifersucht auf Mose's Führertum. »Redet denn der Herr allein durch Mose? Redet er nicht auch durch uns? Und der Herr hörte es« (Num. 12, 2). Der Herr, ergrimmt über sie, fährt hernieder in einer Wolkensäule, und als die Wolke weicht, ist Mirjam weiß von Aussatz. Worauf Aaron sich bereuend an Mose wendet: »Ach, mein Herr, laß die Sünde nicht auf uns bleiben, damit wir törlich getan«, und Mose verwendet sich für Mirjams Heilung bei Gott. Vor dieser Begebenheit aber steht (Num. 12, 1): »Und Mirjam und Aaron redeten wider Mose um seines Weibes willen, der Mohrin, die er genommen hatte, darum daß er eine Mohrin zum Weibe genommen hatte« – »die bekannte Mohrin«, sagt Thomas Mann augenzwinkernd, und fügt orientiert hinzu: eine Person aus dem Lande Kusch, um ihr dann einen kleinen Roman anzudichten und die Stelle zu einer köstlichen Familienszene zwischen den Geschwistern auszumalen. »Mohrin« aber ist Luthers Wiedergabe der Bezeichnung »ein kuschitisches Weib«, und wenn Thomas Mann diese nur an dieser Bibelstelle erwähnte »Person« als bekannt voraussetzt, so ist anzunehmen, daß er damit auf die Forschung lächelnd anspielt, die sich diese Stelle natürlich nicht hat entgehen lassen. Einmal deshalb, weil sie fand, daß die Vorwürfe, die Mirjam und Aaron Mose machen, erstens wegen seiner Ehe mit der Mohrin und zweitens wegen seiner Anmaßung, allein Gottes Wortführer zu sein, nichts miteinander zu tun hätten, weshalb man sich wieder mit den zwei Erzählerfäden behalf (Meyer, Auerbach). Thomas Mann löst diesen Widerspruch psychologisch und höchst plausibel: der Ärger über die Mohrin war natürlich nur der Anlaß zu den Vorwürfen, ihr eigentliches Motiv die Eifersucht auf Mose's Erwählung. Aber vor allem hat die Frage, was es denn mit der Kuschitin auf sich habe, wer sie war, die Forscher beschäftigt. Das Land Kusch könnte – so sagen z. B. Jeremias und E. Meyer – dem antiken Äthiopien, dem heutigen Nubien, also einem Negerland entsprechen, aber wahrscheinlicher ist an den midianitischen Stamm Kusan zu denken, und mit der Mohrin, dem kuschitischen Weib, ist niemand anderes gemeint als Mose's Eheweib Zippora, die Midianiterin. Das ist denn auch die deutliche Meinung des Bibeltextes, was gerade aus dem Hinweis zu Num. 12, 1 auf Exodus 2, 21 hervorgeht, wo von Mose's Heirat mit Zippora erzählt wird; und Mirjams und Aarons Vorwurf beziehe sich also nicht auf eine Mohrin, sondern darauf, daß die Midianiterin keine Israelitin ist, Mose also eine Mischehe führt. »Wann soll auch Mose eine ›Mohrin‹ geheiratet haben?« erörtert ernsthaft E. Meyer, »Die Zeit, wo er noch am Hofe des Pharao lebte, kommt dafür nicht in Betracht, und nach seiner Rückkehr während der Plagen wäre eine solche Ehe völlig absurd« (Isr. S. 94). Zweifellos macht sich Thomas Mann über diese Forschungsprobleme ein wenig lustig, wenn er an der Negerbedeutung des Namens Kusch festhält, sich durch E. Meyers unbewiesene Behauptung, Ägypten käme nicht in Betracht, dazu anregen läßt, das Weib schon als Kind nach Gosen gelangt sein und sich dem Auszug anschließen zu lassen, und es gar nicht absurd findet, daß Mose zwar nicht eine Mohrin geheiratet, aber »außer Zippora« mit einer solchen lebt, und zwar aus dem einfachen Grunde, weil er »sinnenheiß« war, ohne daß ihn, wie ja anfangs insinuiert wurde, nun gerade deshalb nach dem Geistigen und Reinen verlangte. Und wenn wir das mit allem Respekt vor dem Dichterwort schon als wenig überzeugend abgewiesen haben, so berechtigt nichts mehr dazu als eben das Mohrin-Kapitel. Denn Mose begründet sein Hängen an der Mohrin nicht geringen Reizen – »Wulstlippen, in die sich im Kuß zu versenken ein Abenteuer sein mochte« (VIII, 855) z.B. – umgekehrt damit, daß sie ihm, »einem hoch geplagten und schwer beauftragten Manne« die nötige Entspannung gebe, die ihm Zippora – »geachtet sei ihr Name« – nicht zu bieten hat. Wie dem auch sei – Mose und Jahwe halten diese Entspannung jedenfalls nicht für einen unter das Ehebruchsverbot rangierenden Fall, und Jahwe schreitet wie vorgegeben (wenn auch in der Bibel zweifellos unter der Voraussetzung, daß mit dem kuschitischen Weib nur Zippora gemeint sei und von Ehebruch nicht die Rede sein könne) zu Mose's Gunsten ein, doch nur so, daß Mirjam, wie auch Aaron, lediglich vor Schrecken, nicht jedoch vom Aussatz bleich wird. Der Vulkanausbruch des Sinai, auf den Exodus 19 die Verkündigung des Dekalogs folgt, wird von Thomas Mann in diesen Zusammenhang gesetzt und damit auf andere Weise pointiert als im Urtext: im Besonderen als die von Mose in diesem Augenblick ergriffene Gelegenheit, den Berg zu besteigen und die Gesetze niederzubringen, um sie auf dem Hintergrund von Gottes zorniger Macht wirksam zu machen. Darüber hinaus aber hat die Umstellung ihre Funktion vor allem in der Sinnstruktur der Mose-Erzählung selbst. Das »Bündige«, »Ewig-Kurzgefaßte«, das innerhalb des Pentateuch als das Erste und Älteste erscheint, ist in der Praxis des Lebens, der Erziehungsarbeit, plausibler, wenn es sich als Resultat der Erfahrungen und des Nachsinnens darstellt, am Ende, und nicht am Anfang, formuliert wird.

Wenn auch schon in der dem Handlungsverlauf immanenten Struktur der Erzählung Thomas Manns die Bedeutung dieser Um- und Anordnung zu erkennen ist, so hat sie außerdem auch einen die Erzählung transzendierenden Sinn, den zeitgeschichtlichen. Es kam auf die Aufrichtung der Gesetzestafeln an zu einer Zeit, in der es wieder notwendig geworden war, sich ihrer zu erinnern, vor einem Volk, in dessen Namen sie fürchterlicher geschändet worden waren als je zuvor. – Die Episode vom goldenen Kalb, vom Abfall – sie fügt sich in den zeitgeschichtlichen Bedeutungsgehalt, als wäre sie dafür geschrieben worden. Denn wenn es sich auch nur um die Unzucht des Baalsdienstes handelt und darum, daß sogar »einige Blindschleichen aßen« – es kommt darauf an, daß Mose seine gewaltige Rede des Zorns, der Mahnung und Verfluchung halten kann, mit der er die neuen Tafeln dem Volke vorzeigt: das ABC des Menschenbenehmens, der Fels des Anstandes, die jüdische Thora, aber gültig und grundlegend für alles, was Anspruch macht und in alle Zukunft machen wird auf den

Namen Mensch, die Grundlage aller Gesittung, aller Humanität überhaupt. – Die Antwort auf die von Rauschning berichteten schänderischen Reden des »Menschen« – in dem ganz und gar verächtlichen Sinne des ganz und gar Menschenunwürdigen, Namensunwürdigen, Geschichtsunwürdigen – steht in der großen Verfluchungsrede Mose's, die die Sache abschließt: »Aber Fluch dem Menschen, der da aufsteht und spricht: ›Sie gelten nicht mehr‹ . . . Und will meinen Fuß aufheben, spricht der Herr, und ihn in den Kot treten – in den Erdengrund will ich den Lästerer treten, hundertzwölf Klafter tief . . .« (VIII, 875).

2. *Form und Stil*

Die Fakten und Zitate, die bisher zur Erläuterung der Gesetz-Erzählung herangezogen worden sind, ließen bereits erkennen, daß sie selbst eine Erscheinung besonderer Art im Bereiche der erzählenden Literatur ist. Das ist zunächst durch den biblischen Stoff bedingt. Aber auch wenn wir sie mit anderen bibelstofflichen Erzählungen, selbst mit Thomas Manns eigenem großen Bibelroman, »Joseph und seine Brüder«, vergleichen, stellt sich ihre von diesen abweichende Erzählform alsbald heraus, deren Beschaffenheit nun noch kurz erörtert werden soll.

Zweifellos ist ein biblischer Stoff in gewisser Weise prekärer als irgendein weltlich historischer oder mythologischer, und zwar deshalb, weil die Überlieferung zugleich das sanktionierte Wort der Überlieferung, »Heilige Schrift« ist. Nun bedeutet das dennoch freilich nicht, daß er nicht genau wie jene jeder dramatischen und epischen Gestaltung dienen kann und gedient hat und dem Dichter ebensolche Freiheit läßt wie andere historische Stoffe und Quellen auch. Racines »Esther«, Hebbels »Judith«, Byrons »Kain«, Klopstocks »Der Tod Adams«, Carl Hauptmanns »Moses« haben mit dem Text der Bibel so wenig zu tun wie etwa Schillers »Don Carlos« mit der von ihm benutzten Novelle des Abbé de Saint-Réal. Aber nicht nur von solchen dramatischen Werken – wo es schon in der Gattung liegt – auch von erzählenden wie dem schon genannten Mose-Roman Schalom Aschs und, wie geagt, Thomas Manns eigenem Josephroman unterscheidet sich »Das Gesetz« auf prägnante Weise.

Wir sehen es dabei nur auf das ab, was sowohl die dramatische wie die epische Gattung als Gattung konstituiert: nämlich die dramatischen bzw. epischen, d. h. erzählten Figuren oder Personen. Von den dramatischen Personen, deren literarische Existenz darin besteht, daß sie sich selbst darstellen, d. h. im Wechselgespräch ihres fiktiven Hier und Jetzt aufgebaut sind, können wir hier absehen. Strukturell problematischer verhält es sich mit den erzählten Personen. Doch allgemein und ohne daß wir uns hier auf die vielfachen Erzähl- und Erzählerprobleme einlassen können, sind auch sie dadurch bestimmt, daß sie in dem fiktiven Jetzt und Hier ihrer fiktiven Welt dargestellt sind, als lebende und erlebende, in dieser oder jener Situation stehende, handelnde, redende, denkende, fühlende fiktive Subjekte – gleichgültig, ob sie »erfunden« oder einer historischen Wirklichkeit oder auch einer anderen literarischen Quelle entnommen sind. Als Romanpersonen in diesem Sinne ihrer literarischen Existenz »leben« Jaakob und Joseph im Kapitel »Am Brunnen« (des 1. Teils des Joseph-romans: Die Geschichten Jaakobs), wenn wir, wahllos herausgegriffen, lesen: »Aus der Richtung des Hügels und der Wohnungen wurde sein Name gerufen: Joseph! Joseph! zweimal und dreimal, in einer Entfernung, die sich verminderte«, und dann die Situation des Gesprächs zwischen Vater und Sohn, wie alle weiteren Situationen, sich herstellt. Oder – um stofflich noch näher an unseren Gegenstand zu rücken (und zwar abgesehen von Qualitätsunterschieden) – Mose in Schalom Aschs Roman ist eine Romanperson – wenn erzählt wird: »Bei dem alten Uziel saß Moses, ihm zu lauschen und alles zu wiederholen, was er über das Leben der Väter vom allerersten Tag an durch ihn erfuhr.« Das sind beliebige Beispiele jenes Jetzt und Hier der Situationen, Begebenheiten, innerer und äußerer Zustände, »szenischer Darstellungen«, wie sie sich nach dem Grundgesetz der Gattung zum Ganzen des Romans oder auch einer der Kleinformen der erzählenden Dichtung zu integrieren pflegen.

Unmittelbar wird gespürt, daß die Erzählweise von »Das Gesetz« von anderer Art ist, daß diese Erzählung – wie sie vom Dichter bezeichnet ist – nicht zur Gattung der erzählenden Dichtung in dem kurz beschriebenen Sinne gehört, ohne daß dies sofort zu begründen wäre. Denn auch in ihr gibt es »szenische Darstellung« neben der berichtenden. Es gibt vor allem zwei ausführliche, dialogisch aufgebaute Szenen. Die erste ist das 14. Kapitel: wie Jethro von Midian Mose in Kadesch besucht und ihm rät, die Rechtsprechung nicht ganz allein auf sich zu nehmen, sondern Richter einzusetzen. »›Nun bitte ich dich um alles, Herr Schwager‹, sagte der Gast, als er mit Mose von der Stätte hinwegging, ›was machst du Mann dir für Plage! ... Warum tust du denn das?‹ ›Ich muß doch‹, antwortete Mose . . .« (VIII, 845). Daß Jethro »mit ebenen Gebärden« redete, wird erzählt, und Mose ihn schwermütig anhörte und nickte. – Die zweite große Szene ist die schon in anderem Zusammenhang angeführte Familienauseinandersetzung wegen der Mohrin mit Rede und Gegenrede und Bezeichnungen des Gemütszustandes: »›Jethro‹, sagte Mose mit großer Selbstbeherrschung, ›ist ein ebener, weltläufiger Herr . . .‹« und hier wie auch an anderen Stellen bebt er vor Zorn mit den Fäusten an seinen Schenkeln, eine geradezu leitmotivisch und zweifellos etwas parodistisch dem Mose beigegebene Angewohnheit. – Dennoch und trotz solcher szenischen Ausgestaltung haben diese Szenen im ganzen der Erzählung einen anderen Funktionswert als den einer romanhaften, fiktionalisierenden Darstellung. Sie sind, so kann man sagen, nicht auf die Personen selbst als »Helden« der Geschichte bezogen, dienen nicht ihren besonderen individuellen Situationen. Sie gehören in den Gesamtstil dieses Erzählens, fallen trotz stärkerer Dialogisierung nicht aus dem Rahmen dessen heraus, was diesen Stil bestimmt, des Berichtes. Und sucht man nach bestimmenden Kriterien für diesen Stil, so muß man den Blick nicht auf die Groß- und Kleinformen der allgemeinen erzählenden Literatur wenden, sondern auf die Bibel selbst.

Das nun scheint auf den ersten Blick eine geradezu blasphemische Behauptung zu sein. Die meisten der in den verschiedenen Zusammenhängen angeführten Stellen aus dem »Gesetz« weisen alles andere als einen »biblischen« Stil auf. Aber sehen wir zunächst einmal ab von dem, was man gemeinhin biblischen Stil, d. h. in deutscher Sprache den Lutherstil, nennt, also von der rein sprachlichen Form, und richten die Aufmerksamkeit auf die Erzählweise der Bibel selbst. Sie ist ausgesprochen dramatisch bewegt, wenn man unter dramatisch hier nur den Wechsel von Dialog und Bericht versteht. Da wird – um nur ein Beispiel aus unserem Thema zu nehmen – die Geschichte der Plagen in lebhaftem Hin und Her des Geschehens, des Kommens und Gehens der handelnden Personen erzählt. Da spricht Mose zu Pharao, dieser zu Mose und Aaron, Jahwe zu Mose und Mose zu Jahwe – es bedarf der Erinnerung an das der Menschheit Vertraute nicht. Aber handelt es sich hier um das, was wir als szenische Darstellung – im Stile der oben gegebenen Beispiele – bezeichnen würden, werden hier die Personen in Situationen geschildert, die um ihretwillen gestaltet, ihre Situationen sind? Hören wir genauer hin, so zeigt sich, daß auch die Wechselrede nur ein Teil des oft dramatisch bewegten Berichtes ist, dessen Funktion mit übernimmt, als ein hochkünstlerisches Mittel des Erzählens, aber im Dienste des grundsätzlich chronikalischen Berichtstils. Und vielleicht nur was Mose's Reden mit Jahwe, die Form »Der Herr sprach zu Mose« betrifft, so drückt sich hier eben das »persönliche« Bundverhältnis Jahwes mit Israel, der sakrale Charakter der jüdischen Geschichte aus. Aber auch dabei ist alles, was Jahwe zu Mose spricht, Anweisung, Gebot des Handelns, dessen was zu tun und zu lassen ist, immer erneuter Anstoß des Geschehens.

Von dieser Erzählform des Pentateuch her erschließt sich der besondere Charakter auch der Erzählweise von Thomas Manns Darstellung der Mose-Geschichte. Nicht, daß diese spezifisch biblischer Art wäre, im Gegenteil. Wenn es etwa im Zusammenhang der Reinheitsgesetze heißt: »Man stelle sich ihre Bestürzung vor über all die Einschränkungen! Sie hatten zunächst das Gefühl, daß überhaupt vom lieben Leben beinahe nichts übrig bliebe, wenn man all dies befolge«, (VIII, 850) so ist das ganz gewiß kein Bibelstil. Bereits daß hier eine Reaktion des Volkes auf die Gesetzgebung angenommen und interpretiert wird, weicht – abgesehen von der Sprachgebung selbst – von den Gepflogenheiten des biblischen Erzählens ab. Und es sei nur nochmals an die Erweiterungen, Ausmalungen, Erfindungen, Veränderungen erinnert, die schon besprochen wurden, um die Andersartigkeit der Thomas Mannschen Mose-Erzählung zu ermessen. – Wenn wir dennoch diese Erzählweise mit Hinblick auf die Bibel charakterisieren zu können glauben, so hat das zu tun mit dem bei allen nur denkbaren »Lizenzen« zugrunde liegenden chronikalischen Charakter, der nirgends ins Romanhafte, genauer, in die Struktur des Romanerzählens übergeht. Niemals wird, so viel von ihm ausgesagt, in wie vielen Situationen er auch beschrieben ist, Mose zu einer Romanfigur, auf deren Jetzt und Hier es ankommt, in dem Sinne, in dem Joseph in Thomas Manns Roman eine Romanfigur ist. Mose ist bei allen Abweichungen vom Bibeltext, bei allen sprachlichen Unterschieden des Berichtes in seinem vorwiegend modernen Stil von derselben chronikalischen Beschaffenheit wie der Mose der Bibel. Und sehen wir den Bericht selbst näher an, so zeigt er denn auch trotz der modernen Stilisierung dieselbe Grundstruktur wie der biblische, eine Grundstruktur, die durch die Variationen des Berichtes nicht beeinträchtigt wird. Gewiß nehmen sich z. B. der Jethrobesuch und die Familienszene sehr anders aus als in der Bibel; aber letztlich sind sie nur Ausgestaltungen und sprachliche Variationen des Grundtextes selbst. Wie sich das darstellt, sei am Vergleich des Jethrobesuches in der Bibel und bei Thomas Mann gezeigt.

Im Grundtext heißt es Exodus 18, 13 f.: Und Jethro, Moses Schwäher, brachte Gott ein Brandopfer mit Dankopfern. Da kam Aaron und alle Ältesten in Israel, mit Moses Schwäher das Brot zu essen vor Gott. Des andern Morgens setzte sich Mose das Volk zu richten; und das Volk stand um Mose her von Morgen an bis zu Abend. Da aber sein Schwäher sah alles, was er mit dem Volke tat, sprach er: Was ist's, das du tust mit dem Volk? Warum sitzest du allein, und alles Volk steht um dich her von Morgen bis zu Abend! Mose antwortete ihm: Das Volk kommt zu mir, und fragen Gott um Rat. Denn wo sie was zu schaffen haben, kommen sie zu mir, daß ich richte zwischen einem jeglichen und seinem Nächsten, und zeige ihnen Gottes Rechte und seine Gesetze. Sein Schwäher sprach zu ihm: Es ist nicht gut, das du tust. Du machest dich zu müde, dazu das Volk auch, das mit dir ist. Das Geschäft ist dir zu schwer, du kannst's allein nicht ausrichten, usw.

Im »Gesetz« aber lesen wir es so: »Diesmal aber gab es Schlacht- und Brandopfer, für Jahwe's Nase sowohl als auch zur Feier von Jethros Ankunft. Und wieder am nächsten Tag, schon früh am Morgen, nahm Mose seinen Schwäher mit zum Prozeßwasser, damit er einer Gerichtssitzung beiwohne und sähe, wie *Mose saß, das Volk zu richten. Das stand um ihn herum von Morgen bis Abend,* und war keine Rede von Fertigwerden. ›Nun bitte ich dich um alles, Herr Schwager‹, sagte der Gast, als er mit Mose von der Stätte hinwegging. ›Was machst du Mann dir für Plage! *Sitzest allein, und alles Volk steht um dich herum von Morgen bis Abend!* Warum *tust du* denn das? ›Ich muß doch‹, antwortete

Mose. ›*Das Volk kommt zu mir, daß ich richte zwischen einem jeglichen und seinem Nächsten, und zeige ihnen Gottes Recht und seine Gesetze.*‹ ›Aber Bester, wie kann man so ungeschickt sein‹, sagte Jethro wieder. ›Regiert man denn so, und muß sich ein Herrscher so schinden, daß er alles allein macht? *Du müdest dich ab,* daß es ein Jammer ist, und kannst kaum aus den Augen sehen, bist auch deiner Stimme verlustig vom Richten. *Dazu ist das Volk nicht weniger müde.* So fängt man doch das nicht an, du kannst auf die Länge nicht alle *Geschäfte allein ausrichten . . .*‹« (VIII, 845).

Der Vergleich dieser Stellen aus Exodus 18 und dem »Gesetz« ist aufschlußreich und dient uns, Wesenart und Stil des letzteren annähernd zu bestimmen. Richten wir zunächst die Aufmerksamkeit auf die – hier kursiv hervorgehobenen – Worte und Sätze der Bibelstelle, die Thomas Mann beibehalten hat. Man kann sie als Zitate bezeichnen, sie sind es in einem gewissen Sinne auch, aber zugleich auch mehr als das. Sie haben die Funktion, anzudeuten, daß es sich bei der »Gesetz«-Stelle um eine *Paraphrase* der Bibelstelle handelt. Kleine Zusätze, mitunter ein modernes Wort und moderne Redeweise – »Aber Bester, wie kann man so ungeschickt sein« – zwischen den bibelgetreuen oder den bibelmöglichen: das bewirkt, daß man die Bibelstelle erkennt und zugleich lächelnd die Abweichungen, oder auch umgekehrt. In der Tat kommt man hinter die Artistik, den Humor dieses paraphrasierenden Stils erst, wenn man sich die Mühe macht, die eingewebten Bibelzitate ausfindig zu machen. Besonders ergiebig ist dafür das Kapitel der Ritualgesetzgebung, in dem der Leser manche Stelle Thomas Mann zuschreiben wird, die aus der »Wirklichkeit« des Bibeltextes stammt und nun umgekehrt zum Humor des

Dichters Anlaß gab. Deuteronomium 23, 13-15 kann man z. B. wörtlich die Anweisung, inbegriffen das »Schäuflein« finden, die zur Reinlichkeit des Lagers dient. Andere Stellen, in denen der Bibelton vernehmlicher ist, geben deutlichere Hinweise, wie z. B. die Exodus 23, 1, 8 und Deuteronomium 16, 19 – also anderen Zusammenhängen – entnommenen und in das Jethrokapitel einmontierten, wo Mose Bedenken gegen einzusetzende Richter äußert: »»Aber die Richter werden Geschenke nehmen‹, antwortete Mose schwermütig, ›und die Gottlosen recht haben lassen. Denn Geschenke machen die Sehenden blind und verkehren die Sachen des Gerechten‹.« Wenn auf diese bibelfeierlichen Worte Mose's Jethro antwortet: »Weiß ich auch . . . weiß ich ganz gut. Aber etwas davon muß man in Kauf nehmen . . .«, so liegt, wie leicht erkennbar, der Humor in dem Kontrast der urban modernen Redeweise, durch die Thomas Mann Jethro charakterisiert. Aber daß er ihn so charakterisiert, das erscheint wiederum nicht als bloße Erfindung, sondern gleichfalls veranlaßt eben durch das Auftreten Jethros und seine weltlich klugen Ratschläge, wie es die Bibel erzählt.

Die Jethrostelle aber ist nun paradigmatisch für den Charakter der Erzählung überhaupt. Sie ist Paraphrase, wenn auch im weitesten Sinne ihrer Anwendung. Das bedeutet, daß die Paraphrase sich bald weiter vom Grundtext entfernen, bald näher an ihn heranrücken kann, und das gilt sowohl für das Sachliche wie für das Stilistische. Der Spielraum dazwischen aber ermöglicht die Vielfalt der Schattierungen, die die Paraphrase annehmen kann: im Stilistischen die Verknüpfung von Bibelzitat mit modernem Rede- und Berichtstil; im Sachlichen die Darstellung der biblischen

Begebenheiten verwoben mit den geringeren oder größeren Abweichungen bis zu so extremen wie die Geburtsgeschichte, die Tötung der Erstgeburt, das Mohrin-Kapitel; oder mit der Einbeziehung von Fakten und Hypothesen der Bibelforschung wie die Keniterhypothese, die Erfindung der Schrift u. a. m.; mit Ummontierungen wie die in Praxis umgesetzte Ritualgesetzgebung; mit Hinzufügungen wie Mose's Rede über das Sittengesetz am Schluß. Aber das Entscheidende ist, daß wir trotz dieser Abweichungen das »Gesetz« als Paraphrase des Bibeltextes und nicht als Roman oder Novelle lesen, aber auch umgekehrt in der Paraphrase erst die Deutung erkennen, die der Dichter, auch er ein Exegetiker, dem Grundtext abgewinnt: die Auffassung Mose's als des Bildhauers, der dem Rohstoff Form gibt, die Materie des tierisch Menschlichen zum geistig Menschlichen hinaufzuläutern strebt, dabei aber, wie es der Grundtext erkennbar werden läßt, auf der ersten Stufe der Menschenwürde, dem ABC des Menschenbenehmens, dem Zehngebot, stehenbleiben muß. Das war die Deutung, die aus dem Grundtext zu gewinnen wieder nötig geworden war zu einer Zeit, in der die Welt Zeuge seiner Aufhebung hatte sein müssen.